北京市高等教育精品教材立项项目
高职高专教育“十二五”规划建设教材

现代农业经营管理操作实务

朱京燕　主编

中国农业大学出版社
·北京·

内 容 提 要

本书以现代农业产业发展需要为出发点，站在现代农业经营管理者的角度，从经营现代农业必须考虑的问题入手，以现代农业经营管理者应掌握的技能为突破口，结合大量案例资料，从操作层面系统地叙述了现代农业经营管理过程各环节应具备的知识、技能及应注意的问题。本书涉及现代农业经营目标的确定、现代农业项目的选择、现代农业经营条件的利用、现代农业的经营组织、现代农业经营管理中信息的利用、现代农业新技术应用与管理、市场变化与现代农业经营管理、农产品质量管理、外向型农业的经营管理九项内容。

本书可供高等职业教育农业经济类专业作为相关课程的教材使用，也可作为对现有农业企业经营者、专业合作社社长、职业农民以及各类专业大户、农村经纪人、农场庄园主等农村能人、普通农业生产者培训用教材。同时，还可作为正在从事现代农业经营管理工作的人员参考用书。

图书在版编目(CIP)数据

现代农业经营管理操作与实务/朱京燕主编. —北京：中国农业大学出版社，2011.12
(2017.11 重印)
ISBN 978-7-5655-0453-2

Ⅰ.①现…　Ⅱ.①朱…　Ⅲ.①农业经营　Ⅳ.①F306

中国版本图书馆 CIP 数据核字(2011)第 251967 号

书　名　现代农业经营管理操作实务
作　者　朱京燕　主编

策划编辑　张秀环　　**责任编辑**　周　娜
封面设计　郑　川　　**责任校对**　王晓凤　陈　莹
出版发行　中国农业大学出版社
社　址　北京市海淀区圆明园西路 2 号　　**邮政编码**　100193
电　话　发行部 010-62818525,8625　　读者服务部 010-62732336
编辑部 010-62732617,2618　　出　版　部 010-62733440
网　址　http://www.cau.edu.cn/caup　　**e-mail**　cbsszs@cau.edu.cn
经　销　新华书店
印　刷　涿州市星河印刷有限公司
版　次　2011 年 12 月第 1 版　2017 年 11 月第 3 次印刷
规　格　787×1 092　16 开本　10.25 印张　249 千字
定　价　26.00 元

编写人员

主　编　朱京燕

副主编　王绍飞　李伟伟　黄冠华

编　者　朱京燕　王绍飞　李伟伟

　　　　　　黄冠华　徐成响

前 言

现代农业是与传统农业相对应的农业形态，是以广泛应用现代科学技术、普遍使用现代生产工具、全面实行现代经营管理为本质特征和主要标志的发达农业。建设现代农业是我国农业发展的方向。发展现代农业必须按照高产、优质、高效、生态、安全的要求，加快转变农业发展方式，推进农业科技进步和创新，加强农业物质技术装备，健全农业产业体系，提高土地产出率、资源利用率、劳动生产率，增强农业抗风险能力、国际竞争能力、可持续发展能力。发展现代农业的过程，就是改造传统农业、不断发展农村生产力的过程，就是转变农业经济发展方式、促进农业又好又快发展的过程。

目前，我国农业正处于由传统农业向现代农业转变的关键时期，中国农业还在一定程度上是经营规模小、专业性差、商品率低、生产手段落后和竞争力不强的半传统半现代农业，受到资源和环境的双重制约，面临国际和国内市场的双重挑战。劳动力是生产力中最活跃和能动的要素，是推动农业发展的最重要的生产资源，农民是发展现代农业的主体。发展现代农业是一项长期艰巨的系统工程，需要科技创新、组织创新、金融创新等配套进行，但最根本的是要加快培育新型农民。建设现代农业，最终要靠有文化、懂技术、会经营的新型农民。新型农民是一个群体概念，包括农业企业经营者、专业合作社社长、职业农民以及各类专业大户、农村经纪人、农场庄园主等农村能人、普通农业生产者。因此，发挥农村的人力资源优势，培育现代农业经营主体，努力把广大农户培养成有较强市场意识、有较高生产技能、有一定管理能力的现代农业经营者；积极发展种养专业大户、农民专业合作组织、龙头企业和集体经济组织等各类适应现代农业发展要求的经营主体；鼓励外出务工农民带技术、带资金回乡创业，成为建设现代农业的带头人；支持工商企业、大专院校和中等职业学校毕业生、乡土人才创办现代农业企业是发展现代农业的重要方面。

发展现代农业要求高，创业致富也必须有一定生产经营规模，因此起点也高。要想成为合格的发展现代农业带头人，必须具备的基本条件是：一要有胆识和胆略，不莽撞乱闯，要善于筹划，要依据自身条件和当地自然资源状况，认真调查研究，分析市场前景与风险，借鉴成功者的经验，请教专家，选准发展方向和具体项目，谋划好详尽的项目实施方案；二要有技能，成功必须要有过硬的本领，要通过多种途径向书本、向实践、向能人学习，积极参加政府组织的各类创业培训，熟练掌握运用专业技术和经营管理技能，并不断学习新技术、新知识，做永不止步的技能型新农民；三要有经营理念，现代农业有别于传统农业，其发展环境是市场经济，生产经营需具备一定的规模。因此，发展现代农业就必须遵循市场规律，树立质量安全、品牌营销、竞争取胜意识，按照企业化生产经营的要求发展现代农业，创办企业公司，取得明显的市场主体地位，诚信守法经营。

本书特点是：

1. 突出高职高专教育的特点，理论上以“必需、够用”为原则，注重现代农业经营管理各环节操作层面的知识和技能的介绍。

2. 突出改革创新的特点，对传统的农业经营管理知识结构进行了调整，突出了现代农业经营所必须面对的知识和技能内容。

3. 突出时代特点，注重对现代农业经营管理中遇到的新问题、新情况的介绍。注重实际应用，突出基本概念，理念新，内容精练。

为适应在现代农业发展过程中对农业经营主体提出的新要求，我们从现代农业经营管理者经营现代农业必须考虑的问题入手，结合大量案例资料，从操作层面系统地叙述了现代农业经营管理过程各环节应具备的知识、技能及应注意的问题。本书共分九章，第一章、第二章由王绍飞编写，第三章、第四章由黄冠华编写，第五章、第九章由李伟伟编写，第六章由徐成响编写，第七章、第八章由朱京燕编写。本书由朱京燕任主编，王绍飞、李伟伟、黄冠华任副主编。全书由朱京燕统稿并校改。

在本书的编写过程中，鄢一平教授全程参与了策划和指导。在此，全体编写人员向鄢一平教授表示诚挚的感谢。编写过程中还参考了大量有关现代农业经营管理的著作，书后附有参考文献，编者在此谨向参考文献的作者表示深深的谢意。

由于编者学识、能力有限，书中有失当之处在所难免，敬请专家学者和广大读者不吝指正。

编 者

2011 年 5 月 28 日

目　录

第一章　现代农业经营目标的确定

知识目标

了解现代农业的特征、类型、目标，现代农业经营要注意的问题

理解影响农业经营目标的因素，目标对现代农业经营的影响

熟悉现代农业经营管理任务，运营模式

能力目标

能够根据实际环境制定现代农业经营目标

◆小案例 1-1　黑龙江发展现代农业为农民增产增收

黑龙江省双城市是全国粮食生产重点县市，每年粮食产量超过 15 亿公斤。双城市粮食生产能够保持高水平，与其近年努力从传统农业向现代农业转变有关。为保持粮食稳产高产，双城市在科学种田、规模生产、农业产业化、开拓市场、引进资本方面做了卓有成效的探索。在农业技术方面采取农机补贴、地膜覆盖、深松整地；在规模生产方面探索了生产园区化，推进土地规模经营；在农业产业化方面大力发展食品工业；在开拓市场方面推进农民专业合作社建设，帮助农民组织起来开拓市场；在引进资本方面鼓励外商资本、城市工商资本和民营资本进入农业，组建公司从事农业经营。

启示：双城市作为成功的典型，说明当今农业的发展必须依赖现代农业，必须加强农业经营管理。

第一节　认识现代农业

◆小案例 1-2　现代农业的昌乐样本

在昌乐，一批以蔬菜、畜禽、水果为主的农业精品基地正雨后春笋般兴起，标准农业、生态农业、品牌农业正在引领昌乐县步入现代农业发展之路。

昌乐紧紧围绕产业优势和特色农业，采用“企业＋基地＋农户”的示范模式，深入开展农业标准化示范区建设，从种子、种畜、种苗及生产过程的标准化抓起，逐步在产品加工、质量安全、贮藏保鲜和批发销售环节实施标准化管理，建设标准化体系，提高了产量、质量和效益。同时，昌乐对生产基地实行了档案管理制度，制定了西瓜、番茄、黄瓜、韭菜等多个主要农产品的生产操作规程和质量标准，出台了无公害农产品生产管理办法，严格按照规程组织农业生产，确保农产品消费安全和增加农民收入。至目前，昌乐优势农产品标准化生产覆盖率已达到 80%以上，有 182 种农产品获准使用国家无公害农产品标识，全县优质西瓜、蔬菜面积达到 16 万亩（1 亩＝667 米^2）。

在昌乐，农业示范园已有十几个，其中包括国家级标准化示范区 2 个，省级示范区 8 个。

这些示范基地集先进的技术、科学的管理、上乘的品质、稳定的市场及资金投入于一身，在推动全县农业增效农民增收方面发挥了带动作用。今年，昌乐在示范园区已推广瓜菜新品种 30 多个，粮油新品种 15 个，新技术 2 项，新成果 1 项。昌乐县还将文化旅游、休闲娱乐、现代服务业发展中的创意元素寓于农业发展中，先后规划建设了宝城街道昌乐农业观光旅游园、高涯水库库区乡村田园风光游、五图街道“自助式的特色体验休闲”等乡村旅游项目，为持续释放都市农业发展潜能搭建了更为广阔的平台。

西瓜是昌乐的传统产业，“昌乐西瓜”被确定为国家地理标志农产品，成为潍坊市第一个经国家农业部确认登记的地理标志农产品，品牌价值 24.23 亿元。得益于“昌乐西瓜”的品牌效应，昌乐每年 60 万吨西瓜远销国内各地及东南亚地区，已成为江北最大的西瓜交易市场。昌乐县坚持发展“低碳”、无公害农业富民的路子，农业产业化水平得到不断提升，农产品品牌涵盖了芸豆、韭菜、西瓜、茄子、西葫芦、鸡蛋等 40 多个品种。目前，该县的无公害农产品涉及蔬菜、水果、肉制品等多个系列，已认定“三品”（无公害农产品、绿色食品、有机农产品）基地 21.412 万亩，其中无公害农产品 14.503 万亩，绿色食品 6.91 万亩。目前，全县培育市级以上重点龙头企业 44 家，发展各类农村专业合作社经济组织 272 家，农产品注册商标 9 个，带动农户约 2 万户，品牌农业成为昌乐农民增收的一大“法宝”。

（来源：http://www.weifang.gov.cn/WFZW/RDZT/SHWMCS/NCWMJS/201106/t20110620_453207.htm）

一、现代农业与传统农业的差异

现代农业是农业发展史上的新阶段。现代农业是用现代工业装备的，用现代科学技术武装的，用现代组织管理方法来经营的社会化、商品化农业，是国民经济中具有较强竞争力的现代产业。现代农业与传统农业的差异主要体现在以下几方面。

▲现代农业的内涵更为丰富。现代农业既包括传统的种植业、养殖业等农业部门，同时涵盖了产前农业机械、化肥、水利、农药、地膜等领域，农产品产后加工、储藏、运输、营销及进出口贸易技术等。现代农业由原有的第一产业扩大到第二产业和第三产业，成为一个与发展农业相关、为发展农业服务的产业群体。

▲现代农业是技术密集型产业。传统农业主要依赖资源的投入，而现代农业则日益依赖不断发展的新技术投入，新技术是现代农业的先导和发展动力。这包括生物技术、信息技术、耕作技术、节水灌溉技术等农业高新技术，这些技术使现代农业成为技术高度密集的产业。科学技术的应用，可以提高单位农产品产量，可以改善农产品品质，可以减轻劳动强度，可以节约能耗和改善生态环境。

▲现代农业的功能、形式多样。传统农业的主要功能是提供农产品，现代农业的主要功能除提供农产品外，还具有生活休闲、生态保护、旅游度假、文明传承、教育等功能。

▲现代农业以市场为导向。与传统农业以自给为主的取向和相对封闭的环境相比，现代农业农产品的商品率很高，生产完全是为了满足市场的需要。市场取向是现代农民采用新的农业技术、发展农业新的功能的动力源泉。

▲现代农业重视生态环保。现代农业在突出高新技术的先导性、农工科贸的一体性、产业开发的多元性和综合性的基础上，还强调资源节约、环境零损害的绿色性。现代农业是资源节

约和可持续发展的绿色产业，担负着维护与改善人类生活质量和生存环境的使命。

▲现代农业的组织形式是产业化组织。传统农业是以土地为基本生产资料，以农户为基本生产单元的一种小生产。在现代农业中，农户广泛地参与到专业化生产和社会化分工中，要加入到各种专业化合作组织中，农业经营活动实行产业化经营。

二、现代农业的类型及特征

1. 现代农业类型

现代农业一般分为以下几种类型。

▲绿色农业。“绿色农业”是灵活利用生态环境的物质循环系统，实践农药安全管理技术(IPM)、营养物综合管理技术(INM)、生物学技术和轮耕技术等，从而保护农业环境的一种整体性概念。绿色农业大体上分为有机农业和低投入农业。

▲工厂化农业。工厂化农业是综合运用现代高科技、新设备和管理方法而发展起来的一种全面机械化、自动化技术(资金)高度密集型生产，能够在人工创造的环境中进行全过程的连续作业，从而摆脱自然界的制约。

◆小案例 1-3 墙上长出绿色蔬菜

迎着初冬的阳光，走进广元市利州区大石镇现代农业示范园区的蔬菜大棚内，蔬菜长在由沙石和砖块堆砌而成的垄上。在另一个大棚里，绿色的小白菜，茼蒿、芹菜……长在一面面装饰墙上；草莓苗等悬挂在水果架上，长势喜人。在这里，可以见到一年四季的新鲜蔬菜。管理人员陈建平说：“这个示范园区的蔬菜基本上是由国外引进的优良品种，调整温度的风机、喷灌、喷雾以及施肥等都是国内一流的设备，种植全是无土栽培。这样，一亩可抵 7 亩土地……这里产的蔬菜全是进入超市的，广安市一个批发市场已与我们签订了合同，将 2011 年的蔬菜全部收购。”

▲特色农业。特色农业就是将区域内独特的农业资源(地理、气候、资源、产业基础)开发区域内特有的名优产品，转化为特色商品的现代农业。特色农业的“特色”在于其产品能够得到消费者的青睐和倾慕，在本地市场上具有不可替代的地位，在外地市场上具有绝对优势，在国际市场上具有相对优势甚至绝对优势。

▲观光农业。观光农业是农民利用当地有利的自然条件开辟活动场所，提供设施，招揽游客，以增加收入。旅游活动内容除了游览风景外，还有林间狩猎、水面垂钓、采摘果实等农事活动。有的国家以此作为农业综合发展的一项措施。

▲立体农业。又称层状农业，着重于开发利用垂直空间资源的一种农业形式。立体农业的模式是合理利用自然资源、生物资源和人类生产技能，实现由物种、层次、能量循环、物质转化和技术等要素组成的立体模式的优化。

▲订单农业。订单农业是指农户根据其本身或其所在的乡村组织同农产品的购买者之间所签订的订单，组织安排农产品生产的一种农业产销模式。订单农业很好地适应了市场需要，避免了盲目生产。

2. 现代农业的主要特征

▲具备较高的综合生产率，包括较高的土地产出率和劳动生产率。

▲农业成为可持续发展产业。广泛采用生态农业、有机农业、绿色农业等生产技术和生产

模式，实现淡水、土地等农业资源的可持续利用，达到区域生态的良性循环，农业本身成为一个良好的可循环的生态系统。

▲农业成为高度商业化的产业。农业主要为市场而生产，具有很高的商品率，通过市场机制来配置资源。商业化是以市场体系为基础的，离开了发达的市场体系，就不可能有真正的现代农业。农业现代化水平较高的国家，农产品商品率一般都在90%以上，有的产业商品率可达到100%。

▲实现农业生产物质条件的现代化。以比较完善的生产条件、基础设施和现代化的物质装备为基础，集约化、高效率地使用各种现代生产投入要素，包括水、电力、农膜、肥料、农药、良种、农业机械等物质投入和农业劳动力投入，从而达到提高农业生产率的目的。

▲实现农业科学技术的现代化。广泛采用先进适用的农业科学技术、生物技术和生产模式，改善农产品的品质、降低生产成本，以适应市场对农产品需求优质化、多样化、标准化的发展趋势。现代农业的发展过程，实质上是先进科学技术在农业领域广泛应用的过程，是用现代科技改造传统农业的过程。

▲实现管理方式的现代化。广泛采用先进的经营方式、管理技术和管理手段，从农业生产的产前、产中、产后形成比较完整的紧密联系、有机衔接的产业链条，具有很高的组织化程度。有相对稳定、高效的农产品销售和加工转化渠道，有高效率的把分散的农民组织起来的组织体系，有高效率的现代农业管理体系。

▲实现农民素质的现代化。具有较高素质的农业经营管理人才和劳动力，是建设现代农业的前提条件，也是现代农业的突出特征。

▲实现生产的规模化、专业化、区域化。通过实现农业生产经营的规模化、专业化、区域化，降低公共成本和外部成本，提高农业的效益和竞争力。

▲建立与现代农业相适应的政府宏观调控机制。建立完善的农业支持保护体系，包括法律体系和政策体系。

◆小资料 1-1 山东是我国农业大省，小麦、奶牛养殖等是山东的优势农业产业。2010年，山东省财政厅联合水利厅、农业厅、海洋与渔业厅、畜牧兽医局，围绕小麦、奶牛、优质鱼、果菜等产业，通过“专家评审、竞争立项”方式，在全省选择了51个县实施现代农业生产发展资金项目，推进专业化、标准化、规模化和集约化生产，提升山东农业综合生产能力、市场竞争能力和可持续发展能力。

其中，小麦产业项目县通过开展小型泵站、机井、输水管道、渠道、排涝沟道等小型农田水利设施建设，新增、恢复灌溉面积16万亩，改善灌溉面积39万亩，发展节水灌溉面积49万亩，年新增粮食生产能力1.07亿公斤；奶牛产业项目县通过加快牛舍、奶牛运动场、挤奶厅、沼气池、青贮池等标准化养殖设施改造及数字化信息管理系统建设，打造了一批规模大、标准高的现代化奶牛饲养场(区)，奶牛单产每年可增加400公斤左右，农民人均增收300元以上；优质鱼产业项目县通过加快标准化养殖池塘、高标准工厂化养殖和育苗车间改造，优质鱼平均亩产达到350公斤，渔民人均增收300元以上；果菜产业项目县通过加快苹果现代矮砧集约栽培示范园建设和郁闭密植果园改造，支持高标准温室大棚(菇房)和种苗繁育基地建设，苹果亩收入达到1万元以上，日光温室蔬菜亩收入达到3万元以上，食用菌亩增产值4 000元以上。

http://www.chinadaily.com.cn/micro-reading/dzh/2011-08-13/content_3491212.html

三、现代农业经营管理任务

现代农业经营管理的出发点是农业经营主体运用经济理论对农业经营主体的性质、地位与作用,以及经营目标进行分析,从现有条件出发,利用现代手段,满足社会的长期综合的需求。

现代农业经营管理者要着重研究如何正确解决生产(经营)什么、生产(经营)多少、如何生产(经营)和为谁生产(经营)这些基本问题。根据现代农业科学的研究对象,其基本内容可概括为:按市场经济的要求,建立健全农业经营组织,正确确定经营组织形式,合理编制经营计划,运用计划、组织、指挥、协调、控制等职能,合理开发农业资源,搞好农业产、供、销诸环节,并实行科学的财务核算和环境管理,达到经济效益、社会效益与生态效益相统一的目的。其具体的内容是:

1. 完善农业经营制度

合理的农业经营制度能够更好地适应现代农业生产经营的要求。目前,我国农业面对的是国内外大市场的日益增长的多样化需求,将农业的经营活动组织起来,形成更大的规模,更专业化的分工,更有效的协作,同时以组织起来的农业生产单位面向国内外的大市场,农业生产经营者才能够有更大的实力。当前,无论是农业专业合作,农业的产业化组织还是形成一定规模的家庭农场等都在设立的初期,农业经营制度的完善、农业组织的形成和发挥作用还需要较长的时间。

2. 确定农业经营目标和项目

现代农业面对的是国际、国内大市场,利用的是通过各种渠道得到的农业生产资源,其目的是通过农业经营与管理得到更高的盈利,这就需要根据市场情况、农业生产的条件和各方面的能力确定最适合的目标和项目,选择合适的项目。确定合理的目标才能使农业生产有明确的方向和具体的稳定的安排,才能发挥农业资源的优势,最终在更好地满足社会需求的同时,保证农业生产者的利益。

3. 提高农业生产和服务的效率

农业经营管理者要占领市场,获取盈利,首先需要降低生产的成本,这就要在现有条件下不断提高农业生产和服务的效率。现代农业提高效率的主要方法有:合理安排生产、合理利用资源、利用新技术、深化内部分工、开展对外协作等。

4. 实现农业增收

经营管理的最终结果体现在农业增收上。实现增收需要在两个方面努力:一是实现更大的销售额,二是将生产的成本降到更低的程度。销售额的增加主要靠扩大规模,提高产量,搞好质量,适应市场的需求,同时还要有产品品牌、销售组织及有关的策略等。降低成本的渠道有提高现有资源的利用率,提高工作效率,降低原材料及服务的价格。在现有条件下,最有效的提高销售、降低成本的途径一靠经营管理,二靠科学技术。而农业生产单位的科技进步也要通过经营管理来实现。

5. 培养适合现代农业的管理者和劳动者

如前所述,现代农业完全不同于传统农业。历史上,我国既没有从事现代农业的经营管理人员也没有从事现代农业的劳动者。现代农业的经营管理者和劳动者虽然可以通过学校教育来培养,但最主要的途径还是通过发展现代农业,在实践中培养和锻炼能够完成现代农业的经营管理者和从事实际操作的劳动者。从实际效果来看，学校培养出来的经营管理人才和劳动者也需要通过实际从事一定时间的现代农业后，才能真正掌握现代农业的经营管理和各项业务。

6. 保护农业生态环境，实现可持续发展

农业生产活动可能对生态带来不利的影响，也可能有利于生态和环境的保护。现代农业在生产经营活动中要消耗大量的资源，同时也向市场提供大量的资源。是不利于还是有利于生态环境，是消耗了社会资源还是丰富了社会资源，起决定作用的主要不是农业生产经营活动本身，而主要取决于农业经营管理者的认识和采取的决策。选择适当的项目，采用合理的耕作，采用有利于环境的品种和农艺，在考虑生态环境和可持续发展的基础上决定农业生产活动，就有可能使农业在持续增长的同时，环境得到有力的保护；反之，农业也有可能带来水土流失，河流的富营养化，地下水质污染以及农业对环境的污染及生态的破坏等。现代农业经营管理不仅仅有经济目标，还有生态与社会目标与责任，良好的经营管理能够在农业发展的同时，使生态环境向良性循环方向发展。

四、现代农业运作模式及注意问题

（一）现代农业运作模式

由于我国各地农业生态类型、自然资源条件和社会条件的差异，现代农业的运行模式主要有以下几种。

▲外向型创汇农业模式。是指利用沿海地区的区域优势，采取相应政策吸收扶持龙头企业，重点发展优质种苗、特色蔬菜、优质花卉、名优水果、优质家禽和特种水产等资金和技术密集型农产品生产。生产和加工优质农产品出口，带动区域经济发展和农民增收。

▲龙头企业带动现代农业开发模式。是指由龙头企业作为现代农业开发和经营主体，本着“自愿、有偿、规范、有序”的原则，采用“公司＋基地＋农户”的产业化组织形式，向农民租赁土地使用权，将大量分散在千家万户中农民的土地纳入到企业的经营开发活动中。

▲农业科技园的运行模式。是指由政府、集体经济组织、民营企业、农户、外商投资兴建，以企业化的方式进行运作，以农业科研、教育和技术推广单位作为技术依托，引进国内外高新技术和资金、各种设施，集成现有的农业科技成果，对现代农业技术和新品种、新设施进行试验和示范，形成高效农业园区的开发基地、中试基地、生产基地，以此推动农业综合开发和现代农业建设的运行模式。

▲山地园艺型农业模式。是立体型、多层次、集约化的复合农业，在充分考虑市场条件和资源优势的基础上，确定适宜当地发展水平的产业和项目，引进先进的技术成果与传统技术组装配套，待引进技术和品种试验成熟后，采取各种有效措施在当地推广。

（二）现代农业经营应注意的问题

1. 发挥资源优势

现代农业是一个产业，应该按照产业的特性来发展，即以市场为导向，以资源优势为基础，这是各国农业现代化最基本的经验之一。

◆小资料 1-2 荷兰发展现代农业的经验

在 19 世纪后期，新大陆廉价谷物的大量涌进导致欧洲大范围农业危机，荷兰大量进口廉价谷物饲料，将其农业转化为畜牧业，实现了农业生产结构的方向性转变。1962 年，欧共体推行共同农业政策，进行经济分工，荷兰借此机会重点发展畜牧业和园艺作物。20 世纪 70 年代末荷兰的养牛业迅速发展，80 年代荷兰的畜牧产品相对过剩。为此，政府采取了控制牛肉和奶牛生产的措施，着重发展有新的市场需求的高附加值产业，养猪业和家禽业有了较大发展，花卉的发展更加迅速。荷兰作为牛奶生产大国，每年还要大量进口鲜牛奶，加工增值后出口。荷兰的农业总产值只占国民生产总值的 4% 左右，而农业出口和外汇收入却占出口总额和外汇总额的 1/4 以上。这种面向国际市场的农业体制，使荷兰农业成为典型的高效农业，每个劳动力创造的农业增加值和净创汇是世界上最高的。

2. 适度的规模

适度的规模可以产生降低人力、物力、财力的投入成本等规模效应，能提高科技含量，农技推广的效率将得到大幅提升。

◆小案例 1 - 4　适度规模经营正成为科技兴农的新途径

澧县人多地少，要发展现代农业，挖掘农业内部增收潜力，必须紧紧依靠科技进步，适度规模经营为此提供了一条新的途径。澧县农康园艺公司是一家从事优质葡萄栽培与苗木繁育的农业规模经营企业，在该县张公庙、小渡口、永丰等乡镇先后发展优质葡萄 2 000 亩。2004 年，公司在县委、县政府大力支持下，积极与湖南农业大学合作，共同研究"葡萄引种及高效无公害栽培技术"项目，获省科技进步二等奖。2005 年，他们又与湖南农业大学合作，在张公庙新年村新建一处葡萄科研基地，专题研究"葡萄产期调控技术"，目前已试种成功，全面推广后葡萄亩平效益将达到 3.5 万元。同时推广了一批实用技术，通过适度规模经营，该县先后大面积推广了新型棉花制种、獭兔养殖、双孢蘑菇种植等一批新的实用技术，大大提高了种养效益。张公庙镇与亚华种业合作，应用水浮育苗、测土配方施肥等新技术，开展棉花制种，套种荷兰豆、凤尾菜，亩平增收 3 200 元。

3. 形成有效的组织

发展现代农业，必须努力提高农业的组织化程度，充分发挥各类农业和农民组织在技术传递、信息集合、产业开发、规模经营、资源共享等方面的作用。提高农业组织化程度，一般有以下几种模式。

▲农业产业化经营带动模式。目前，我国农业产业化经营快速发展，已形成规模扩大、领域延伸的新格局和政府扶持、龙头带动、农民参与、中介组织服务的新机制。而且，在"公司＋农户"这一产业化经营基本模式的基础上，衍生出"公司＋基地＋农户"、"公司＋中介组织＋农户"、"专业市场＋农户"等不同类型的产业化组织模式及其变型，出现了产业化经营与农民专业合作社等农民经济组织相融合的趋势。

▲农民专业合作社模式。农民专业合作社是在农村家庭承包经营基础上，同类农产品的生产经营者或同类农业生产经营服务的提供者、利用者，自愿联合、民主管理的互助性经济组织，也是现阶段农民经济组织的主要形式。农民专业合作社以其成员为主要服务对象，提供农业生产资料的采购，农产品的销售、加工、运输、贮藏，以及与农业生产经营有关的技术、信息等服务。

▲现代公司制企业模式。公司制企业以资本作为运营与分配利润的核心，通过自愿入股

的形式把分散经营的农民组织起来，形成新型的农业企业或企业集团，在追求自身利益最大化的同时也提高了农民的组织化程度。随着我国社会主义市场经济的发展，公司制企业在农村经济发展中的作用将日益凸显，对农业组织化程度的提高将发挥更加重要的作用。

▲社区性集体经济组织模式。现阶段我国农村还存在数量众多、规模不一的社区性集体经济组织。近年来，通过产权制度改革等措施，一些社区性集体经济组织得到了发展，实现了集体资产的保值增值，如江苏的华西村、北京的韩村河村等。社区性集体经济组织实力强大，为发展现代农业提供了组织基础。

▲提供组织化的生产服务模式。从 20 世纪 90 年代前半期开始，为提高农机使用效率，一些农机专业户通过农机合作社、农机协会等组织化的方式，提供农机跨区作业服务。由于这一模式能有效解决我国农户分散经营与机械化规模生产之间的矛盾，受到广大农户和农机手的普遍欢迎，从而不断发展壮大。这是在家庭承包经营基础上的重大制度创新，是具有中国特色的农业组织化模式。

第二节　现代农业经营目标

现代农业的规模化、组织化、科技化、市场化要求经营者实行企业化运作。企业是功利组织，经营就要有目标。

一、现代农业经营目标及其基本构成

经营目标是经营者在一定时期生产经营活动预期要达到的成果，是生产经营活动目的性的反映与体现。是在分析经营单位外部环境和内容条件基础上确定的各项经济活动的发展方向和奋斗目标，是经营单位经营思想的具体化。

经营单位的经营目标既有经济目标又有非经济目标，既有主要目标，又有从属目标。它们之间相互联系，形成一个目标体系。其主要内容有经济收益和经营单位组织发展方向方面的内容。它反映了一个经营组织所追求的价值，为经营单位各方面活动提供基本方向。它使经营单位能在一定的时期、一定的范围内适应环境趋势，能使企业的经营活动保持连续性和稳定性。

经营目标按时间分可分为 1 年内近期目标、1～3 年的短期目标、3～5 年的中期目标、5 年以上长期目标；按整体与局部可分为：整体目标、部门目标；按职能可分为：营销目标、销售目标、财务目标、生产目标等；按管理层级由低到高可分为：基层作业目标、中层职能目标、高层战略目标。

◆小案例 1-5　云南省红河州弥勒县的唐正红在养殖山鸡中发现，在养殖数量少的情况下，每只山鸡的运输成本很高，销售中又常常被经销商压价。为了改变不利的局面，他确立了要在三年内主导当地山鸡产销的经营目标。围绕这一目标，他采用了扩大养殖量的方法。在这里，“主导当地山鸡产销”可以看作总体目标，“扩大养殖量”是实现总体目标的方法途径，“扩大养殖量”的每一项工作都会涉及一些具体目标。

现代农业具有很强的系统性，这使得农业经营管理的目标变得更为复杂。进入 21 世纪后，生活水平不断提高，生产能力也在增强，与此同时，新的矛盾和问题也在大量涌现，这时人

们不仅关心盈利和农业生产效率，同时也开始关心农产品安全、社会生产稳定、人类生活环境改善和可持续发展等问题。这使得现代农业的经营管理目标除了盈利，又增加了许多新的内容。

现代农业经营单位在选择经营目标时，要充分考虑自身的特点和性质，其经营目标有：

▲盈利：投资收益率是最核心的目标之一。

▲市场地位：以目标市场占有率来衡量。

▲形象：由知名度、美誉度和忠诚度等指标来衡量。

在市场经济条件下，农业经营管理的目标开始转变，早在19世纪，农业经济学者就将追求最大利润定义为农业经营的最主要目标，更简单地说，致富成为农业经营管理的主要目标。目标的改变带来农业生产经营方式的一系列根本性改变。在生产的产品上，不再是产量最高的产品，而主要选择市场上价格最高同时生产成本最低的农产品，同时，为了降低生产成本，农业不再追求生产的最大产量，而是能够获取最大利润的产量。农业经营管理工作主要围绕两个方面：一个方面是提高所生产产品或提供服务的价格，这就带来了对市场的研究，经营项目的选择，信息的收集整理，提高产品质量，更好地满足用户的要求等；另一个方面则是降低生产的成本，提高生产效率。为此，出现了改善农业生产条件，充分利用已有的资源，提高农业生产技术，创新生产组织，提高人的工作效率和机器设备的利用率，在不增加投入的基础上提高产量等一系列问题。

二、影响农业经营目标的因素

对于具体的农业生产者，其经营管理的目标是受现实的外部环境和内部条件影响的。外部环境是农业生产者所无法掌控的，但能够在一定程度上认识，这是农业生产的客观条件；农业生产者在一定程度上能够左右内部条件，但对这些内部条件的认识和驾驭存在差异。

（一）影响农业经营管理目标的外部环境因素

影响现代农业经营管理目标的外部环境主要包括政治法律环境、经济环境、社会文化环境、科技环境和自然环境等。

1. 政治法律环境

政治法律环境是指对农业经营活动具有现实的和潜在作用与影响的政治力量、政治制度、体制、方针政策以及法律和法规等。对于农业经营者而言，政治法律环境因素一旦影响到农业，就会使农业经营管理发生十分迅速和明显的变化，尤其是影响农业经营者较长期的投资行为，而这一变化是农业经营者驾驭不了的。因此，这是农业经营者必须考虑的一个重要因素。同时，政治和法律环境的变化也是有规律可以遵循的。如在改革开放前，我国实行的是计划经济体制，农村以人民公社为主体，实行三级所有、队为基础。农业生产为国家计划所决定，在这种环境下，农业经营管理受到的限制因素非常多，而在改革开放后，我国转向市场经济体制，完善了有关市场经济的法律，为农业经营开辟了广阔的舞台，农业经营管理有了重要的作用。注重条件的变化，适应条件的变化，可以尽早掌握工作上的主动权，避免政策法律变化可能给农业经营管理活动带来的损失。

2. 经济环境

经济环境主要是由社会经济结构、经济发展水平、经济体制、宏观经济政策、社会购买力、消费者收入水平和支出模式、消费者储蓄和信贷等要素构成。农业作为主要经济活动之一，其行为直接受到经济环境的制约，所以，经济环境对农业经营管理战略目标的影响是最直接、最明显的，它是影响农业经营者生存、发展的重要因素。管理者应当随时了解国民经济目前处于什么阶段，是产业结构调整时期、经济低速增长时期或是高速增长时期，并具体分析有关的经济指标，如国民生产总值、国民收入、国家预算收入水平及其分配的状况等，并根据经济环境随时调整自己的目标。

在加入 WTO，我国经济扩大对外开放的条件下，农业经营管理者不仅要关注国内的经济环境，而且要关注世界的经济环境。如 2008 年世界油价大幅度上涨，导致部分粮食作物用于生产燃料，而这又引起世界粮价大幅度上涨，这些对我国的粮食生产，农产品进出口以及燃料供应等都带来了直接的影响，从而对农业经营管理的目标带来了直接的影响。

3. 社会文化环境

社会文化环境包括一个国家或地区的社会思想意识、人们共享的价值观、文化传统、生活方式、人口状况、教育程度、风俗习惯、宗教信仰等各个方面。这些因素是人类在长期的生活和成长过程中逐渐形成的，其变化也是缓慢渐进的，人们总是自觉、不自觉地接受这些准则行动的指南。社会文化环境对农业经营的影响是间接的、潜在的和持久的。

在现时中，农业经营管理要面对各地的市场，利用国内外两个资源，在这种条件下，首先要了解各地的社会文化环境，掌握各地的风俗习惯，根据各地不同的条件，确定自己的目标。

◆小案例 1-6 温江花木有 1 700 多年的种植历史，花木生产总面积 13 万亩。目前，该区花木产业在地资产达 35 亿元，花木品种 1 300 余个，是成都规模最大的花木产区，西部最大的花卉苗木集散市场。温江花卉远销国内 20 多个省市区及日本、韩国、新加坡等国家和地区。目前，该区把目光瞄向新品种的研发和高科技花卉产品的研发和生产上。

4. 科技环境

科技环境包括科学技术的发展情况及商业化程度，可供选择的机器装备、工艺、材料的种类及性能，良种的培育，生产技术可能造成的环境破坏，技术及管理咨询业的发展情况。现代农业的发展在很大程度上受到科学技术方面因素的影响，包括新材料、新设备、新工艺、新良种等物质化的硬技术和体现新技术新管理的思想、方式、方法等信息化的软技术。科技因素对农业经营者的影响是双重的，一方面，它可能给某些农业经营者带来机遇，尤其是现代生物技术对农业经营者的生产经营活动影响深远；另一方面，科技因素会导致社会需求结构发生变化，从而给某些农业经营者甚至整个行业带来威胁。科技的发展，新技术、新工艺、新品种、新材料的推广应用，对农业经营者产品的成本、定价等都有重要影响。这种影响就其本质而言，是不可避免和难于控制的，农业经营者要想取得经营上的成功，就必须预测科技发展可能引起的后果和问题，可能带来的机遇或威胁。

5. 自然环境

自然环境包括土壤、空气、水等自然资源，以及地理位置、地质地貌、气候等因素。由于农业生产是自然再生产和经济再生产相交织，因此农业生产受自然条件影响较大，自然条件往往会直接影响到农业产品的品质，自然环境对农业经营至关重要。只要农业经营者的经营依赖稀缺的自然资源，它的活动就必然要受到自然物质环境的限制。另一方面，自然环境与科学技术环境有密切的联系，如耐旱作物的培育，使部分农产品可以在干旱的区域种植，耐寒作物的培育，使原来不可能生产农作物的区域可以生产农作物。这些条件的变化，都会对农业经营的目标产生一定的作用，促使农业经营管理者调整甚至改变农业经营的目标。

◆小案例 1-7 黄羌镇虎嗷村地理位置比较偏远，通过调查摸底，当地土壤的微量元素丰富，特别适宜种植金针菜。县供销社与虎嗷村组建了金针菜专业合作社，在农业专家和技术员的指导下，按照绿色食品的要求，改进生产技术和实行科学管理。至2008年，种植金针菜的农户达到285户，面积则扩大到650亩，总产量达到169万斤，总产值达到422.50万元，获得利润305.50万元。

总之，环境对于任何组织来说都是一种客观存在。一般来讲，绝大多数农业经营者不可能采取有效措施去改变外部环境，但可以通过各种方式和渠道去认识、了解所处的环境，现代农业的发展要求经营管理者认真研究环境变化的规律，预测其变化的趋势及可能对组织产生的影响，适应客观环境，并据其制定出相应的目标。

(二)影响农业经营管理目标的内部条件

现代农业经营内部条件一般包括经营形态、经营资源、经营文化和经营核心能力等。

1. 经营形态

经营形态是指农业经营单位在创建之初向政府有关机构登记注册时确定下来的资产所有权关系。不同的产权关系对经营管理者的约束程度有很大的差别。独资农业经营者对经营管理者的约束较强，股份公司对经营管理者的约束则较弱，这种不同的约束力会导致农业经营者在决策时的偏重有所不同，从而体现出不同所有制形式对农业经营者的影响。此外，不同产权关系的农业经营者其利益分配方式不同，行政管制的宽严也有区别，在资金筹措方式和能力上也有很大差异。这些差异会造成对农业经营者经营活动的影响，包括影响对外部环境的反应、对内部要素的动员等，致使有的充满活力，应变能力强；有的则缺乏活力，对外部环境变化反应迟缓。

2. 经营资源

农业经营者的经济活动必须要有资源，资源也反映一个单位的实力，通过对资源的分析，可以明确每一个生产经营单位的优势和劣势。农业经营者的资源包括有形资源和无形资源。

有形资源主要包括财务资源、物质资源、人力资源。其中，财务资源表现为农业经营者的自有财力、借款能力、资金的再生能力；物质资源包括农业经营者的位置、土地的数量及肥沃程度、良种的培育方法、设备的精良程度、原材料的获取途径；人力资源包括农业经营者的经理人员、科技人员、管理人员和操作人员，其科学文化素质、技能、经历、承担的义务和忠诚等。有形资源是农业生产经营的基本条件，决定了农业生产的规模和可能产生的效益。

无形资源既包括技术资源如专利、商标、版权和商业秘密等及成功运用它们所需要的知识；涉及信誉、品牌、对产品质量、耐久性、可靠性的认识和对供应商的信誉、效率和效益的相互支持的互惠互利合作关系等。因为无形资源不具有实物形态，竞争对手难于掌握和模仿，所以它们是持续竞争优势的可靠来源，是农业经营者核心竞争能力的基础。

3. 经营文化

经营文化是在长期发展过程中逐步形成的，有着丰富的内容，其精华体现在深入员工心中的精神。例如勇于创新、精益求精的精神，勤奋敬业、忠于职守的精神等。农业经营者的经营战略以及实施过程无不受文化的影响。外部环境和内部条件差不多的两个单位，往往由于彼此文化传统的差异，有可能导致在产品的质量、经济效益等方面的很大差别。管理者要充分认识文化对于增强员工的凝聚力、激发员工的积极性和创造性等方面的巨大作用，努力改变历史所形成的落后的传统文化，建立与现代市场经济相适应的崭新的文化，树立良好的风貌。

4. 核心能力

核心能力是农业经营者依据自己独特的资源（自然资源、技术资源或其他方面的资源以及各种资源的综合），培育创造的不同于其他单位的最关键的竞争能力与优势。这种竞争能力与优势是本单位独创的，也是最根本、最关键的经营能力，凭借这种最根本、最关键的经营能力，才拥有自己的市场和效益。越来越多的农业经营管理者把拥有核心能力作为影响长期竞争优势的关键因素。如果有意在未来的市场上获取可观的利润份额，现在就必须着手建立自己的核心能力。在某一产品或某一方面具有一定的优势，并不代表就一定具有较强的核心能力，只有这种产品和技术使竞争对手在一个较长时期内难于超越而得以保持时，才是真正的核心能力的体现。

三、现代农业经营目标的确定方法

确定目标是农业经营管理的首要工作之一，同时这项工作也是一个极其复杂的过程，它包括分析外部环境与内部条件、确定总体目标、目标的分解与协调等。

（一）调查了解外部环境

外部环境因素涉及非常多的内容，全面、系统、深入地掌握外部环境对于农业经营管理者来说是非常困难的。但外部环境中有些因素对农业经营管理者确定目标是非常重要的，如外部的市场环境、市场行情，竞争环境、资源条件，生产技术环境、农业科技环境等。抓住这些要点，才能使有限的精力集中于重点工作之上，才能对外部环境有清醒的认识。

在有关外部环境的资料中，有大量的历史内容，也有大量的现时材料，还会有根据历史和现时决定的对外部环境将来的预测。由于制定农业经营管理目标依据的是未来环境的变化，对于这三个内容，最主要的是外部环境将来的变化。如农业经营中，燃料和运输费用对经营目标的确定有直接的影响，在 20 世纪 90 年代时，世界市场上石油的价格曾经长期为 30 美元一桶，但在 2007 年后，已经上升到 130 美元一桶，根据现时及未来的条件，有关专家预计，石油有可能上涨到 200 美元一桶，然而，也有的专家认为，未来石油价格会下降到 60 美元一桶。采用两个不同的预测结论会对未来农业目标的制定产生极为不同的结果。制定农业经营目标时，需要依据的是对未来环境的分析和预测，没有正确的预测，就不会有长期、稳定的目标。

（二）分析自身的内部条件

农业经营管理者认识自己也是不容易的，需要付出一定的努力。在现代农业经营中，面对的是竞争的市场，目标实现在相当大的程度上取决于竞争的优势。故此，认识内部条件时，不能仅仅掌握单位内的资金、技术、土地等条件，而要从本单位条件与外部条件，特别是从竞争的角度来认识自身的条件，是在竞争中有完全的优势，还是处于劣势条件下，还是通过自身的努力能够改变不利的状况，争取到竞争的优势。没有对比，就不能说是正确认识自身的内部条件。

现代农业经营管理的目标最终是靠人的努力才能实现的。农业经营单位中人的思想状况如何，能否接受或认可可能制定的目标，特别是中层干部和最广大的员工群众对农业经营目标有什么认识，这些都会在相当大程度上决定目标制订得合理与否，也决定了目标能否实现。在制订目标时，仅仅有对内部硬件条件的认识还是不够的，还需要有对人的能力，人的思想条件的掌握。

（三）确定总体目标

现代农业经营管理总体目标是在外部环境与内部条件分析基础上提出的，它一般包括经营方向和绩效水平。经营方向具体表现为确定目标市场和生产经营项目，绩效水平则偏重于市场占用率、财务指标等。现代农业经营管理目标往往不是单纯的，它会涉及经营管理的多种要求，包括市场、技术进步和发展、提高生产力、物质和金融资源、利润、人力资源、员工积极性、社会责任等。

制定经营管理总体目标需要进行机会分析，所谓机会就是能够促进经营项目发展，外部环境与内部条件又比较适宜的结合点。对于农业市场经营项目，机会总是有轻有重的，总体目标要结合那些重大机会的方向。

（四）目标的分解与协调

当经营管理的总体目标确定下来后，需要将其分解成具体目标。目标分解可以按时间和管理体系两种方式进行。按时间进行目标分解就是将最终目标按年、季度、月、日等时间进程，设置成分阶段目标。按管理体系进行目标分解可以从纵、横进行，纵向目标分解是根据管理层次，从上往下分解，把总体目标落实到部门、班组或个人；横向目标分解则是把总体目标按专业化分工原则分解到各职能部门、职能组。

目标分解是一项精细的工作，需要经营管理者采用系统思考方法，考虑生产经营过程和所涉及的方方面面。具体目标要能够体现总体目标的要求，保证总体目标的实现；具体目标之间要在内容上、时间上协调、平衡，防止出现目标冲突。

四、目标对现代农业经营的影响

（一）农业经营目标与农业经营方式

农业经营管理目标与农业经营方式是相互影响的，农业经营管理目标常常是在特定农业经营方式基础上产生的，而农业经营管理目标又要求农业经营方式提供最有效实施保障。对于已经确定的目标，选择生产经营方式和进行生产经营方式的升级转变是两项重要工作。

选择农业生产经营方式要从当地条件和农业经营管理的具体目标入手。传统农业多数采用家庭经营方式；而农业规模较大、专业化程度要求较高、需要抵御较大经营风险时应当采用农业合作经济方式；对于市场发育好、技术要求高、组织能力强的经营项目则可以采用企业化经营。

农业家庭经营方式是以农民家庭为单位从事农业生产经营活动。20 世纪 70 年代末我国在土地集体所有的前提下开始通过土地使用权与所有权相分离推行农户家庭承包经营，至今农户家庭承包经营仍是我国多数农村采用的农业生产经营方式。对于城市化程度不高的地区，以家庭为单位是实现农民与土地结合的有效方式。

农业合作经济组织存在的根本原因是农民家庭经营实力较弱，当农业经营项目的生产规模大、技术要求高、面临风险多时必须把农民通过合作方式组织起来。

企业化是农业生产经营的较高级形式，这种方式是把土地、劳动力等农业资源按照现代企业要求进行组织，在内部实行专业化分工，进行独立经营、自负盈亏。目前，企业化经营方式在林业、养殖、农产品加工、农产品流通、农业中介、农业贸易、农业科技等行业正在迅速增加。

当农业经营管理目标与现实生产经营方式有差距时，需要通过转变生产经营方式来适应目标的要求。

◆小资料 1-3 恩施地处湖北省西南腹地的多山地区，聚居着土家族、苗族、侗族等少数民族，涉农产业主要是水稻、果品和观光旅游，过去的农业生产经营主要以农户个体为主。21 世纪初，为适应市场经济和农业技术的发展，恩施市开始推进农业生产经营方式的转变，重点是使农户个体生产向产业化适度规模转变，从家庭经营方式向农业企业化转变。恩施市通过农村土地流转使土地集中，让农业经营规模由小规模发展到适度规模。到 2008 年，恩施市出现了一大批种养大户、农业生产企业，农业规模经营的总户数达到3 000多家。农业企业化程度也越来越高，各类农业企业 195 家，其中种植业 15 家、养殖业 5 家、农产品加工及经营 175 家；有各类专业合作经济组织 68 个，建成的无公害农产品基地 90 万亩以上。

（二）农业经营目标与经营项目发展

经营管理目标是与农业生产经营项目的发展历程相适应的。由于农业经营项目要依赖土地和农业自然资源，因而其受土地和农业自然资源的限制很大，项目发展的灵活性较其他行业要小。除扩大规模、提高效益、增强品牌知名度、提高经营管理水平外，农业生产经营根据其经营项目的发展阶段可分为独立项目经营、经营扩张和综合开发等几个阶段。

独立项目经营阶段主要是围绕一个或几个有限的经营项目来进行农业生产经营活动。农业生产经营项目一般源于市场需求和经营者所掌握的资源条件，是两者的有机结合点，另外在现代农业经营项目中技术、资本运作和经营管理的成分也越来越大。生产经营项目是农业经营管理的基础，通常情况下经营管理目标就是指生产经营项目所要达到的预期成果。

农业生产经营者在进入扩张阶段后，主要经营管理目标是沿农业产业链进行经营领域扩展，扩大生产经营规模，并在核心业务点上强化自身优势。农业产业链一般分三个链条，基本产业链包括播种、生长、施肥、收获、农产品的加工、农产品的销售行业；辅助产业链包括农资种源的供给、农用机械设备的供给、技术支持以及最终客户服务；延展产业链是基本产业链上某些独特产业的延伸，或是通过与高科技及其他产业的结合形成的产业升级。经营扩展可以沿农业产业链的上、下游或相关产业进行，也可以根据经营者的自身资源优势进入不同市场。

综合开发阶段的经营管理目标是进行区域开发和产业集群建设，这是农业生产经营的高级阶段。区域开发是根据农业区划，以地区农业资源优势为基础建设多企业群体。区域开发涉及土地、自然资源、生态环境、基础设施等多种因素，产业包括种植、畜牧、渔业、加工业、农垦等。区域开发多数由政府主持，小范围的区域开发可以由大型企业或企业集团进行。综合开发的另一种方式是在同一行业，以资本为纽带建设跨地区的企业集团。

◆小案例 1-8 蒙牛乳业是一家在农业经营领域非常成功的民营企业。蒙牛乳业 1999 年 1 月在内蒙古呼和浩特市和林格尔县盛乐经济园区成立，成立之初由自然人投入的资本仅 700 余万元，是典型的独立农业项目经营企业。蒙牛乳业总裁牛根生曾任伊利公司生产经营副总裁，因此初期的蒙牛乳业在经营方式上基本沿用了伊利模式，目标就是复制伊利公司。经过 8 年的经营，到 2008 年蒙牛乳业已经成为可以与伊利公司匹敌的乳业集团。2007 年末蒙牛乳业总资产达76亿元，职工3万人；蒙牛乳业在全国15个省市区建立了20多个生产基地，在基地的周边地区建立了3 200多个奶站，联系奶农200万户；经营产品有液态奶、冰淇淋、奶品三大系列200多个品种，乳制品生产能力达每年400万吨；2006年9月，国家统计局发布了“中国大企业集团首届竞争力500强”名单，蒙牛位居第11位。此时的蒙牛乳业已经进入了全面经营扩张阶段，使蒙牛成为全国乳业的领军企业成为这一阶段的经营管理目标。

(三)农业经营目标与农业资源安排

农业经营管理目标是基于资源条件而形成，其根本是发掘资源条件的社会、经济价值，而农业经营管理目标本身也会对资源条件的存续、改良有重大影响。

农业自然资源是农业生产可以利用的自然环境要素，如土地资源、水资源、气候资源和生物资源等，农业自然资源是确定农业经营管理目标考虑的首要因素。科学的农业经营管理目标应着眼于农业自然资源的可持续开发利用，即在维持农业自然资源的再生、增值基础上对其进行充分利用。

土地是一种特殊的农业自然资源。我国土地资源条件并不优越，我国人均耕地只有0.11公顷、人均林地面积0.114公顷、人均天然草地0.33公顷，同时土壤肥力下降、土壤板结、酸化趋势严重，水土流失、土地沙化现象也在扩展。因此，农业经营项目要尽可能减少土地浪费，通过提高生产力和利用率使土地利用更加充分；要防治土地退化和损毁，提高土地质量；通过土地综合开发，提高土地的自身价值。

劳动力是影响农业项目经营效果的又一重要因素，农业经营管理目标既要充分利用当地劳动力资源，又要促进当地劳动力素质的提高。充分利用劳动力就是要使农业经营项目与当地劳动力状况相符，发展农产品加工业、旅游农业等行业能够有效地吸纳当地劳动力。提高农业劳动力素质则是要促进产业升级，使农业经营项目达到更高目标。

◆**小案例1-9**　宝应县位于扬州市，拥有耕地90万亩、水面70多万亩，是全国著名的“荷藕之乡”、“水产之乡”、优质粮棉基地、有机食品基地。宝应县发展农业的经验之一就是搞好农业资源的深度开发和综合利用。宝应县围绕荷藕、棉花、水产、畜禽、林木等5大系列产品，实行综合、产业链、高科技三项结合的资源开发。综合资源开发利用重点是发展间套复种、立体养殖、特种农副产品的种养，推广以养促种、以种促养、种养结合、良性循环的生态经营方式。产业链资源深度开发是拉长农业产业链条，实现农业资源的二次开发利用。高科技农业资源深度开发包括建立资源开发科技示范体系、提高资源开发的技术能力、通过加强培训提高劳动者的科技素质等。

(四)农业经营目标与生态环境

农业生产是以土地和自然资源为基础的，这决定了农业对自然环境的依赖和对自然环境的影响要大于其他产业。然而，由于生产观念、生产方式和社会需求的增加，长期以来农业生产处于重经济和社会效益、轻生态环境的状态。20世纪50年代我国粮食平均亩产多数在100公斤以下，20世纪90年代中至2006年我国粮食平均亩产达到了300公斤，粮食产量增加是显著的。但20世纪90年代以后，我国每年生产农药的原药有40万吨，每年使用农药达3亿公顷次，农药的大量使用破坏了自然界原来的生态平衡，高毒、高残留农药使粮食、蔬菜、水果和其他农副产品中有毒的成分增多。与此同时，农业生产大量施用化肥，引起湖泊、水库的富营养化和地下水污染，也使生态环境受到严重摧残。

农业生产与生态环境的矛盾日益加剧，要求农业经营管理目标必须注重农业生产经营与生态环境的协调、互补。在初级目标上，农业生产经营应尽可能减少对生态环境的破坏，减少对自然资源的掠夺性开发。在高级目标上，通过农业生产经营本身改善生态环境，提高生态资源的价值，从而获得更高的生态收益，例如种植生态林、建设休闲农区和绿色食品生产基地、加强农业生产过程中自然成分等。

◆**小案例 1-10** 湖南省益阳市把生态农业作为农业发展的一个目标，该市的南县是国家生态农业县，资阳区是国家级生态示范区试点区，赫山区是国家级生态旅游示范区，全市建设了一批生态示范村和6个绿色食品、有机食品基地。益阳市白石塘乡的生态农业示范基地于2002年开始建设，主要采用"猪-沼-稻"生态农业的生产经营方式。"猪-沼-稻"是利用猪粪制造沼气，再用沼气有机肥生产优质、无公害的稻米。目前，白石塘乡的生态农业示范基地建有沼气池700多个、施用沼气有机肥的稻田面积达到3 000亩。"猪-沼-稻"的生产方式控制了化学肥料的施用，避免化肥对农业生态环境的危害和对稻田安全品质的损害。生态农业使白石塘乡的稻谷品质提高、食用安全，稻谷生产的经济效益也随之增加，这里的优质稻谷比其他地区价格高出30%，农民种植水稻每亩就可增收200元左右。

【本章练习】

1. 什么是现代农业？
2. 什么是农业经营目标？农业经营目标基本构成是什么？
3. 哪些因素影响着农业经营目标？
4. 如何确定农业经营目标？
5. 现代农业经营管理的任务是什么？
6. 农业经营目标与农业经营方式、经营项目发展、农业资源安排、生态环境存在什么关系？

【技能训练】

1. 调查当地现代农业发展状况，并写出分析报告。
2. 选择一个农业经营主体，根据环境及当地资源条件，与其共同确定五年的经营目标，并将总体目标按生产经营的各个方面分解成具体目标。

第二章　现代农业项目的选择

知识目标

了解农业项目特点、类型

理解项目选择的影响条件，项目评价方法

熟悉资源、市场和区域条件等对农业项目选择的影响

能力目标

能够根据实际条件正确选择现代农业经营项目

◆**小案例 2-1**　湾底村位于宁波鄞州区，以前是被称为“五一烂眼”的穷村。自从引进桑果，湾底村的面貌产生根本性变化。1997 年，湾底村在经过一系列考察后决定引进一年就能成熟结果的桑果作为村里主要农业种植的品种。开始试种了 15 亩，结果非常畅销。当种植面积扩大到 200 多亩时，桑果收获期短、难以保存成了难题，于是湾底村引进了先进的加工流水线搞果汁果酒生产。桑果种植面积进一步扩大，湾底村又利用桑果资源搞起生态旅游。现在，湾底村拥有 760 亩桑果林，每年接待游客几万人次，果汁果酒公司在全国有 1.3 万亩的种植基地。湾底村整齐漂亮，村子两边是大片的果桑林和果汁果酒生产厂房，村民中有近一半进了企业成为工人。

启示：湾底村的成功经验告诉我们，农业项目已经成为决定现代农业经营管理成败的最关键因素。

第一节　选择农业项目的影响因素和方法

一、农业项目的特点和种类

（一）农业项目的特点

农业项目在农业领域通过一定投资而形成生产、服务能力，再通过对这些项目的运作经营，为经营管理者带来效益。农业项目的特点表现在以下几方面。

▲农业项目首先是一种投资活动，它把资金和各种资源聚集起来，形成了资产；这些资产是经营管理的具体对象，具有生产能力或社会服务功能。

▲农业项目具有相对独立性，这表现在组织、资产、运营、核算等许多方面。

▲农业项目是一种组织活动，其主体是农户、农业企业、农村集体或合作经济组织等。

▲农业项目的资产具有完整性，无论归属于自然人还是法人，这些资产是不能随意分割的，否则项目就将丧失其功能。

▲从运营上看，农业项目的方案设计、项目决策、资金筹措、项目实施、经营管理、收益分配是一个连续过程，任何一个环节都不能缺少。

▲从经济核算上看，项目还涉及多方面的投资和权益，任何与项目无关的人员、组织都不能随意干涉项目。农业项目是有特定经营内容的，能够为社会提供具体产品或特定服务。营利性项目要满足市场需要，并能够为投资者带来利润；非营利性项目要有助于农村社会与经济发展，要有利于环境保护。

▲农业项目具有生命周期，即项目要开发研究，开发、建设、发展、生产等阶段，是一个有起点和终点的过程。

（二）农业项目的种类

从农业项目的用途和领域看，一般可以分为以下几种。

▲农业生产项目。这类项目直接进行农、林、牧、渔等产品生产，例如种粮、种菜、养牛、养鱼等。这类项目有具体的产品作为经营对象，在农业项目中的比重最大。

▲农产品加工项目。这类项目是对农产品进行初加工、深加工，例如屠宰、保鲜、储藏等。这类项目目的是为了使农产品更有效地保藏或利用，能够提高农产品的附加值，近期发展的项目中占比重较大，未来还有相当大的潜力。

▲农业服务项目。这类项目能够增加农产品的产量或提高农业生产效率，例如农业机械化项目、农业灌溉项目等。这类项目常与农业生产或经营项目相结合，通过为农业生产或经营提供服务取得收益。

▲农业公益项目。这类项目没有直接的经济效益，但对农村社会、经济发展有重要意义，例如发展农村教育、科技、卫生、文化、交通、通信等。

▲农业开发项目。这类项目容纳了上述四类项目，通常是一些比较大型的或区域开发性质的项目，例如开发区建设、山区开发等。

二、选择农业项目时应考虑的基本因素

农业的经济收益通过产品或服务产生。要得到良好的经济收益，首先需要产品或服务能够满足市场的需要，同时，要提供产品或服务，又要有资源条件。选择农业项目时，要从产品出发，在以下几个方面进行全面考察。

1. 市场条件

农业项目分析的核心是市场需求量问题，即在其市场有效需求量足够时才能获取利润，这一数据将作为项目设计的基准数据。市场条件分析包括以下内容。

▲目标市场，即项目的市场在哪里，这个市场的吸收能力有多大。

▲市场需求产品的数量、规格、花色、品种、款式、质量。

▲价格情况，即市场现实价格、价格波动和价格走向。

▲市场准入条件，即国家对该类产品的要求，市场所在地对产品输入的限制，外销产品是否符合外国政府所制定的政策。

▲市场竞争情况，即项目产品的市场占有率和影响市场的能力，竞争产品或替代产品。

▲项目产品进入市场的渠道，以及产品的贮藏、加工、保鲜、运输等问题。

2. 资源条件

农业项目需要人力、物力、财力、科技等方面的投入，这些受当地资源条件的制约。农业资

源条件涉及以下内容。

▲土地状况，涉及土质情况、土地利用、开发潜力、水土保持情况。

▲自然资源情况，涉及地形、地貌，动植物资源、水资源、矿产资源，气候、密度、降水等。

▲劳动力状况，当地劳动力的数量、素质、教育程度。

▲区域条件，农户习惯、耕作制度、当地主要产业、区域经济发展状况。

▲农业技术状况，农业机械化程度，农业生产中的种子、肥料、种植方法、加工方法，自然灾害和病虫害防治等。

3. 技术方式

技术方式是农业项目依据现实条件进行生产或提供服务的手段。近几年技术方式也延伸到了项目运营方式。农业项目的技术方式涉及以下问题。

▲项目的地点，项目的具体位置，它是否符合乡村建设规划。

▲项目规模，涉及多少农户、村庄，其经济合理的规模是多大。

▲技术手段，生产加工的核心技术，工艺要求，质量标准。

▲运营方式，项目运营的技术平台，进料、加工、销售的过程，外部协作方式。

4. 组织管理

农业项目必须要有独立机构或专门人员负责组织和管理工作，组织管理的好坏直接影响项目的成败。一些农村地区由于文化、教育水平相对落后，缺乏有经验的管理人员，致使组织机构不健全、工作不规范、管理资料不准确，这些都降低了农业项目的盈利。组织管理要重点考虑以下几个方面。

▲项目本身有无组织管理机构或负责人，这些机构或人员有无组织管理能力。

▲项目组织管理机构或人员与当地政府、行业组织和其他相关部门的关系是否融洽。

▲有无切实可行的项目组织管理方案。

▲参与项目的农民的文化、技术水平，以及农民参与项目的热情和合作态度。

5. 社会环境影响

一个农业项目需要考虑的社会环境因素是极其广泛的。在宏观方面会涉及国家的政治体制、政策法律、经济防治、宗教习惯等。在微观方面要考虑以下几方面。

▲为当地创造就业机会、提高农民的收入水平。

▲改善农民的生活质量，促进农村社会、文化的发展。

▲符合当地的产业发展方向，促进农村建设。

▲改善当地的生态环境，促进农村的可持续发展。

6. 财务分析

财务分析是站在农户或投资者角度，对项目的投入和收益所进行的分析，它是以项目预算为基础的。财务分析中要考虑以下方面。

▲项目投入，包括农户和投资者的直接投资，各种来源的贷款，当地政府或国家对项目的支持。

▲经营过程中所发生的成本。

▲项目收益，包括经营收入、利润、收益分配等。

7. 经营风险与项目发展

农业项目常常是在动态条件下进行的，因此还应考虑风险和发展两方面因素。经营风险是不可预见因素对项目最终成果的影响，这些风险因素来源于市场、供应、财务、经营等。项目发展分析是基于项目成长过程，对未来项目自身和经营条件的预测。

三、农业项目的评价与决策

选择农业项目要对项目全面考察后进行评价和决策。

（一）农业项目的评价

农业项目评价包括财务评价和国民经济评价，小型农业项目侧重于财务评价，大型农业项目还要必须进行国民经济评价。

1. 财务评价

财务评价是最基本的项目评价，它是从项目收益和项目投入之间的关系进行的评价。当项目达到预期收益时，这个项目就可以接受；如果有多个项目，那么投资效果最好的项目将被接受。财务评价一般有两大类方法，即静态评价方法和动态评价方法。

静态评价方法是直接以项目最终收益和最终投入进行比较而评价项目效果的方法，这种方法直观、简洁、容易理解，是项目评价最基础的方法。静态评价方法一般以项目的投资回收期限或投资收益率为评价依据。投资回收期限，就是一个项目用多长时间能够把其全部投入回收回来。对于单一项目方案，我们可以事前设定一个投资回收年限，如果项目能够在这个年限内回收全部投入，那么这个项目将可以接受。对于多个项目方案，我们将选择那个投资回收期限最短的方案。投资收益率则是项目收益占投入的比率，这个比率越大项目效益也越好。

动态评价方法是以项目每年的收益和投入进行比较而评价项目效果的方法，这种方法符合资金的运动规律，更加准确，更加贴近项目运营的实际情况。动态评价方法的评价指标有净现值和内部收益率等。使用净现值是将项目各年的收入和投入都换算到项目建设之初，然后两者之和作为净现值，如果净现值大于或等于零，则项目可以接受。使用内部收益率评价较为复杂，它是以行业基准收益率和银行贷款利率作为评价参照的。

2. 国民经济评价

国民经济评价是按照资源合理配置的原则，从国家整体角度考察项目的效益和费用，分析项目对国民经济的贡献。国民经济评价的主要目的是要把各种资源，包括资金、外汇、劳动力、土地、自然资源等投入到国家最需要的项目上去，并使这些资源发挥最大经济效益和社会效益。由于国民经济评价着眼于社会整体，所以在以农户为主体、规模比较小的项目中，国民经济评价的重要程度不如财务评价；但对于企业、农村集体经济组织、农村合作经济组织，或比较大型、影响比较广泛的项目，则必须进行国民经济评价。

国民经济评价与财务评价基本思路类似，都必须在农业项目的市场条件、资源条件、技术方法、组织管理、社会环境影响、财务状况等方面进行分析、评价。两者所不同的是：国民经济评价要从国民经济和全社会角度进行评价，其成本和效益的划分范围要基于项目对社会的消耗和贡献，在计算成本和效益时采用影子价格、影子汇率和影子折现率，当国民经济评价与财务评价的结论不一致时国民经济评价的效力更强。

（二）农业项目的决策

对农业项目进行评价后，项目选择进入决策阶段。决策是农业项目选择的关键。为此，要做好以下几个方面的工作。

▲选择适当的决策标准。决策标准是筛选项目的依据，决策标准一般包括项目效益、项目条件和项目风险水平。但由于不同农业项目涉及的方面不同，因而所依据的具体决策标准也不同。决策标准不是面面俱到的，一般是对项目至关重要的因素；决策标准以“令人满意”为限度，不宜对项目追求绝对完美。

▲根据项目评价结果进行决策。项目评价是为项目决策服务的，如果抛弃项目评价的成果，项目评价本身也就丧失了意义。

▲选择适当的决策者。项目决策最终由人来进行，因而决策者的立场和水平会对项目选择产生直接的影响。项目本身的利害关系常常导致人们从各自利益评判项目，而决策者的经验、知识水平也常常使决策者趋向于接受自己熟知项目。为了保证农业项目的最终效果，公正和广开言路是十分必要的。

▲实行程序化决策。严格按照程序进行决策能够避免许多决策错误，例如不适当的人选参与决策、在没有充分证据支持下的决策、决策结果没有法律效力等。

第二节　农业资源条件与项目选择

◆小案例 2-2　位于慈利县苗市镇界溪村的张家界丛林山鸡场，在绿色葱茏的丛林深处，30 多栋鸡舍整齐排列，放养着成千上万只山鸡。该山鸡场是从 2 个人的家庭专业养殖户发展到 30 余人就业的特色养殖企业，目前拥有核心社员 120 户，年出栏土鸡 20 余万羽头，鸡蛋 150 吨，服务功能辐射到周边 10 个乡镇，成为了当地农民立足特色资源，实现脱贫致富愿望的缩影。近几年来，慈利县紧扣当地传统种植优势和资源优势，合理挖掘、配置农业资源，大力培育壮大了烤烟、油茶、茶叶、杜仲、反季节蔬菜、柑橘、生猪、粮油等十大特色农业生产基地。据统计，10 大生产基地面积累计达到近 80 万亩，特色专业村达到 100 多个。

俗话说，“靠山吃山，靠水吃水”。对现代农业项目来说，“山”、“水”就是农业资源条件，而所谓的项目，不过是把资源条件的经济价值挖掘出来，拿到市场上换成“钱”。农业资源包括的内容很多，土地、劳动力、自然条件、经济条件都是农业资源，而且这些农业资源常常是相互交错发挥作用。

一、土地资源与项目选择

土地是农村最宝贵的资源，耕地、园地、林地、草地、荒地、水域都是土地，土地不仅有自然、经济特性，国家还对土地的使用有很多要求。

从自然角度看，农业土地资源与工业用地、城市建设用地有很大不同。一般情况下，人们对农业土地的改造投入相对工业用地、城市建设用地要少，而农业土地受自然影响更多。由于土地位置固定、面积不变，人们不能移动或改变其大小，这就要求人们只能就地利用。

农业土地的区域和质量差异是很大的。土地本身的地质、地貌、土壤、植被、水分，以及气候条件的差异使土地形成了不同类型。不同的土地类型适于不同的农业生产。人们只有根据土地的不同类型，合理使用，才能获得更好的经济效益。

农业土地的重要优势是其可以永久使用。在工业生产要素中，机械、厂房、原材料都存在消耗，其价值在不断使用中逐渐消失。而农业土地只要使用得当、不断改良，就可以永久使用。

农业土地也有很多劣势。第一个劣势是农业土地在不断追加投入后，其产生的收益会递减。这一点与工业用地、城市建设用地有很大不同，因而造成了农业土地增值的困难。第二个劣势是农业土地在利用上的困难。人们不能随心所欲地利用农业土地，而且农业土地改变其利用方向也很不容易。第三个劣势是由于城市扩张和工业用地的增加等，农业土地呈减少趋势，这迫使人们必须提高农业用地的利用度，集约使用土地，同时也要求节约用地。

另外，农业土地作为国家的基本资源以及保障农业生产用地，国家对农业土地的土地性质和农业生产用地面积有严格规定，这也要求人们必须按照国家政策合理使用农业土地。

从农业土地资源的自然、经济特性和土地利用政策看，选择农业项目时要合理使用农业土地资源，同时要寻求农业土地资源价值的最大化。

合理使用农业土地资源要做到“节约用地、有效用地、永续用地”。“节约用地”就是要保持一个地区农业土地的一定比例，禁止滥用耕地，控制其他用途占用农业土地。“有效用地”就是要根据不同的土地类型使用农业土地，合理安排生产项目，并做到规划用地，发挥土地的自身效力。“永续用地”是要保持土地肥力，做到用地和养地的结合。

提高农业土地资源价值对选择农业项目更为关键。农业土地可以有多种用途，对土地的不同改造、投入，以及对土地的不同使用方式都会使农业土地产生的效益有很大差异。目前，能够提高农业土地资源价值的途径有两种：第一种途径是“土地的集约使用”，即要提高现有土地的生产率，在单位面积的土地上获得更高的产量。第二种途径是“土地使用市场化”，即加强农业与市场的联系，使土地更好地满足市场需要，按市场安排农业生产。

◆小案例 2-3 江津区白沙镇恒和村盛产柑橘，过去柑橘园是一家一户经营的。后来，为了集约使用土地和增加土地资金投入，村领导想到了引进外来业主投资建设标准化的柑橘园。2005 年，恒和村已有 8 位投资者进来，成片地从农民手中租用了 8 400 亩土地，在这 8 400 亩土地共投资 4 亿多元。其中一位四川业主就租用了 1 200 亩土地，投资 6 000 万元建起了一个标准化晚熟柑橘园，每亩需一次性投资 5 000 元。这种标准化的柑橘园先要挖深壕沟，沟下面安一层空心砖，下大雨时，地表水可通过空心砖流入排水沟排走；不下雨时，空气可通过空心砖进入园内。这种标准化的果园将全部种植优质晚熟柑橘。果园 3 年挂果，5 年内丰产，每亩每年可产 2～2.5 吨优质果，然后与经销商签订合同以每公斤 2～2.2 元的保护价收购。集中土地被建成标准化果园的同时，一些业主还配套建设了生态农业旅游项目，使土地得到了更高的收益。

江津区白沙镇恒和村引入外部投资建设标准化的柑橘园，就是“土地的集约使用”和“土地使用市场化”的典型实例。

二、自然资源与项目选择

除土地外，农业自然资源主要包括水资源、生物资源、气候资源。水资源用于人们生活和生产；生物资源包括农作物、畜禽、鱼类、森林、草地、野生动植物等，常常作为农业生产的对象；气候是生物的生存条件，包括阳光、温度、降水等。

农业自然资源的重要特征是其具有生态完整性。农业自然资源以生物资源为主体，水资源和气候资源是生物资源的存在条件，这三者构成了一个完整的生态系统。生态系统是一种有内在联系、动态平衡的系统，生态系统有自我再生、修补、演进的能力，生态系统中的各个要素相互制约。

农业自然资源又是农业生产的基础。农业自然资源与人们的生活息息相关，人们生活中食物、用品、衣物等大量物品还直接或间接地来自农业自然资源。农业生产则主要是围绕利用天然生长的动植物和微生物，人工培养动植物和微生物，对农产品再加工，以及开发其他农业自然资源。

针对农业自然资源的特性，农业生产的主要任务是保护和利用农业自然资源，要注意这两个方面的结合。利用农业自然资源是人类活动的目的，这种利用是对农业自然资源的成分或功能进行的选择、培养或加工，使之满足人们的需要。说到保护农业自然资源，就是使农业生产适应农业生态环境，维持农业生态系统自身的完整性，使人类活动不至于破坏自然生物、水和气候的自身活动。

◆小案例 2-4 甘肃省东南部的灵台县地处西北黄土高原地区，气候湿润，降雨充沛，非常利于野生酸枣的生长。由于酸枣的根系发达，生命力、繁殖力极强。在灵台境内，只要有土壤的地方，随处都可看见野生的酸枣树。过去种地，最让农民头疼的就是田间地头到处是挖都挖不绝的酸枣树。然而，灵台县看准酸枣这一丰富的野生资源，在全县大力发展起酸枣嫁接大枣产业。从 2003 年开始，县政府筹资 100 万元，从山东引进灰枣、骏枣、金丝枣等 9 个新品种，调供大枣接穗 1 117 万株，购买修枝剪、枝接刀1 200多把，全部无偿投放，鼓励农户集中开发。同时邀请中国果树研究所、省风景园林公司红枣研究所的专家，对农户进行技术培训。2006 年，已有 1 万多人掌握嫁接、修剪、管理等技术，建成家庭小枣园 7 599 个，并且，有 500 万株开始挂果，预计可产枣果 1 000 吨，可实现收入 300 万元。灵台县巧妙地利用酸枣野生资源，使之成为一项投入低、见效快的富民产业，在促农增收的同时，又有良好的生态效益。

从我国的条件来看，正确认识经营的土地适合于哪种农作物的生产是农业项目选择的基础工作之一。

◆小资料 2-1 我国的吐鲁番盆地是世界上温差最大的地区，这一地区适合多种农产品的生产。但通过比较分析，有关专家指出，吐鲁番是世界上最适合生产葡萄干的地区，这一地区生产的葡萄干甜度是其他地区不可能达到的，选择葡萄干项目在吐鲁番就有明显的优势。有关农业专家分析了我国的条件后得出，陕西省是我国最适合生产榨汁用苹果的地区，根据这一条件，陕西省大力发展榨汁苹果种植，目前已经在世界上占有重要地位，农民也很快提高了收入。另外，我国新疆适合生产长绒棉，云南适合种植烟草，贵州适合种植茶叶等。

根据本地适合的条件，从市场竞争的角度，找到在世界市场上或国内市场上最有竞争力的农业项目，有可能使农业经营单位取得最好的收益。除了大范围的适宜项目外，还有一些面积不大的地区适合生产在当地有明显优势的农产品，发挥这种优势也有特殊的意义。如我国北京的庞各庄镇特别适合西瓜的生产，武汉红山区特别适合菜薹的生产，山东青州市农村特别适合果用萝卜的生产，找到这些条件就有可能选择出在当地最有优势的项目，也有可能得到较高的收益。

三、劳动力资源与项目选择

在农业劳动力资源是指能够从事种植业、林业、牧业、渔业和副业的劳动力。我国劳动力资源丰富，农村存在着大量的剩余劳动力，据中国农科院农经所课题组研究，到2009年12月底，我国农村40岁左右的剩余劳动力有近5 650万人，处于不充分就业状态。预计2010—2015年全国农村新增劳动力3 000万个以上，因此，必须将农村劳动力就业摆在突出位置。另外，我国耕地稀缺，人均耕地面积只有1.4亩，但有大批荒山、荒地、荒滩，这些资源利用的潜力巨大。两方面的基本国情，决定了我们应发展占用土地较少但劳动技术密集的集约化农业——设施农业，如蔬菜、花卉、水果、畜产品等，发展农副产品加工、农副产品物流等劳动密集型企业。

◆**小资料 2-2** 荷兰国土面积只有4万多千米^2，人口密度高达每平方千米400多人。该国地势低平，降水充沛，但光照不足，全年光照时间只有1 600小时左右。荷兰采取了一系列符合国家气候特点和国情的农业发展战略及政策：避开需要大量光照和销售价位低的禾谷类作物的生产，充分利用地势平坦、牧草资源丰富的优势，大力发展畜牧业和高附加值的园艺业，建立起1万公顷由计算机自动控制的现代化温室。这个60年前还为温饱问题发愁的小国，已一跃成为全球第三大农产品出口国，蔬菜的出口雄居世界第一，鲜花占全球市场的60%。从荷兰的经验看，这种现代农业的基本特点是：土地利用高效，生态环境良好，技术支撑有力，流通体系发达，组织体系健全，政策体系完善，主体素质较高，产品优势突出，经营收入丰厚，农产品高产、高质、高附加值，具有国际竞争力。

◆**小资料 2-3** 慈利县农业企业绝大多数为劳动密集型企业，2010年年末，慈利县有农业企业法人单位数141个，从业人员1 832人。全县已具规模且市场看好的驰名企业有慈利县佳富农业开发有限责任公司、张家界双农大鲵繁养有限公司、慈利县开源象鼻嘴农业开发有限公司、张家界文昌畜牧有限责任公司等重点龙头企业，涉及花卉、香料、果苗、蔬菜、畜产品、水产品等行业。

四、农业生产性资产与项目选择

农业生产性资产是农村经济组织、农户所拥有的用于生产活动的资产，包括固定资产、流动资产、无形资产等。像房屋、建筑物、农业机械、灌溉系统、林木、果树等属于固定资产；像货币资金、种子、种苗、饲料、农药、燃料等属于流动资产；像商标、品牌等属于无形资产。

农业生产性资产的使用特点是效率较其他产业低。农业生产受自然影响很大，容易造成资产损失和浪费；同时农业生产过程复杂，很大部分资产是不能通用的。农业生产中，流动资产的周转速度较慢。农业生产受动植物生长过程、农业生产季节的限制，不能按人们的意愿加快资产的运动。农业生产性资产的使用风险也较大，如在畜牧业生产中人们常说，"家有财产百万，有毛的不算"。可见畜牧业风险之大。

由于农业生产性资产的这些特点，在选择农业项目时应注意以下几个问题。

▲要选择资金流动性好的项目，例如农产品运输、农业技术服务等，这些项目常常与市场联系密切，并且有很多环节可以利用外部协作。

▲加强资产管理，对自己拥有的生产性资产做到心中有数，例如在推行农村股份合作中明确资产权属。

▲对农业生产性资产进行经营，让这些资产参与市场活动，例如出租林地、果园、农业机

械等。

▲加强与金融市场的联系，学会使用金融产品和金融工具，例如融资渠道、农业保险等。

◆**小案例 2-5** 甘肃省陇西县的马头川村历史上是出了名的贫困村。2006 年，国家选择了发展相对落后的甘肃、新疆维吾尔自治区等 14 个省区推广村级发展互助基金试点。利用这个机会，村里搞起了村级发展互助资金。村级发展互助资金是由政府安排一定数量的财政扶贫资金，同时农户以自有资金入股而形成的。村民以借月方式周转使用"互助资金"来发展生产。当时，政府给马头川村注入 15 万元人民币作扶贫资金，村民也掏钱入股，每股出资从 400 元到 2 000 元不等。2007 年初，马头川村的村级发展互助资金发展到近 30 万元，有农民会员 120 人。按照规定，入了股的村民们可以从村级发展互助资金贷款 3 000 元，用于发展种植、养殖等，年限不得超过一年。2007 年年初，猪饲料涨价，紧接着猪肉价格又猛涨。马头川村几家村民手头没钱买猪饲料，很是着急。由于从发展互助资金贷款比一般银行的贷款利息低，手续也简便，他们决定从发展互助资金贷款。三个月过去，猪长到 100 多公斤，一出栏，村民就把贷款还上。村级发展互助资金给了农民很多的实惠，对农业发展有很大帮助。

第三节 农业市场条件与项目选择

◆**小案例 2-6** 养猪近 4 年的刘老汉从 2002 年开始养猪，收入一直不错，饲养数量持续增加，规模不断扩大，然而，2006 年的生猪收购价让刘老汉的日子非常难过。近几天，市场上的收购价落到了 5.6 元/公斤，而养猪仅饲料成本就需要 5.8 元/公斤。继续养下去，每斤净亏 0.2 元，不养，一是现有的设施不易用于其他用途，二是也没有其他技术和产品可销。刘老汉想了几天也拿不定主意。刘老汉所在的刘庄是这一带有名的养猪专业乡，养猪的农户多，收益在该乡占较大的比例。

在这种情况下乡里请来了市场专家帮助养殖户分析市场。市场专家先分析了本乡的情况。本地养猪已经形成规模，对外有影响，农民有技术，产品有市场，原料有来源，发展有条件。当地人多地少，发展养猪适合当地的村情，农民养猪既可以照顾家庭，又有可观的收益，前几年这里不少农民因养猪而脱贫，目前也还有一定的积蓄，有一定的抵御风险的能力，也愿意继续把猪养下去。唯一的疑虑就是今年生猪的市场价格，如果这种低价持续下去，农民将有很大的损失，而放弃养猪，农民的损失也不小。由于专家近几天研究了改革开放 20 多年来生猪市场价格的变化，发现了这么一个情况，即近 20 多年来当地生猪收购价格波动有一定的周期，基本上是每 6 年一个起伏。在经过对市场需求，原料价格及各地生猪饲养量，尤其是各地母猪饲养的信息调查后，李教授预计，未来几个月内生猪的市场价格肯定会上升。专家谈了这些情况，又讲了盈亏在行的道理，建议当地农民再坚持一下，尤其要坚持母猪的饲养。农民听了专家的讲授觉得很有道理，克服困难，将养猪坚持了下来。让刘老汉没有想到的是，到了 2006 年 9 月，生猪价格开始上涨，10 月份市场价格达到 18 元/公斤。由于保持了养猪的规模，当月出售的生猪让刘老汉不但弥补了全部亏损，还获得了过去三年才能得到的盈利。想起专家 5 个月前的分析，刘老汉感到经营管理知识对农业决策很有帮助。在养殖户的要求下，村里的养猪合作社请李教授专门为农民讲农产品价格波动与项目决策。

一、农产品价格波动

农产品价格波动给我们进行农业项目决策提出了一个难题。农民作出农业生产决策的依据是市场，然而由于市场价格波动的普遍存在，依据哪一个时点的价格进行决策，往往会有不同的结果。如果我们不去分析市场动态，盲目根据当前市场价格确定生产项目，在价格下降后，会有较大的损失。农产品价格波动的普遍性告诉我们，在选择农业项目时，除了要对当时、当地的市场价格进行调查外，还要了解这一项目的未来趋势，了解产品的真实成本，产品的价格长期趋势等诸多问题。有了对项目市场条件的深入、全面、清晰、明确的认识，才能保证项目选择的可靠性。

价格波动的情况在由分散农户组织的农产品生产中表现特别明显，而工业品生产由于生产周期短，设备要求高，技术要求复杂，特别是多数工业品可以存放较长的时间，这就使大多数工业产品，特别是大型企业生产的工业品并没有明显的价格波动和价格周期。有些农业项目生产周期长，技术要求高，生产规模大，产品可以存放较长的时间，这些农产品的市场价格波动也相对小一些。总之，虽然农产品价格波动是一个普遍的现象，但对于农产品的市场价格波动不能一概而论，要对具体产品进行具体的分析。

二、按农产品价格波动的规律进行生产决策

农产品价格波动虽然没有固定的规律，但由于其普遍存在，因而可以按农产品价格波动的趋势进行生产决策。市场价格主要是由供求决定的，而影响供求的因素多种多样，例如：如果技术有了变动，政策有了变动，成本有了变化，气候有了变化，甚至消费者心理有了变化等，都可以使市场供求发生变化。虽然一般来说，在市场价格降到生产成本以下后价格肯定会反弹，但市场价格低于成本将持续多长时间，何时是反弹的时点，反弹到什么程度，都没有固定的规律。如浙江省甲鱼的早期市场价格曾高到200元/公斤，后来持续下降，一直降到50元/公斤左右，然后在这一价位上持续了7年左右，目前也没有回升的迹象。所以，不能简单地在价格处于低位时认为价格肯定回升而盲目扩大生产。同样，在市场价格较高，产品盈利较大时，也不能因为市场价格已经较高，就认为今后价格肯定下降，如果此时立即缩小生产规模，可能也会有较大的损失。掌握和预测价格变化比较好的方法是随时了解市场行情，全面掌握相关信息，了解农业生产的相关动态，如对于养猪，就需要了解和掌握饲料成本的动态、仔猪生产的动态、母猪生产的动态、产品进出口的动态等。根据这些情况做了全面分析后，才有可能较为准确地掌握市场价格变动的条件，从而做出正确的决策。

由于影响市场价格波动的因素很多，农户对具体产品价格的预测非常困难，组织起合作社，实行专人负责，增加信息来源，认真分析市场动态，集思广益，有可能得到比分散农户自己考虑更好的结果。

三、避免因价格波动而带来的损失

为了避免因价格波动而带来的损失，可采取以下措施。

▲增加农产品的储存条件。我国已经有不少规模化养殖、种植的基地为了减少市场价格波动的损失而建立了大规模的储存设施，多数取得了较好的效果。目前农产品储存的技术在不断完善，成本不断下降，国家在新农村建设中对这类项目还有一定的补贴，可以考虑在适当

的时间将储存的设施建起来,在价格特别低时将产品储存一个时期,等待价格的回升。

▲引进肉食产品加工企业,通过与企业联合稳定生猪的市场价格。由于工业企业对原料的需求比较稳定,多数企业往往不希望原料价格和供货数量大幅度波动,会有一定的保证措施,农户可以通过与企业签订合同的方法使生猪价格得到一定程度的保证,在一定程度上减少农民的损失。

第四节　农业区域条件与项目选择

区域条件对农业项目选择有至关重要的影响,这一点很早就为人们所认识。19 世纪末,有一位叫屠能的德国经济学家,他在长期研究了德国北部农场经营后,发现了一个地区的区域特征在很大程度上决定了这个地区农业生产的内容。换句话说,如果我们认真考察一个地区的自然、经济和社会状况,可以根据上述条件选择当地适合的农业项目。

◆小案例 2-7　启东市吕四港镇根据自身的区域条件选择农业项目具有很好的代表性。吕四港镇位于江苏省中部,全镇总面积 66.08 平方公里,总人口 10.09 万人,总耕地 4.988 万亩,下辖 26 个行政村。吕四港镇滨临黄海,吕四渔场是全国四大渔场之一,渔业资源十分丰富。吕四港是中国东部沿海地区不可多得的深水良港,是全国六大国家级中心渔港之一,港口地位非常重要。吕四港镇跨过崇明岛与上海隔江相望,距离上海仅有 1 小时车程。吕四港镇是国家二类开放口岸,吕四海洋经济开发区是江苏省的三个省级海洋开发区之一。周边有宁启铁路、宁启高速公路和规划中的沿海公路,交通条件也较便利。

吕四港镇在选择农业项目时充分考虑了自身的区域优势,提出以"水产带头"的发展思路。"水产带头"就是以水产品的捕捞、养殖、加工为基本产业链,依托港口、公路、铁路,面向上海、全国、国际市场进行综合发展。除鱼、虾、蟹的捕捞外,重点发展条斑紫菜、对虾、豆扣蟹、文蛤和其他滩涂养殖和加工,并利用滩涂和水产品下脚料发展畜禽养殖、芦荟种植。目前,吕四港镇是江苏省的农村综合实力百强镇,是重要水产品养殖和出口基地,经济鱼类的年捕捞量在 20 万吨以上,海产品产量占江苏省的四分之一。

借鉴吕四港镇的发展经验,在选择农业项目时应注意区域的条件特点。

一、农业项目要依托区域市场

农业项目必须依托一定的区域市场,即农产品的消费对象、交易场所或再加工渠道。农业项目的区域市场可以分为三类,即地区市场、全国市场和国际市场。地区市场是农业项目的直接市场,通常是本地区那些较大城市,如省会城市、地区级城市、县级城市等。地区市场对农业项目的影响主要集中在以下两个方面。

▲市场需求,即该市场需要什么样的农产品。

▲储运条件,即道路、运输工具、仓储保鲜设施等。

面向全国市场是当今各地农业项目的发展趋势,全国市场比地区市场广阔,进入全国市场又比进入国际市场容易。

国际市场是巨大的,在国际经济日趋一体化的今天,国际市场更为重要。但国际市场也是相对复杂的,它不仅取决于外国是否对农产品有需求,还受以下因素的影响。

▲外国的关税政策。

▲外国货币是否统一和可兑换。

▲外国与我国的空间距离，运输方式和口岸条件。

▲外国的社会文化背景和消费习惯。

▲我国与外国的贸易是否平衡。

▲我国在外国的农产品销售渠道和市场拓展情况等。

从吕四港镇的农业发展看，它很好地依托了地区市场、全国市场和国际市场。上海是我国最大的城市，也是农产品消费的巨大市场，上海距离吕四港镇仅1小时车程，能够很好地满足水产品的保鲜要求，水产品运费也较便宜。水产品生产的地区性很强，吕四港镇是全国四大渔场之一，其海产品产量占江苏省的四分之一，这使得吕四港镇可以为全国提供水产品。另外，吕四港还是国家二类开放口岸，有利于其水产品的对外出口。

二、运输成本是选择农业项目的关键因素

选择农业项目要考察项目的收益水平。农产品生产的收益受三个因素的影响，即销售价格、生产成本和运输成本。从区域条件看，运输成本对农业项目收益影响最大。

农产品通常是经由区域市场进行销售的，即城市、农产品集散地和加工企业，只有很少部分在地头销售。城市、农产品集散地和加工企业对农产品有汇集作用，同时也使同一种农产品按同一种价格进行销售。在一个地区，同一种农产品的销售价格要升同时升，要降同时降，地域差别并不显著。

农产品的生产成本是有差异的，但这种差异主要来自生产条件，例如气候、土壤、劳动力、生产技术、产业规模等。但生产成本受区域条件的影响不大，特别是受生产地点的空间位置影响较小。

从区域角度看，生产地点的空间位置对农产品市场影响最大的是运输成本。如果生产地点距离区域市场距离远，运输成本高，其产品的竞争能力就弱；如果生产地点距离区域市场距离近，运输成本低，其产品的竞争能力就强。由于运输成本的存在，与区域市场的距离也就决定了该地点适于生产什么农产品。例如，在北京、上海、广州等大城市近郊区，适于生产蔬菜、花卉等储存时间短、易腐易变质的产品，或发展采摘、休闲等项目；在远郊区，适于进行水果种植和集约化养殖；而粮食等可以长途运输的农产品则在人少地多的区域生产。这种区域特性，使农业项目的地域分布围绕区域市场形成了一个个的环带；农村只要看看自己处于什么环带上，适于发展什么农业项目也就清楚了。

再看吕四港镇，它不但发展捕捞业、水产品养殖业和水产品加工业，还搞家禽养殖。家禽养殖不是为了满足出口和国内市场，主要是满足上海市等周边城市需要。家禽不易变质，但运输距离也不能过长。吕四港镇距离上海市的直线距离为50多公里，这个距离恰好适于向上海市提供家禽产品。

三、发挥综合区位优势

生产地与区域市场的距离对选择农业项目有直接影响，但一个区域的自然、技术、社会、行为、政策等其他因素也会对选择农业项目产生影响。这是因为上述因素都必须体现在一个特定区域上，例如山脉、河流的走向能够影响产业分布，有没有公路、铁路会影响经营成本，行政

区划会影响经济发展，产业政策会影响税收、劳动力和产业方向，社会、文化会影响经营观念和劳动者素质。这些都是从区域条件角度选择项目时应予以注意的。

从区域条件角度选择项目时应发挥综合区位优势，具体而言应注意三个方面：

▲注意当地特殊的区位特征，即本地拥有而其他地区所不具备的特殊性。这些区位特殊性可以是多方面的，例如当地有没有车站、河流、商品集散地、著名特产等。

▲区位特殊性的正面价值，即这些区位特殊性对发展经济有什么好处。例如商品集散地带来商品、人员和信息的流动和聚集，这些流动和聚集既是一种资源，又可以形成新的市场需求。

▲从区位特殊性的正面价值开发新项目。例如从商品集散地所带来人员流动和聚集，搞餐饮和住宿项目。

吕四港镇就是一种特殊的区位优势。吕四港是全国六大国家级中心渔港之一，港外是全国四大渔场之一的吕四渔场。吕四渔场每年经济鱼类的捕捞量有 20 多万吨，这些捕捞的经济鱼都需经吕四港上岸。在吕四港镇可以就近进行捕捞经济鱼的批发、加工、冷冻保藏，减少运输的时间和费用。这样，捕捞经济鱼的批发、加工、冷冻保藏都是现成的经营项目，而由此还可以衍生出捕捞经济鱼的分拣包装、向外运输等许多项目。

四、利用区域产业的发展势头和聚集效应

选择农业项目还要学会利用区域产业的发展势头和聚集效应，也就是我们常说的做生意要“乘船”和“扎堆”。

聚集效应是同类企业聚集在一起，从而形成的规模效应。这种产业规模的好处是能够加强同类企业间的分工与协作，高效率地使用地区资源，降低每个企业的经营成本。产业规模还能吸引劳动力、资本和其他资源向其集中，使政府的产业政策向其倾斜，甚至影响区域以外的劳动力、资本和其他资源。产业规模对市场也有影响，扩大产业规模可以提高当地产业的知名度，使销售商自动找上门，减少当地开拓市场的难度。大量同类企业聚集在一起，能够使企业间相互学习、相互借鉴，加快企业的科技进步。

聚集效应的结果使本地区的经济加速发展，使资源增值，加深农产品的加工。当聚集效应达到一定程度时，本地区还会向其他地区扩散技术、输送产品、进行投资。这样，本地区就有一种不断自我强大、自我扩张的内在力量，并成为行业中的主导。

在选择农业项目时学会“乘船”和“扎堆”，可以利用本地区其他企业的发展帮助自己的发展，使本企业很容易地找到市场、产品、劳动力、资金、资源和政策，并使本企业有一个适宜的经营环境。随着当地经济的发展势头，巩固本企业在市场和行业中的地位。“乘船”和“扎堆”，要改变“以邻为壑”的错误观念，学会与其他企业协同发展。

◆**小案例 2-8** 吕四港镇建有占地 60 000 米^2 的五金城，是全国闻名的电动工具整机及配件的集散地，自身的冶金、轻工、化工、机械、水产品加工也有相当规模。作为一个邻海，主要从事捕捞、水产品养殖、水产品加工的乡镇，为什么要搞五金城呢？五金业是长三角地区最重要的产业之一，在长三角地区周边 100 公里范围内，有 40 多个乡镇是五金业大镇，其汽车及零部件、机械冶金、船舶制造和配套件、纺织配件、电线电缆、发电机在全国也有很大知名度。吕四港镇搞五金城就是在利用区域五金产业的发展势头和聚集效应。

五、从产业配套中寻找机会

一个地区的产业不是相互独立的，内部存在着许多产业链条。这些产业链条是按照企业间产品、业务的衔接关系，或企业在一个地区的分布方式而形成的。产业链条中存在一种产品、业务的衔接机制，像一只无形的手调控着一个地区相关产业的发展。在一个地区的产业链条中，有上游和下游产业，上游产业是下游产业的条件，下游产业为上游产业提供需求信息。当上游产业壮大时，可以在下游产业寻找发展机会；而下游产业发展时，也会促进上游产业的发展。

一个地区在经济发展过程中，产业链条是不断成长和变化的，其中有三种情况常常孕育着上新项目的机会。

▲产业链条中有断裂，这时该地区上游、下游产业都具备，是最好的发展机会。

▲产业链条发展不平衡，上游产业或下游产业很强大，而其他相关产业很弱小，这时弱小产业存在发展机会。

▲因产业链条的成长而形成了新兴产业，这些新兴产业也有很多发展机会。

利用一个地区产业链条中的机会而在相关产业上开发新项目，这就叫产业配套。对于现有企业来讲，产业配套可以降低购买外部协作产品或服务的费用，促进技术合作，优化自身资本结构，延长产业链条，使自身专注于核心产品或业务的发展。对于新企业来讲，产业配套能够充分利用区域条件，找到更好的商业机会。

◆小资料 2-4 吕四港镇利用产业链条和产业配套开发新农业项目的实例很多。吕四港镇搞的海苔食品加工是产业链条的延展项目。海苔食品加工的上游产业是紫菜加工，条斑紫菜是吕四港镇的主要产业，吕四港镇有大量的紫菜加工企业。通过发展海苔食品加工，提高了紫菜的附加值，延长了条斑紫菜的产业链条。

吕四港镇石堤村还搞了毛皮动物养殖，主要饲养水貂、乌苏里貂。这个项目最初投资 800 万元，建立 100 亩的养殖基地，设计年饲养水貂、乌苏里貂 5 万只，年产值 600 多万元。毛皮动物养殖项目是以水产品捕捞、养殖和加工的下脚料作为水貂、乌苏里貂的饲料，也就是通过延长水产品捕捞、养殖和加工的产业链条而开发的新项目。

【本章练习】

1. 什么是农业项目？农业项目有哪些特点和种类？
2. 农业项目的评价与决策方法是什么？
3. 如何根据农业资源条件选择农业项目？
4. 如何根据农业市场条件选择农业项目？
5. 如何根据农业区域条件选择农业项目？

【技能训练】

农业项目的评价与选择训练

(1)农业项目的提出。请针对具体的农村乡镇提出农业项目，这些最好是当地正在酝酿、可能实施的项目，也可以是学生根据自己的认识所提出的。所提出的农业项目不少于 5 个，以便于后续的项目评价和选择。

(2)农业项目的评价。针对所提出的每项农业项目，按下列表格中的内容进行项目评价。

(3)农业项目的选择。对经过评价并具有可行性的项目进行比较，将可行性最大的项目作为决策结果。

农业项目选择的条件		项目可行时应该达到的水平	项目实际达到的水平	项目可行程度
农业资源条件	土地资源			
	自然资源			
	劳动力资源			
	农业生产性资产			
农业市场条件	农业市场需求状况			
	农产品价格			
农业区域条件	农业区域条件			
	运输成本			
	综合区位优势			
	区域产业发展和聚集效应			
	产业配套			

第三章　现代农业经营条件的利用

知识目标

了解农业项目经营需要的基本条件、农业生产用地的特点

熟悉土地流转与取得、农村劳动力的利用方式

掌握农业信贷资金的筹资方法

能力目标

能够熟练申请办理农业生产经营所需资金

能够根据具体土地条件开展农业项目经营

能够根据经营项目提出农村劳动力培训的渠道和方式

◆小案例 3-1　云南省花卉生产

云南呈贡县斗南地处滇池东岸，雨量适宜，气候温和，土肥水美，交通便利。独特的自然条件和地理区位适宜花长草飞。于是，许多农民都开始种植花卉，有的种三分、五分地，有的种几亩、十几亩，花卉畅销全国几十个大中城市，斗南村成为中国最大的鲜花生产和交易中心，"斗南花卉"成为全国知名品牌。云南有光照优势、土壤气候优势、配套设施优势和劳动力等优势，云南省省委、省政府因势利导，大力支持花卉产业的发展，把花卉产业作为生物资源开发创新工程的重点产业，积极加以扶持，在政策和权限范围内，云南省对花卉生产企业减征、免征有关税费，对花卉企业生产用水、用电，按照一般农用水、农用电标准收费，使"斗南花卉"成为"云南花卉"。云南省花卉80%以上的鲜切花销往国内70多个大中城市，国内市场占有率达50%以上，总产值达到29.4亿元；鲜切花还出口到日本、韩国、中东、东南亚和中国香港、中国台湾等地。

◆小案例 3-2　江西峡江鮰鱼"游回"500万美元

金秋时节，在峡江县鑫海水产公司，一车车鲜活乱跳的鮰鱼从进厂上线，到入味加工，最后装箱发往欧美，整个过程进行得有条不紊。近年来，随着国际市场需求量的增大，峡江县鮰鱼产品已出现产销两旺景象。1～8月，该县共出口速冻鮰鱼产品1 000多吨，创汇500多万美元。

鮰鱼又称斑点叉尾鮰，肉白无刺，口感细腻，原产美国，是欧美餐桌上常见的河鲜。从1993年至今，峡江县通过先进的人工繁育方式，解决了鮰鱼种鱼繁养困难和人工繁育技术难题，使新的"峡江鮰鱼"肉质柔白鲜美，更胜美国原种。而且，建成了集特色养殖、技术示范推广于一体的养殖基地——幸福水库鮰鱼网箱养殖示范基地，并先后面向县内外举办鮰鱼养殖培训班100多期，培训农民4万余人次，推动了鮰鱼养殖向库养、网箱转型。在此带动下，全县内外共建立鮰鱼网箱养殖基地15个，发展网箱面积6万平方米，辐射带动鮰鱼养殖户1 500多户，户均实现增收近万元。为将产业做大，该县成立了全省最大的鮰鱼加工企业鑫海水产公司，开发一

系列“峡江”牌鮰鱼系列产品。同时，该县在资金、技术、人才等方面给予了公司倾力扶助，在引进先进生产技术的基础上，投入扩建资金1 000万元，改良生产加工线，生产欧美市场畅销的速冻鮰鱼片产品。该产品上市后，美方企业的鮰鱼产品订单接连不断，“峡江”牌速冻鮰鱼产品在美国市场稳稳站住了脚跟。

启示：现代农业经营必须具备土地、资金、劳动力、技术等相关条件。农业经营主体如果能够善于利用当地的农业基础条件、发挥各自的比较优势，确定适宜发展的农业经营项目，依托政府在资金、技术等方面的政策支持，就能走上致富的康庄大道。案例中云南斗南村花卉种植与江西陕江鮰鱼养殖的成功就充分说明了这一点。

本章主要探讨如何利用土地、资金和劳动力条件，技术条件将单列一章专门叙述。

第一节　土地条件的利用

◆小案例3-3　重庆忠州县善广乡农民因地制宜种姜致富

“现在田土少了，种植经济作物最有效益，特别是姜。我家今年只种植了四分地的姜，就卖了2 000块钱。”2009年9月23日，重庆忠州县善广乡雨台村主任王兴芬现身说法引导村民种姜致富。该乡因以高山低洼地貌为主，沟壑纵横，土壤含有机质，适合姜的生长，加上姜具有驱寒、暖胃、防癌、抗衰等作用，农民一直都有种姜的习惯。近年来，镇村大力发展村民因地制宜栽种生姜，2009年后，全乡将近三分之二的户种植姜。半亩以上的大户有20个，产量最高达到2 000公斤，平均每公斤4元左右，仅此一项年收入1万元。

在农业经营中，经营者首先要充分了解和把握土地的自然条件，调整农业产业结构，从而提高经营效益，实现增收。除此之外，在符合国家有关政策的条件下，经营者还必须对我国土地利用的要求、合理获得土地的方式以及提高土地利用率的方式等有全面的了解。

一、现代农业生产用地的特点及农地利用方式

农业生产用地包括耕地、林地、草地、农田水利用地及其他依法用于农业的土地。其他依法用于农业的土地，主要包括荒山、荒沟、荒丘、荒滩等“四荒”，以及养殖水面等。

（一）现代农业生产用地特点

现代农业生产用地有以下特点。

1. 配套用地增加

现代农业具有设施化、机械化、车间型生产的特点，现代农业生产用地分为直接和间接用于农业生产的土地。间接农业生产用地包括渠道和道路用地，包括各级固定排灌渠道和道路等用地、生产设施用地、临时管理用地、农产品加工车间投入品仓库、电力排灌站等。

2. 农业用地范畴扩大

随着社会经济发展，现代农业的项目不断增加。当前已有许多农业作物可以种在基质上、长在大棚里，有的地区还在废弃的矿洞中发展蘑菇种植和鱼类养殖，扩大农业生产能力已经不仅只有扩大耕地面积一种选择，农业生产的耕作层也不仅只有地面一个选项，农业生产也不仅只有种植业和养殖业，这些都使农业用地的范畴进一步扩大。

3. 可用面积增加

现代农业的另一个特点是通过新的技术将原来难于利用甚至不能利用的土地转变为农业用地。通过新的技术、新的思路，扩大农业用地的范畴是现代农业经营与管理的重要任务。

◆**小资料3-1** 以色列通过开发新的灌溉方法使沙漠中的土地转为高产的农业用地，我国宁夏通过新技术在年降水200毫米左右的极度缺水地区种植了高质量的西瓜，而辽宁的农民通过养殖新技术将海参等养殖从原来只能在10米的深度内扩大到50米的深度内，极大地扩大了海面的利用面积。

(二)现代农地利用方式的变化

土地出租数量增加，土地经营由分散趋向于集中是现代农地利用方式的主要变化。

目前，一些农民或外出打工，或到农村城镇经商创业，或从事于二、三产业，自愿将承包经营的土地转让。此外，还有部分农民把土地经营权转让给其他农户承包，自己则成为打工的“农业工人”。在这种条件下，一些农业生产经营者通过承包、租赁等多种土地流转方式取得土地的经营权，将闲置或利用不高的土地集中起来，扩大了农业经营用地的规模，各种各样的农业种植园、养殖场在全国各地大量涌现。如2006年，在广东的南海市已有3 000多名种植养殖能手成为大户，在我国的黑龙江、新疆等地，少量农户经营的土地甚至达到万亩左右。农业经营用地集中适应了农业产业化经营的要求，加快了现代农业的发展。

◆**小资料3-2** 广西钦州陆屋镇是个传统农业大镇，主要种植作物包括甘蔗、茶叶、剑麻和葛头等，由于种植规模小，年产值只有1亿多元。近年来，镇里年轻人基本都外出打工，一些地方田地撂荒现象严重。与此同时，当地的种养大户却苦于手上没有连片田地来扩大生产规模。在这种情况下，古城、南湖等一些村的村民尝试将田地合伙“捆绑”出租，根据不同等级的田地，水田每亩的租金是300～600元以上，坡地80～300元，农民还可以就近打工赚钱。出现田地“捆绑”出租后，经济能人大显身手，带起了一个个农业产业。2006年甘蔗从2万亩发展到4.8万亩，中药材莪术从零星的几千亩一下发展到5万亩，茶叶、剑麻和葛头呈现规模化、产业化生产，产值达2.3亿元。该县陆屋田地“捆绑出租”做法既解决了田地撂荒的问题，又提高了土地利用率和效益，农民和种养大户双赢，同时也带动了当地农业产业化发展。

二、农业生产用地的流转

农业生产用地的流转主要是指土地承包经营权流转，即通过承包取得的土地承包经营权可以依法采取转包、出租、互换、转让或者其他方式流转。农业经营者要扩大土地的经营，可以利用其他农户转包、出租、互换、转让或者其他方式流转取得土地。国家保护承包方依法、自愿、有偿地进行土地承包经营权流转。转包期限视承包合同而定。耕地的承包期为30年；草地的承包期为30～50年；林地的承包期为30～70年；特殊林木的林地承包期，经国务院林业行政主管部门批准可以延长。

◆**小资料3-3** 农业部2009年发布的我国农村土地承包经营权流转调查分析显示，当前农村土地承包经营权流转的特点：一是流转规模扩大。截至2008年8月底，各地上报的土地承包经营权流转面积已达到1.06亿亩,比去年增长66%;占承包耕地总面积的8.7%,比去年提高了3.5个百分点。二是流转形式多样。转包和出租一直是土地承包经营权流转的主要形式,2007年占总流转面积的78%,比2003年提高了10.6个百分点。三是流转对象多元。除农户之间流转外,近年来一些工商企业、龙头企业、农民专业合作组织、专业大户等规模经营主体作为受让方参与流转,并呈逐步增加趋势。四是与经济发达程度及劳动力转移状况紧密相关。2007年东、中、西部地区流转面积占总承包面积的比重分别为5.9%、4.8%和5.3%,其中东部地区有一半的省(直辖市)流转比重高于全国平均水平。重庆市和四川省等农村劳务输出大省2007年流转面积占总承包面积的比重分别达到15.9%和11.6%,其比重分别高出全国平均水平的2倍和1.23倍。

1. 农村土地流转相关规定

鉴于土地的特殊性,我国建立了一套严谨的农业生产用地流转制度。

(1)土地承包经营权流转主体。农村土地承包法第34条规定,土地承包经营权流转的主体是承包方。承包方有权自主决定土地承包经营权是否流转和流转的方式。即土地承包经营权的流转必须建立在农户自愿的基础上,在承包期内,农户对承包的土地有自主的使用权、收益权和流转权。任何组织和个人不得强迫农户流转土地,也不得阻碍农户依法流转土地。

(2)土地承包经营权流转的费用与收益。土地承包法第36条规定,土地承包经营权流转的转包费、租金、转让费等,应当由当事人双方协商确定。流转的收益归承包方所有,任何组织和个人不得擅自截留、扣缴。

(3)以其他方式将农村土地发包给本经济组织以外的单位和个人的程序。农村土地承包法第48条规定,发包方将农村土地发包给本集体经济组织以外的单位或者个人承包,应当事先经本集体经济组织成员的村民会议2/3以上成员或者2/3以上村民代表的同意,并报乡(镇)人民政府批准。由本集体经济组织以外的单位或者个人承包的,应当对承包方的资信情况和经营能力进行审查后,再签订承包合同。

2. 土地流转的主要程序

(1)承租方与农户在双方自愿的基础上,协商确定土地承包经营权流转的方式、期限和具体条件。

(2)农户向村提出流转要求,经村委会备案后报乡镇人民政府农村土地承包管理部门(农经站)。

(3)乡镇人民政府农村土地承包管理部门(农经站)在对承租人的实力和资信情况进行审查的基础上,指导流转双方按协商一致的原则签订流转合同,使用统一格式的农村土地流转合同文本。如发现流转双方有违反法律法规的约定,要及时予以纠正。流转合同一式四份,流转双方各执一份,发包方和乡镇人民政府农村土地承包管理部门(农经站)各执一份。农村土地承包经营权流转合同应包括以下内容。

▲双方当事人的姓名、住所;流转土地的四至、坐落、面积、质量等级。

▲流转的期限和起止日期。

▲流转方式、流转土地的用途。

▲双方当事人的权利和义务;流转价款及支付方式。

▲流转合同到期后地上附着物及相关设施的处理。

▲违约责任。

(4)乡镇农村土地承包管理部门(农经站)应及时对土地流转情况进行登记,并将有关合同及文本资料进行归档保管。

(5)对流转面积在200亩以上的要报县农业主管部门备案。

3. 农村土地流转应注意的问题

为了更好地进行农业生产用地的流转,农业生产经营者应注意以下几个关键问题。

(1)平等协商,自愿有偿。土地承包使用权的流转,必须是承包农户完全自愿,不允许违背农民意愿强行要求流转或者阻碍流转;土地转让的期限、数量、补偿办法、定购任务和承包费的处理等具体问题,要由流转农户之间协商确定。

(2)流转期限不得超过承包合同规定的承包期限。

(3)经发包方备案或同意,并坚持土地集体所有和不改变土地农业用途。

(4)在同等条件下,本集体经济组织成员享有优先权。

三、提高土地资源利用效果的方式

农业生产经营者在取得农业生产用地后,应采取有效措施提高土地资源的利用效果。具体有以下几种方式。

(一)加强土地资源保护

土地资源的保护措施,一是使土地资源向适合于农业利用的方式转换,如防止水土流失,防止土地的盐碱化,增加土地的有机质含量等;二是减少非农业对农业土地,特别是优质农业土地的占用。现代农业经营中,农民要想在所经营的生产项目上获得稳定的经济效益,不但要树立现代农业生产经营的意识,而且要改变陈旧的、不科学的农业劳作方式,从而合理利用和保护我们珍贵的土地资源。

(二)提高集约化经营程度

集约利用土地包括劳动集约、技术集约和资金集约。具体而言,在农业生产中有以下几种途径。

1. 增加资金投入,提高农业技术装备水平

实行农业机械化、电气化,以及使用其他现代化先进农业技术装备来进行生产经营。具体来说,如果是从事种植业,要在平整土地、改良土壤、水利灌溉等方面投入较大人力、物力;如果从事的是养殖业,就要在渔场的环境建设上多投入;另外还有畜牧业、农副产品加工等行业,都要有针对性地进行科学投入和建设。

2. 利用现代农业科学技术,提高土地生产率

在耕种时,普遍使用良种,科学增加使用化肥和有机肥数量,不断提高肥料的质量,可以有效增加土地的产出。学习现代技术防治病虫害和杂草,合理密植,有意识地改进耕作技术和耕作制度,也可以有效提高土地的生产率。另外,还可以利用科学技术改变种植的方法,使土地利用率得到提高。

◆**小资料3-4** 在相当长的时间内,我国西瓜的种植是采用种过西瓜的土地歇30年的方法,这是因为西瓜种植后真菌的残留使其不能进行连续种植,要通过种植其他作物30年来逐步消除这种真菌的残留。在科技人员的努力下,近年来这一问题已经得到了彻底地解决,使农

民能够在有限的土地上连续种植西瓜，有效提高土地的利用，也增加了农民的收入。另外，我国水稻亩产过去一直在 500 公斤左右，通过水稻品种的改良，投入肥料的增加，以及精耕细作等，特别是杂交水稻的普及使当前我国水稻亩产已经接近 900 公斤，达到了世界先进水平，有效地利用了现有的土地。

3. 扩大复种面积，提高复种指数

在同一块耕地上，一年内种植和收获一次以上的作物叫做复种，这样使用的土地面积叫做复种面积。在我国目前的气候条件下，大部分地区的耕地都可以做到二年三熟或者更多，有些地区还可以做到一年两熟甚至三熟。因此，要因地制宜地创造条件，适当地扩大复种面积，提高复种指数，这是进行土地集约的重要途径。

我国北方多数地区复种条件较差，但在进入 21 世纪后，我国北方设施农业面积大幅度增长，设施农业通过投入改变了土地的条件，使其可以在过去不适合种植的条件下实现农产品的生产，明显提高了土地的利用率。

◆小资料 3-5 内蒙古通过经济技术开发区河西街道办事处三义堂村通过借鉴外地先进经验、反复试验，改变传统种植模式，鼓励村民搞瓜菜复种，提高经济效益。村民杨海荣抓住机会，在西瓜快要收获的时候套种豆角、辣椒、黄瓜等蔬菜，效益有了大幅提升。目前，全村 85% 的农户都加入到了瓜菜种植的队伍中。为了调动农户种植瓜菜的积极性，2008 年，河西街道办事处为种植瓜菜的农户每亩发放 200 元补贴，鼓励农户继续发展壮大瓜菜种植产业。三义堂村又增加了 500 亩连片瓜菜种植地，总面积达到 1 700 亩，其中，以西瓜为主的瓜菜种植面积达到 1 000 亩，头茬瓜菜 7 月中旬上市时，每亩收益达 2 500 元，下茬瓜菜主要以复种白菜、茄子、豆角等蔬菜为主，8 月末上市时，每亩又收益 4 000 多元，全村仅瓜菜种植一项人均就收入 2 万元以上。

4. 生产市场需要的新品种

生产适合市场需求的新品种，往往能够使同样的土地得到更大的效益。

◆小案例 3-4 历史上葡萄只能种在北方，江南不能种植甜葡萄。而在改革开放后，农业科技人员开发出适合在江南地区种植的葡萄新品种，苏州市尧南村抓住这一机会，掌握了这一技术，不但利用了本村的土地，而且在其他村租用 800 亩土地种植新品种的葡萄，主要销售到上海、苏州等大城市，2006 年，葡萄的销售价格为每公斤 30 元，产品供不应求，极大地提高了土地的生产水平。

5. 提高经营管理水平和劳动力素质

在相同的土地和同等技术条件下，不同的计划、组织、协调条件下，生产的产品产量和质量不同，为了更好地利用我国现有的土地，需要提高农业经营管理的水平。此外，劳动力的技能、知识和经验对于土地的利用也有重要的意义。一般来说，长期专业从事一种农业活动对提高农业劳动力的能力有重要的作用。同时，提高农村劳动力的基础条件，增加农业培训的费用，改善农业劳动力培训的条件也有利于农业用地产生更高的效益。

(三)农业用地的适度规模经营

土地适度规模经营是指根据农业生产发展的客观要求和社会、经济、技术、自然条件的可能，将土地生产要素适当集中使用，从而获得最大经济效益。对于现代农业生产经营者而言，实现适度规模经营不但依赖土地流转制度，依靠有关政策的落实，同时也要靠农业经营者自己采用灵活的方法和有效的措施。如可以通过转租的方式，也可以通过对荒地的开拓，对土地的改良，与农户的合作及土地入股等灵活方法。现代农业经营要有开拓的思路，除了在本地外，还可以在其他区域承包土地。

第二节 资金条件的利用

◆小案例 3-5 江苏省沭阳县拥有花卉生产基地30多万亩，花农每年购苗、温室大棚设备投入资金总需求在15亿元以上，个别花卉企业投资总额达1亿多元，每年资金需求达2 000多万元。为了解决农业经营所需资金，农业经营者想了不少办法，并充分利用了现有政策。如苏北花卉有限公司通过县担保公司担保从沭阳农村合作银行贷款500万元，有了这些贷款，该公司在扎新公路中段新建了2 500多亩的集观光、旅游、休闲等服务于一体的农业旅游观光园，由于资金相对充裕，建设标准高，该园被评为国家级农业旅游观光园，吸引了众多的观光者，扩大了产品的销售，提高了经济效益。由于公司的成就得到了金融单位的认可，有了更好的贷款条件，形成了发展的良性循环。

与传统农业相比，现代农业经营规模大、专业性强、集约程度高，对资金的需求量很大，如果仅仅依靠农业经营者自身的能力无法实现，由此可见，现代农业对资金融通有较强的依赖。与此同时，农业资金的融通可以为现代农业的经营提供坚实的基础和良好的条件，从而给现代农业经营者和融资者带来可观的回报和收入。

一、现代农业资金来源

现代农业生产经营资金来源主要有以下几方面。

1. 自有资金的投入

农业经营主体是农业资金最主要的投资者。改革开放以来，我国部分农业经营主体发展速度快，效益好，农业经营主体自有资金的数量有所增长。此外，部分经营其他产业的经营者转向农业项目，这些人利用其在其他产业积累的资金投入于农业项目，在相当大程度上推动了现代农业的发展。

2. 国家财政支持

国家财政对农业的支持是指国家财政预算中用于农业的各项投资支出，包括农业科研推广、农业基础设施、农业公共服务等公共支出以及为支持和调控农业而发放的各种农业补贴。在当前的新农村建设中，国家财政加大了对农业支持的力度，增加了对农业的补贴，各级地方政府也有对不同农村项目的资金支持。

3. 吸收来自各方面的信贷资金

这主要包括国家银行的贷款、农村信用社的贷款、农村的社会集资以及民间借贷等。信贷资金特别是国家银行和信用社的贷款在农业资金中占有重要地位。

4. 吸收各方的直接投资

所谓直接投资即以取得红利为投资报酬的形式，而不以取生利息为投资报酬形式的投资。

这方面的资金来源主要包括通过合股经营、横向联合等方式吸收的资金。它是中国改革开放以后逐步发展起来的筹资方式，具有广阔的发展前景。

5. 国外农业资金

改革开放特别是我国加入世界贸易组织以来，农业的发展环境从根本上得到了明显的改善，利用外资发展我国农业生产的情况越来越普遍，我国农业利用外资的渠道主要有多边、双边和外商直接投资三类。

▲多边渠道。主要包括世界银行贷款、世界粮食计划署无偿粮食援助、国际农业发展基金贷款、联合国粮农组织技术援助、联合国开发计划署技术援助、欧盟财政技术援助、亚洲开发银行贷款和技术援助等。这些援助主要针对我国政府，农业经营者间接可以得到这些项目资金的支持。

▲双边渠道。主要指来自国外政府或组织的贷款及技术援助。目前，与我国建立农业双边交往的国家和地区已达 90 多个。此外，我国还与 20 个国家签订有政府间的农业合作协议。

▲外商直接投资。外商投资于农业主要有独资、合资、合作等形式。农业经营者可以利用自己的条件争取这些资金的支持。在与外商的合资、合作中，除了可以得到资金的支持外，一般还会有国外先进技术，销售渠道、经营管理等条件。虽然外商投资的目的是获利，但可以在一定程度上改变我国农业资金不足，技术不高，管理不善等问题，在合理的条件下可以取得双赢的结果。

二、我国农业信贷资金融资机构

农业信贷资金是我国农业经营者从外部获得资金用于发展农业经营项目的主要方式，充分了解现阶段我国农村金融组织和机构有关发放贷款的政策、程序和各项规定，对现代农业经营者是非常必要的。

1. 商业性农业信贷机构

商业性的农业信贷机构是依法注册成立的以盈利为目的的金融中介组织。这种金融组织不仅吸收存款而且提供贷款，贷款的利率高于存款利率，以赚取贷款与存款之间的利差。盈利是这类金融机构的主要目标。其提供贷款的资金来源主要来自吸收的存款和自有资本。商业性的农业信贷资金的利率一般会比较高，而且常常应用于盈利性较强的农业项目。就我国目前情况而言，这类的金融机构以中国农业银行等商业银行为主，主要提供商业性的农业信贷资金。

2. 合作性农业信贷机构

合作性农业信贷组织一般是由农业信贷需求的农业经营者按照合作制原则组建的信贷组织。它的信贷资本金由一些农业经营者共同出资，只在合作经济组织内部提供信贷服务，相互融通资金，以盈利性与服务性为双重目标的一种合作金融组织。我国目前的农村信用社和资金合作社属于这样的组织。

◆小案例 3-6 山东临沭县利用上级拨付的 75 万元扶贫资金，另从五个村中愿意加入资金合作社的社员手里筹集资金 80 多万元，成立了青云村民发展互助资金合作社。按照每股 1 000 元的标准，绝对贫困户为全额资助户，直接由政府扶贫资金每户赠予一股；低收入户为部分资助户，政府扶贫资金和农户资金各占一半；其他为全额出资户，不予补助。最近，临沭县青云村村民李洪山拿到了用于购买仔猪的2 000元借款，这些贷款的利率远低于当地的农村信用社贷款利率。李洪山说，这种借款不但使用费用低，关键是手续简单，特别方便。这个互助资金用于支持社员农户发展生产经营性项目，包括种植业、养殖业以及农副产品加工等，借款数额最多不超过5 000元，使用期限一般为3～6个月，最长不超过一年。

3. 政策性农业信贷机构

政策性农业信贷组织是由政府出资成立并经营，专门为农业提供政策性信贷的金融机构。它一般不直接吸收存款，其信贷资金来自于政府提供的信贷资本金及其公积金，提供的农业贷款一般按照优惠的利率提供给有农业信贷需求的农业经营者，并且不以盈利为主要经营目标。目前，中国农业发展银行属于此类组织。

4. 民间农业信贷机构

民间农业信贷组织是指除上述提到的金融组织之外存在的非正规的金融组织，比如经济服务部、金融服务部、各种合会、私人钱庄等，这样的民间组织信用活动不规范，在实践中存在诸多问题。然而民间信贷组织在我国农村很多地方非常活跃，在很大程度上推动了我国现代农业的发展，只是通过此种方式融资的农业生产经营者往往要承担很大的风险。

三、农业信贷资金的申办

通过金融机构取得信贷资金，是农业经营者发展经济、脱贫致富的重要筹资渠道。从我国现有金融机构格局来看，直接支持农村经济发展的金融机构主要有农业发展银行、农业银行和农村信用社，而直接对农村家庭承包户发放信贷资金的主要是农村信用社。农业信贷资金的取得需要有一系列的手续，具体内容如下。

(一)农业生产经营资金的一般申办要求

1. 合理选择贷款种类

农业银行和信用社为农民开办的贷款种类主要有：生产周转贷款、生产设备贷款、预购定金贷款、开发性贷款、生活贷款、抵押担保贷款等。如从事种养殖、加工、销售、运输、服务、娱乐等所需资金，可申请生产周转贷款；购买牲畜、农机具、建畜禽圈舍、烤烟房等所需资金，可申请1～3年期生产设备贷款。

2. 申办过程和要求

▲向农业银行或农村信用社提交贷款申请书。

贷款申请书要写明：贷款用途、贷款金额、还款来源、还款时间、担保单位或担保人、抵押品名称、银行存款账号、家庭住址、营业地址、借款人身份证号码等内容，并按规定开立存款账户。

要求：贷款者必须有一定数量的自有资金和可靠的还款资金来源，所生产和经营品种必须符合国家政策规定，产品符合社会需要，有产销或承包合同，经营效益好，遵守《贷款通则》，接受银行信贷部门的检查监督，贷款专款专用，讲信用；种养业大户、开发性项目等贷款户，还需要具备有一定经济实力的单位或个人担保，或者以其财产、有价证券等进行抵押。

◆小案例3-7 现在农户发展某些产业，动辄需要数十万元贷款，没有担保抵押根本不能从银行贷到款，而农户自身的担保抵押能力严重欠缺，农户主要的财产——土地和住房均不能充当抵押物。为解决这个问题，滕州市部分农村合作经济组织在各级财政的支持下成立了"农合信用担保公司"。滕州市农村合作经济联合会会长李秀山介绍说，担保公司的贷款担保额度在5万～20万元之间，正式开展担保业务后，三个月时间为农户担保贷款138万元。滕州市界河镇春蕴生猪协会在农合信用担保公司成立后便借助其担保，贷款24万元，采用微生态技术加工粗纤维秸秆养猪，一下节省了30%的玉米饲料，不仅每头猪可以省下三四十元成本，还能节约粮食。会长陈庆余说，这些技术早已成熟，关键是几十万元的投入一家一户办不了，现在由担保公司担保，贷足资金上马这项技术，三年时间便可回收成本，养猪水平上了一个大档次。

▲银行或信用社再进行贷款调查、论证、审查。

▲对符合贷款条件者，发给贷款借据。

▲签订借款合同或抵押担保合同。

▲办理借款。

(二)农村小额信贷资金的申办

农户小额信用贷款是指农村信用社基于农户信誉，在核定的额度和期限内向农户发放的不需抵押、担保的贷款。

1. 小额信贷资金的申办条件与要求

▲小额贷款对象。具体包括种养大户、订单农业户、进城务工经商户、小型加工户、运输户、农产品流通户和其他与"三农"有关的城乡个体经营户。

▲小额贷款用途。支持农业及有利于提高农民收入的各产业发展。

▲小额贷款额度。因地制宜地确定不同地区农村小额贷款额度。原则上，发达地区可提高到10万～30万元，欠发达地区可提高到1万～5万元，只要能够还本付息，及时收回就可以。

▲小额贷款期限。小额贷款期限要与小额贷款项目的生产周期相匹配，可以跨年度。

▲小额贷款利率。利率根据项目风险程度、借款人信用状况以及贷款实际情况来确定，灵活掌握，但必须要符合国家有关利率政策。

▲小额贷款办理。农村信用社及所有银行业金融机构，都可以到农村去发放小额贷款。

2. 小额信贷资金的申办程序

▲向当地农村信用社申请办理《贷款证》。

▲农村信用社接到申请后会对申请者的信用等级进行评定，并根据评定的信用等级，核定相应等级的信用贷款限额，并颁发《贷款证》。

▲农户需要小额信用贷款时，可以持《贷款证》及有效身份证件，直接到农村信用社申请办理。

▲农村信用社在接到贷款申请后，对贷款用途及额度进行审核。

▲审核合格即可发放贷款。

需要注意的是，按照现行规定，只有种植业、养殖业等农业生产费用贷款，农机具贷款，围绕农业产前、产中、产后服务贷款及购置生活用品、建房、治病、子女上学等消费类贷款才可以使用农户小额信用贷款的方式。农户在申请贷款时应注意检查《贷款证》上所注明的额度，在规定的范围内进行申请。

四、科学管理农业资金

通过科学管理,可以在有限资金条件下扩大种养殖规模。具体可以采取以下措施。

▲通过租用,减少固定资金投入。

▲通过赊销,减少流动资金投入。

▲维护信用,扩大利用资金的条件。

◆小案例 3-8 老孙是多年从事养猪的专业户,通过科学管理,他在有限资金条件下扩大了养殖规模。为减少资金占用,加快资金周转,老孙通过大量考察,发现县城边有一个规模较大、设施基本齐全的倒闭养猪场,由于当时是养猪效益最低的时期,这一猪场无人承租,老孙就以较低预付金租下了养猪场,不但减少了自建养猪场的时间,而且有了更大的养殖规模。由于老孙选择在养猪收益最低的时期进入,仔猪的价格很低,甚至有部分放弃养猪的农户将仔猪赊给老孙,最终,老孙以养猪效益好时三分之一的价格取得了养殖需要的全部仔猪。为了解决饲料资金不足的问题,老孙联系了全县所有的饲料经营户,选择了饲料质量高,销售量最大的经销商。由于当时养猪效益低,饲料销售困难,这一经销商手中的部分饲料已经积压了一定的时间,如果不能及时使用,这部分饲料有可能变质。了解了这些后,老孙向饲料经销商提出,以猪场和仔猪为抵押,先使用饲料,在生猪销售后再付饲料款,同时向饲料经销商支付利息。饲料经销商考查了老孙的养殖场后,看到老孙养殖经验丰富,猪场规模大,有可能长期使用自己的饲料,同时考虑到当时的情况,同意了老孙的条件。通过这一系列的努力,老孙以常规经营需要的十分之一的投资建起了规模化的养猪场,并以少量的资金实现了大规模养殖。凭借他长期从事养猪积累的对市场的判断能力,在 2006 年 10 月我国生猪价格上涨时,老孙的肉猪开始出栏,当年盈利 50 多万元。生猪销售后,老孙及时交纳了养猪场的租金、饲料经销商的货款,并同这些单位建立了良好的关系,在有关单位的支持下,2007 年进一步扩大了养殖规模。

第三节 农村劳动力条件的利用

◆小案例 3-9 这几天,山东省新泰市天宝镇年家峪村的戚在春格外高兴,因为困扰他多年的樱桃枝干干腐病、褐腐病的难题终于彻底解决了。"这多亏了农村远程教育,它可帮了咱老百姓的大忙。"说这话时,戚在春满脸喜悦。天宝樱桃历史悠久,但前两年出现了品种老化、效益低下等问题。面对不断上升的生产成本和日渐下降的效益,村民一筹莫展。2008 年春季的一天,戚在春像往常一样打开了农村远程教育信息网查询资料,并把这个困扰他多年的问题在网上进行咨询,农业专家向他推荐有机生态型栽培技术,还对其通过远程教育网进行了培训,他很快就掌握了这项技术,并在自家樱桃园里开始了试验。如今,他家里的樱桃生长健壮,品质也得到明显提高。"采用这个新技术,产量比常规栽培的樱桃树要高 25%。"他说,有机生态型栽培技术推广以后,每亩樱桃保守估计也要增收 3 000 元以上。

农业劳动力条件与素质是决定我国现代农业发展的主要因素之一。近年来,由于国家不断加大对农村的政策扶持与资金投入,我国农村劳动力教育和培训条件开始有明显改善,许多农民逐步掌握农业现代化的生产知识与技能,并由此走上致富的道路。但整体而言,我国农村劳动力素质平均水平并不高。农业劳动力面临年龄老化、文化素质降低等问题。

一、我国农村劳动力的现状

1. 农村劳动力文化素质偏低，缺乏现代农业经营的知识与技能

2006年我国农业部的调查表明：我国4.9亿农村劳动力的平均受教育年限只有7.3年，受过专业技能培训的仅占9.1%，接受过农业职业教育的不足5%，绝大多数农村劳动力仍属于体力型和传统经验型农民，还没有掌握现代生产技术。懂得如何正确使用化肥和农药的农民不足从业农民数量的三分之一。主要原因有：一是教育程度高的劳动力多数脱离了农业；二是历史上长期缺乏这方面的培训投入。

2. 农村女性和老年劳动力比例上升

从我国目前农业劳动力的性别构成看，农业女性劳动力占农业劳动力的比重有上升趋势，这一方面是由于我国农村城镇化进程加快，致使农村剩余劳动力大量转移，而转移的劳动力多以青壮年男性为主；另一方面是由于在青壮年劳动力转移的同时，农村家庭中的老人和孩子往往需要有人照管，而女性劳动力更适合于这一工作。

在农业女性劳动力比例上升的同时，我国农业劳动力老龄化速度也在加快，根据有关调查，2007年，我国农业劳动力的平均年龄在45岁以上，50岁以上的劳动力占到农业劳动力的45%以上。老年和妇女劳动力已经成为农业劳动力的主要组成部分。

3. 外出务工的农村劳动力素质有较大程度提高

外出务工的农村劳动力在城市工作和生活过程中，逐渐形成了能够与城市生活相适应的价值观、生活态度和社会行为模式，摆脱了乡土关系的束缚，传统小农意识逐渐减弱。他们将掌握的知识、技术、信息带回家乡，选择农业中的规模化种植和畜禽、水产养殖业，发展成为当地的种田能手、经营大户，起到了经济带头人的作用。他们的示范效应带动了其他农户的生产，促进输出地农业产业结构的调整，对产业化经营的发展起到积极的推动作用。外出劳动力对人力资本积累的影响不仅体现在劳动者本人素质的提高，还体现在家庭其他成员的身上，特别是对子女的教育问题上，从而为整个农村社区今后发展所需人力资本的积累奠定了一定的基础。

◆小案例3-10　近日，在福建三明一养殖场务工的石城县龙岗乡龙岗村村民赖毕运回到家乡，准备以技术、资金入股与同村的生猪养殖户熊运林共同创办一个养殖场。在石城县，像赖毕运这样利用自身优势帮带农民致富的返乡能人有2 100多位，带动1.1万余农户发展种、养、加工业，为农民提供就业岗位4 000多个。该县给予返乡创业人员分类服务和重点帮扶。对投资农业生产领域的，在土地承包、山林使用权属流转、基础设施配套建设等方面给予优惠和倾斜；对投资办企业者，提供厂房租赁、工人培训、税收减免等方面服务；对投资规模大、辐射面广的企业和农业基地，则指定对口单位进行挂点服务。在政策扶持下，该县返乡人员先后以独资或合股方式创办各类种养基地(场)800多个，创办针织、矿山机械企业60多个。另外，该县鼓励返乡创业人员采用资金、技术、信息等入股方式，组建各种产业协会，帮带农民发展产业致富，实现大家互惠双赢。2006年至今，该县返乡能人共组建产业协会70多个，帮带农民发展蔬菜、烟叶、油茶、脐橙等种植面积5.2万余亩，销售生猪、肉牛7万多头，番鸭、三黄鸡10多万羽。

4. 部分拥有专业技能和知识的人才走入农村

近年来，一批有见识、有知识、有技能的人才开始把视线投向农业，在我国的东北和内蒙古，一些投资者投入上千万元甚至上亿元搞牛奶产业。在我国其他地区，投资于畜牧业、林业及水产养殖的典型例子数不胜数。这些投资者经营的农产品销路明确，质量要求高，市场需求量大，对生产管理和技术人员的要求相对高，这在一定程度上改变了农业劳动力的结构。

◆**小案例 3-11** 2001 年，从西南农业大学毕业的吴艺明、韦立波和从福建农业大学毕业的赖善林放弃到城市就业的机会，来到福建省晋江市紫帽镇山区，合作创办三益农业有限公司，他们承包2 000多亩山地种植速生树种巨尾桉，并在林中放养土鸡，同时发展休闲式农业观赏园。目前，他们的公司年出栏土鸡近 5 万只，且供不应求，成片的巨尾桉树也长势喜人。

二、农村劳动力培训

针对我国农村劳动力人口数量大，素质与差异性较大的现状，国家在 2004 年做出了加快农村劳动力技能培训的战略决策，明确了“政府推动、市场运作、部门配合、农民受益”的原则，各级政府加大了对农村劳动力培训的投入，培训形式灵活多样。大量的培训在不同程度上提高了农村劳动力的技术能力，丰富了农民的知识和文化，解决了历史上长期不能解决的部分农业技术问题。目前，针对农村劳动力开展培训主要有两种。

1. 农业职业技术培训

当前，为农村劳动力开展的实用技术培训、绿色证书培训、青年农民科技培训、村组干部培训，以至农民学历教育等，为农民参加农业职业技术培训，创造了良好的条件。

◆**小案例 3-12** 重庆市在组织农民培训方面累计至今，已培训农民近 60 万人，有 15.6 万农民取得了绿色证书，全市共建教学基地 196 个，实习基地 75 个。统编教材 43.2 万册，各县乡自编乡土教材 6.5 万册，通过实施两项工程，全市已累计推广 35 项科技开发项目。另外，重庆市的各级农业中等职业教育学校和农广校至今已累计招收各类中专生 20 余万人，开展农村实用技术培训近 230 万人次，所开设的种植、养殖、经济管理、农业工程等专业涵盖了农业和农村经济的各个领域。

2. 转移就业前技能培训

2004 年由农业部、财政部、劳动和社会保障部、教育部、科技部、建设部等六部委按照国务院办公厅《2003—2010 年全国农民工培训规划》组织实施了“农村劳动力转移培训阳光工程”。这是近年来开展的规模最大、范围最广的农村劳动力转移培训项目。按照这个规划，2003—2005 年，要对拟向非农产业和城镇转移的 1 000 万农村劳动力开展转移就业前的引导性培训，对其中的 500 万人开展职业技能培训，对已进入非农产业就业的 5 000 万农民工进行岗位培训；2006—2010 年，要对拟向非农产业和城镇转移的 5 000 万农村劳动力开展引导性培训，并对其中的 3 000 万人开展职业技能培训，同时，对已进入非农产业就业的 2 亿多农民工开展岗位培训。

三、农业经营中所需劳动力的利用方法

1. 雇用劳动力

农业经营者聘请本地农村劳动力完成农业生产经营活动，在我国农业经营大户中已经非常普遍。除本地劳动力外，现代农业的经营者已经开始跨省市雇用农业劳动力，如我国新疆在棉花收获季节，雇用大量外省农民采摘棉花。又如，我国的东南沿海地区，由于大量劳动力从事非农产业，来自中西部的农民在一定程度上承担了当地农业的生产劳动。在我国黑龙江、吉林、云南、海南等地都有大量的外来农民在现代的农场中从事农业劳动。

◆小案例 3-13　安徽省宿松县的种粮大户徐晓林拥有 25 台套农业机械，2007 年，经营土地的总面积达到了 3 100 亩。为了经营管理好农业项目，当年他聘请了 30 多名固定工人，其中农机操作手 16 人，专业维修师 1 人，农业专业技术员 1 人，并使用临时工 100 多人。

2. 与高校、科研机构合作

与高校以及科研机构合作，不但使农业科研成果迅速转化为生产力，促进农业生产的不断发展，而且使农业生产项目获得技术支持，这也间接地为农业经营者提供了具备相当技术含量的劳动力支持。

◆小案例 3-14　陕西省西青区养殖大户宋德丰，从西北农林大学聘请专家搞起了波尔山羊胚胎移植，经过 3 年多的努力，共繁育出纯种优质肉羊 1 000 多只，在自己发家致富的同时带动周围近百户农民养殖肉羊，增加收入近百万元。同时，当地农民的养殖观念、养殖技术均有了根本的改变。

3. 聘请高层次的经营与管理人员

农业经营者通过社会招聘等方式吸引大专院校和中等职业学校毕业生以及具备相关知识的人才参与生产和经营活动，这在我国很多地区的农业经营中已不少见。进入 21 世纪后，我国对于大学生到农村就业出台了一系列的优惠和鼓励措施，这为农业经营管理者聘请知识人才创造了更为有利的条件。

4. 开发和组织农村女性劳动力

由于我国农业机械化水平的提高，专业分工的深化等在一定程度上减轻了农业劳动的强度，使农业劳动已经可以完全由妇女承担。广大妇女通过培训掌握了现代农业生产知识技能，又通过专业协作解决了各个生产环节的难题，通过专业合作组织解决了农产品经营方面的各种问题，这就为发挥妇女劳动力从事农业创造了良好的条件。

◆小案例 3-15　黑龙江绥棱县上集镇、靠山乡等 3 个乡镇的妇女组织通过推广草柳编项目，组建妇女扶贫联合体 3 个，带动 3 000 多名妇女从事草柳编加工，人均年收入达 6 000 元左右。上集镇日月新草柳编专业合作社吸纳妇女会员 3 000 多人，被省妇联命名为“巾帼创业合作示范基地”。绥中乡永丰马铃薯种植专业合作社吸纳 67 名妇女连片种植了 200 公顷马铃薯，统一管理，马铃薯产量比往年增加一倍。截至目前，这个县农村妇女中有 3 800 人参加了专业合作社，年均创收达 2 000 多万元。新农村建设还涌现出了一大批女产业带头人、新经济

组织带头人和懂农业技术会经营的新型女农民，她们积极为姐妹致富献计献策，寻找适合本地发展的产业项目。

【本章练习】

1. 现代农业生产用地呈现出哪些特点？

2. 现代农业生产用地方式发生了哪些改变？

3. 目前，我国农业生产用地的流转方式有哪些？农业经营者可以通过哪些方式取得土地？

4. 农业经营者如何申办农业信贷资金，有哪些手续与步骤？

5. 农业经营者在经营农业项目时，可以通过哪些方式来获得所需要的劳动力？

【技能训练】

1. 深入家庭经营农户中，调查其土地、资金、劳动力使用情况。

2. 为资金困难经营者申请农业生产资金提供帮助和指导。

3. 为一个村如何提高劳动力条件提出对策建议，并为其设计劳动力培训方案。

第四章　现代农业的经营组织

知识目标

了解现代农业多种经营模式内涵、基本特征

熟悉农村合作社组建程序

掌握农村土地承包的要求与流程

能力目标

能够创建一个农民经济合作社

能够指导开展农业产业化经营

◆小案例 4-1　呼兰区大用镇农作物种植专业合作社带领农民规模经营闯出现代农业新路

"一家一户没出路，大伙'抱团'能致富，合作社是'擎天柱'，林永明带咱走富路。"这是流传在呼兰区大用镇一带的新民谣。2003 年，呼兰区大用镇农民林永明带头创办了由农机大户、种粮大户及普通农户参股的"大用农机作业合作社"，林永明任董事长。2007 年，"大用农机作业合作社"更名为"哈尔滨市大用农作物种植专业合作社"。从农机作业到农作物专业种植，林永明以"土地经营规模化、田间作业大型农机化、农业生产标准化、种植作物品牌化"的四个新型现代化，改变着"种植小规模、整地小农机、标准小生产、销售小产品"的农户分散经营传统模式，走出了一条"土地跟着项目走，项目围绕产业走，产业带动农民走"的致富新路。

土地"归大堆儿"，粮食卖出全省最高价

2007 年，大用农作物种植专业合作社采取两种形式，使土地经营规模达到 1.5 万亩。一是订单产销合作，合作社与 575 户农民签订了 1 万亩玉米订单面积，每市斤玉米合同收购价格 0.65 元。这比当年秋天新玉米市场价格每市斤高出 0.15 元。如果把种、肥、机耕费等优惠计算在内，订单社员每亩玉米实际收入要比非社员高出 200 多元。二是土地股份合作，合作社与 118 户农民进行了土地股份制合作，共流转土地 5 000 亩，每亩地向社员支付租金 400 元，每亩每年还可以获得 50 元左右的红利，因此社员们每亩土地收入比非社员要高出 150 多元。社员林永华家的 17 亩地全部流转给合作社，不用种地年收入就达6 800元。他和爱人、儿子通过打工和到合作社从事劳务等方式，年收入 1.8 万元，全家 5 口人人均收入5 000多元，比不入社人均提高1 000多元。

大农机作业带来大丰收

土地一连片，合作社的大农机就显出了威力。以玉米收割为例，收割机每小时作业量是 8 亩地，相当于 10 个人工一天的作业量，而费用仅是人工的 1/3 左右。大用合作社现有农机总动力 1 685 千瓦，其中大型动力 662 千瓦。由于拥有了土地耕种权，合作社自然可以优化耕作制度。大用合作社坚持农机农艺结合的方式，推行田间作业机械化、地力培肥有机化、种植结构适宜化，实施了“一年深耕、一年浅耕、一年少(免)耕”的“三三耕作制度”。通过机械灭茬、秸秆还田、增施有机肥等办法，有效遏制了土壤有机质连年下降的趋势。2007 年经省土肥站检测，大用合作社耕种的土地，有机质出现回升的喜人局面。大农机作业体现出现代农业的劳动生产率和土地产出率。据测算，2007 年合作社玉米平均亩产达到 720 公斤，比农户自己耕种高出 20%多，亩增产粮食 144 公斤，共增产粮食 220 多万公斤，增收 286 万多元。同时，使 118 户农民成为“自由人”，安心去搞“非农收入”。

按“四统一”标准化生产绿色食品

合作社全部实行大农机秋整地，大多施用有机肥，全部进行统一供种肥，全部接受合作社农技人员的指导服务。由此可见，农民在种地环节上，基本丧失了“自主权”，在制度上确保了整地、播种标准化，使优良品种、先进栽培和实用农业技术得到大规模应用，原来一家一户耕种品种难统一、实用技术难推广、大型农机难进地等老大难问题迎刃而解，从而加快了绿色食品生产基地建设。

社员在受到“标准限制”的同时，当然也享受着社员的优惠。从整地、种肥及收获的全部生产过程中，社员基本上不用投入生产资金，这些由合作社垫付的经费，在粮食收购时一并扣除。资金利息再加上国家的各项补贴，每户社员可增收近千元。

农业标准化生产，使过去“政府管生产”，变为合作社(企业)管生产。也使村屯干部职能由过去的“管村民”，转变为受企业委托“服务社员”。有关专家评论，这种以现代农业为主导的农村管理模式，将成为今后农村改革的方向。

“品牌”经营使农产品含金量倍增

2008 年 5 月，国际市场大米价格上涨到每吨 1 000 美元。可早在 2007 年冬天，大用合作社的杂粮出厂价格就已超过了 1 000 美元，每吨售价 8 000 元人民币。粗粮价格高出细粮，恰恰是林永明敢于用“全省最高土地租金和订单价格”与社员签约的底气。

大用合作社以玉米楂为主的系列杂粮产品，已注册了“禾下土”商标，并获得国家 A 级绿色食品认证，2007 年获得北京、上海、广州等城市超市进入资格。去年，合作社建立了面积 500 多$米^2$ 的无菌加工车间，生产的 3 000 吨系列杂粮产品，以每吨 8 000 元的出厂价格批发给各地代理商。

林永明认为，合作社粮食生产的含金量，永远取决于良种、农机和农艺综合应用能力。为了提高粮食生产的含金量，合作社还办起了科研育种所、生物复混肥车间，专门辟建了试验田，主动承担国家级农业科研项目。其中选育的一个玉米品种，在保留营养和口感好的基础上，比目前正在种植的品种高产 20%以上。按合作社土地测土配制的全养分生物复混肥，价格比市场低 38%，合作社今年就降低成本 45 万元。

启示：农业经营有多种组织形式，上述案例的成功之处在于，通过农民专业合作社这一新的农业生产经营组织形式，既保留了家庭经营的内核，又兼收了规模效益之利，使分散的农业生产要素得以优化配置，使小规模的农户得以顺利进入市场。因而，这是一次成功的实践。

第一节 农业家庭经营

◆小案例 4-2 河北省张北县的王志强在本村承包了 10 亩地，其中 2 亩种庄稼满足家庭需要，其余8亩种植西瓜。每年西瓜收入是家里主要的经济来源。平日地里的农活从播种、田间维护、农作物收获、一直到西瓜销售都由老王和老伴共同完成，孩子们偶尔会搭把手帮帮忙。

黑龙江省宝清县的王大力承包了本村的200亩土地，同时又租用了本村其他农户的700亩土地，这些土地全部用来种植大豆，耕种和收割都是机械化。耕作的拖拉机是王大力自己购买的，除了耕种自己的土地外，他参加了本村的农机服务合作社，为其他农户包括外县的农户提供机耕服务，而大豆的收割则是通过邻县的收割服务队完成。由于农业基本实现了机械化，专业性强，王大力家庭其他成员很少参与农业生产劳动，农忙时，王大力除了利用农业服务外，还需要雇一些专业帮工来完成生产活动。

上述两个例子说的都是农业的家庭经营方式。

一、我国农业家庭经营及其特点

家庭经营是一种农业生产经营方式，可以与不同的制度、不同的物质条件、不同的生产力水平相适应。因此，在农业生产中，家庭经营目前仍在我国和世界上占据主要地位。它主要指农民（又称为农户）以家庭为单位，独立或相对独立地从事农业生产经营活动。我国农业经营条件与世界上多数国家不同，农业家庭经营也有我国的鲜明特点。

1. 集体经济内部的承包经营

与世界上多数国家不同的是我国农村土地归集体所有，农户没有土地的所有权，只拥有土地使用权，土地的所有权和使用权是分离的。农民家庭是独立的经营主体，承包的土地用来种什么，怎么种，农产品收获后如何到市场销售，完全由经营户决定。

2. 农户享有土地的收益分配权

农户以家庭为单位与集体签订承包经营合同，土地产生的收益均归农户所有。对于经营者而言，收入多少主要取决于自己家庭经营的成果。因此，为了获得好的收益，在整个生产经营过程中，经营者会积极努力地投入。

二、农业家庭经营的优势和劣势

1. 农业家庭经营的优势

农业的家庭经营有着其他经营方式不可比拟的优点，这也是这种经营方式得以长期、广泛存在的根本原因。

▲家庭经营适合农业的特点。农业生产受自然条件影响，生产周期比较长，而家庭比较稳定，适合农业生产长周期的特点。其次，农业生产整个过程多数可以由同一个劳动者连续完成，即使劳动者之间合作也是简单协作，家庭经营基本可以完成农业生产的过程。

▲家庭经营决策更快。农业生产往往受复杂、多变且人力不可控制的自然环境影响，需要经营者根据天气、种苗、市场以及手中的资源等采取正确的决策。只有把决策权交给生产者才能取得较好的收益。

▲家庭成员分工合理。在劳动安排上，平时一人为主，忙时全家都上，必要时还可雇工，农闲时还可外出兼业。这在严格分工的劳动组织中是难以做到的，而家庭分工却能很好地满足这种要求。

▲家庭经营成本低。家庭是以血缘、亲情等为纽带来维系存在的，这就使家庭成员在合作

劳动时常常可以保持自愿的协作和努力工作，农业的家庭经营管理支出小。同时，在农业生产经营中，家庭中的资产常常可以同时用于生产和生活，这就降低了生产的成本，使农业家庭经营有较强的竞争力。

2. 农业家庭经营的劣势

随着我国农业市场化进程和加入世贸组织后农业竞争的加剧，以家庭经营为主的经营农业显现出诸多问题。

▲规模经济难以实现。规模经济简单地说是指生产者从事生产经营活动时，通过扩大规模使得单个产品成本降低，经济收益提高。对于某些农业项目，扩大规模可以有效降低成本，但家庭经营规模难于扩大，使其规模经济效益难以实现。

▲进入市场难度大。现实中单个农户直接面对市场，不仅市场交易成本很高，而且占有的市场份额很少，在市场交换中，相互处于无序、过度竞争状态，常常造成增产不增收。

三、解决家庭经营局限性的方法

1. 实现区域专业化生产

为解决家庭规模小，不能适合现代市场的问题，改革开放后，我国农村发展了专业化生产的形式。20 世纪 90 年代以来，通过学习国外“一村一品”的生产方式，我国农村不少区域逐步转向专业生产一种产品，在农业生产中产生了群体效应。由于一个地区农户专业生产一种或几种产品，与生产多种产品相比，不但生产规模有所扩大，同时也便于接受产前、产后服务，有利于机械化生产和专业分工的深化。专业生产有效地降低了生产成本，在一定程度上解决了农民家庭经营规模小的问题。

2. 建立农民合作经济组织

从 20 世纪 80 年代以来，我国农民合作经济组织开始产生并稳步发展，它突破了家庭经营的局限，能够改变农户在市场中的弱势地位，提高农产品的市场竞争力，促进农民增收。对于家庭经营的广大农户而言，更新观念，积极组织和参与农民合作经济组织是实现收入增加的一条途径。

第二节　农民合作经济组织

◆**小案例 4-3**　山东省垦利县农民赵军在 1995 年就已经加入了本村的绿新蔬菜合作社。合作社坚持“不以盈利为目的，最大限度地为社员服务”的宗旨，围绕社员生产的产前、产后诸环节开展系列化服务。合作社按照民主原则选举理事会，制定了合作社的章程以及配套的运营制度，由全体社员监督执行。作为社员，赵军的义务是严格遵守合作社章程，维护合作社权益，每年交纳 10 元钱作为社费。在经济交往中，一律按合作社与社员签订的合同办事，双方均须遵约，不管哪一方违约，均承担违约责任。同时，他还积极参与合作社的集资项目，比如建立蔬菜大棚、恒温地下室等。在此过程中，赵军也享受到了合作社给他带来的各种好处，如享受合作社专门聘请专家的技术服务，参加合作社组织的蔬菜种植技术培训；享受合作社提供的市场信息服务，实现异地销售，解决蔬菜卖难的问题，降低直接面对大市场的风险；享受合作社提供的统一蔬菜保质储存服务；更重要的是合作社还为社员积极开拓国内外市场，建立蔬菜加工厂，实现产品的深加工等。经过几年的发展，赵军家里不但有了属于自己的蔬菜大棚，而且家庭年收入已从最初的不到1 000元达到目前的几万元。

农民成立专业合作经济组织能够克服农业家庭经营的一些弊端，提高农民的组织化程度和农产品的市场竞争力，较好地实现小生产与大市场的对接，增加农民收入。农民合作经济组织是农民自己的组织，它具备家庭、企业等其他多种农业经营方式所没有的特点。

一、农民合作经济组织的特点和作用

农民合作经济组织是由从事同类产品生产经营的农户（专业户）自愿组织起来，在技术、资金信息、购销、加工、储运等环节实行自我管理、自我服务、自我发展，以提高竞争能力、增加成员收入为目的的专业性合作组织。它是建立在家庭承包经营基础上的，为适应农村改革与发展的需要而发展起来的。

（一）农民合作经济组织的特点

1. 入退自愿，形式多样

农民专业合作组织在组建中基本上都坚持了入社自愿，退社自由。组建形式多种多样，既有种养业大户或经营能手牵头，又有龙头企业带动；既有基层农技部门领办，又有村干部领办。

2. 协调行动，保障利益

专业性合作经济组织对内服务每个成员，协调行动，统一标准，统一品牌，不以盈利为目的；对外统一经营，组织起来进入市场，追求利润最大化。通过联合，提高了农业经营者谈判地位，减低了交易成本，分享流通和加工环节的利润。

3. 市场运作，民主决策

合作经济组织内部每个成员既是利益共享者，又是风险承担者。一般根据产品销售额所占的比例返还利润，也有按劳动和资本的投入量分红。很多农民合作组织自组建开始，就按规定建立了《章程》和有关管理制度，选举产生了理事会、监事会，并设立了内部机构。实行民主管理、民主决策。

4. 立足产业，区域特色明显

各地都围绕本地主导产业和特色产业，建立了一定数量的农民专业合作经济组织。有的还突破地域范围组建了跨区域的专业合作组织。

5. 服务广泛，范围延伸

农民专业合作组织已由过去单纯的主要从事农业技术宣传、咨询和推广服务，组织供应农用生产资料，向兴办实体，帮助农民提供新品种引进、农产品加工、运输、储藏、销售等全方位服务方面转变。如四川省万州区分水镇石碾村李子专业合作社，1999年成立，成片种植李园800多亩，2004年列入部级示范，现已注册“广洞牌”李子，销往重庆、湖北等地，产品供不应求。

（二）农民合作经济组织的作用

农民成立各种类型的合作社组织与农产品生产的商品化程度日益提高和市场竞争日益激烈有关，特别是我国加入世贸组织以后，国际农产品贸易自由化程度提高，这就迫使农民必须联合起来应对更为激烈的国内外农产品市场竞争。农民专业合作组织的重要作用主要体现在以下几方面。

1. 增强了农户的市场竞争力

农民专业合作组织的建立，使农业经营者从过去一家一户面对市场转变为一个组织面对市场，提高了农民进入市场的组织化程度。

2. 增加了农民收入

通过专业合作组织向农户提供产前、产中、产后的服务，降低生产资料成本，降低了交易成本，从而增加农民收入。

◆**小案例 4-4** 重庆市綦江县隆盛镇兴隆养猪专业合作社，通过实行统一技术培训、统一圈舍设计、统一供应猪种、统一供应饲料、统一防疫、统一销售“六统一”，为社员户平均增收7 000多元。

3. 完善了农业社会化服务体系

农民专业合作组织可以牵头，多形式、多渠道开展农业先进技术和实用技术的普及与推广，完善了农业社会化服务体系。

◆**小案例 4-5** 横山优质稻产销协会，从 2002 年 8 月成立以来，先后组织各种技术培训10 多期，培训会员1 000多人次，完成了重庆市 5 个优质稻组合示范试验和优质稻区的肥料区域对比试验，在优质稻区开辟绿色产品精品区，通过协会推广新技术、新品种，进一步提高优质稻的绿色品质。

4. 奠定了农业产业化经营基础

农民专业合作组织通过与“龙头”企业建立稳固合作伙伴关系，培育农产品生产基地，为农业产业化经营奠定坚实基础。

◆**小案例 4-6** 重庆市綦江县郭扶镇富家辣椒专业合作社，有社员 108 人，带动农户2 500多户，占该镇八个种植村总农户的 40%，种植辣椒1 000亩，并建立了 700 亩无公害辣椒基地 2 个，已被国家质监局列为“全国标准化生产基地”。通过与重庆美乐迪食品有限公司龙头企业联合，形成了“公司＋专业合作组织＋农户”的模式，有力地推动了农业产业化的发展，全县已发展了辣椒 6 万多亩。

二、农民专业合作经济组织组建

1. 设立专业合作社的法定条件

农民专业合作社是法人，根据《中华人民共和国农民专业合作社法》第 10 条规定，设立农民专业合作社，应当具备以下五个条件。

▲有五名以上符合本法第十四条、第十五条规定的成员；

▲有符合本法规定的章程；

▲有符合本法规定的组织机构；

▲有符合法律、行政法规规定的名称和章程确定的住所；

▲有符合章程规定的成员出资。

合作法中规定的五名以上成员，包括农民（农户），也包括企业、事业单位和社会团体等法人成员，为了保障农民在合作社中的地位和权利。在合作法第十五条规定“农民至少应当占成员总数的百分之八十”，同时规定“成员总数 20 人以下的，可以有一个企业、事业单位或者社会团体成员；成员总数超过 20 人的，企业、事业单位和社会团体成员不得超过成员总数的百分之五”。

从实践中来看，农民专业合作组织是与一定社会经济发展水平相适应的。因此，结合法律与实践，专业合作社建立应具备以下条件。

(1)一定的产业基础。农民专业合作组织要围绕当地已形成的果品、畜产品、蔬菜、水产等主导产业或特色产业组建，要有一定规模。为保证农业经营者的利益，只要形成产业的地方，每一类特色产品或主导产业都应建立相应的农民专业合作组织。

(2)一定数量从事同类或相关产品的生产经营者。各国对于农业生产合作社有不同的规定和条件，如法国三户农民就可以组织合作社。我国农民专业合作社法规定是五名以上符合法律规定成员即可设立专业合作社。一般来说，专业协会 20 户、专业合作社 7 户以上成立合作社比较适宜。

(3)农民自愿合作、联合。在组建专业合作组织前，要召开相同产业农户的座谈会，宣传专业合作组织成立的目的及意义、服务范围、成员的权利和义务、分配原则等，让农民自愿入社，决不能搞行政命令，采取不正当的手段强迫农民加入。

(4)有生产经营服务场所和必要的生产经营服务条件。合作社作为一个独立的生产经营者需要有办公场所、农资供应、销售场所等基本的生产经营服务条件，依据这些条件完成生产经营活动。

(5)有一定的注册资金。按照规定，农民专业合作经济组织应该有一定的注册资金。我国各地对此的规定有所不同，比如按照重庆市的有关规定，在民政部门登记的社团法人专业组织，注册资金需 2 000 元，在工商部门注册登记的企业法人专业组织需 0.5 万～10 万元不等。

2. 专业合作社的组建程序

农民合作经济组织组建的一般程序是：由合乎法律规定数量的发起人发起成立，制定章程，召开组织大会，然后向法律规定的机关登记即可。具体组建程序如下：

(1)发起筹备

▲成立筹备委员会，制定筹备工作方案。筹委会主要由发起人和有关工作人员组成，必要时应成立专门办事机构，具体负责筹备和制订工作方案。工作方案包括为什么筹建该合作社，由谁牵头发起，会员入会条件及合作社筹备程序等。

▲由发起人拟定社名，确立业务范围。发起人一般由 5～7 人组成，由发起人会商拟定合作社名称，确定合作社业务区域、业务项目、经营方式，并说明发起成立的缘由，预计会员人数及筹集的资金总额等。

▲准备发起申请书。将上述发起人讨论研究确定的内容填入合作社发起申请表，并同时准备好申请报告。申请报告内容主要包括：本社宗旨、业务范围，经营效益，内设机构和下属组织等。

(2)制定章程。申请人接到主管部门准予组建的批复公文后，应即时召开筹委会，吸纳会员，参照有关示范章程拟定组织章程及业务计划草案。

(3)推荐理事会、监事会候选人名单。依托有关部门和社会力量创建的合作社，应注意吸纳足够数量的农民成员参加理事会和监事会。

(4)申报批准。向工商管理部门和有关业务管理部门申报批准。工商行政管理部门、业务主管部门接到合作社发起人报送的组建申请书等材料后，应认真进行审查，包括发起人是否有组织能力，该合作社业务数量是否达到组建规模，预期效益如何等。基本符合条件后，即可下达同意组建批复，同意工商登记，办理法人营业执照。

(5)召开成立大会。在上述各项筹备工作任务完成后，即可呈请当地合作社主管部门派员出席指导，并于合作社成立 7 日前，通知社员参加大会，如社员较多，则可按规定要求选派社员代表出席成立大会。成立大会一般包括如下议程。

▲主持人宣布本合作社加入成员名单、人数、代表人数，如到会人数符合成立合作组织成立有关规定后，即宣布成立大会开始。

▲筹委会负责人作合作社筹备工作报告。

▲主管机关负责人宣布本合作社成立的批复。

▲宣读章程草案，并请讨论后表决通过。

▲提出理事会、监事会候选人名单，并进行选举。

▲理事会、监事会分别召开第一次会议，推选常务理事、理事长和监事长。

▲主持人宣布常务理事、理事长、监事长等人选名单。

▲理事长、监事长讲话。

▲党政领导和有关社会各界代表讲话。

▲宣布成立大会结束。

(6)组建工作机构

▲召开工作会议，成立办事机构。由理事长主持常务理事工作会议，研究成立合作社办事机构。业务量大的合作社，可由理事长聘任总经理。

▲聘任办事机构部门负责人。业务量小的合作社，由理事长直接聘任；聘有总经理的由总经理聘任部门负责人。由各部门负责人招聘精干业务工作人员。

▲召开业务会议，由理事长或总经理主持、有关业务部门参加讨论研究工作计划，布置和开展合作社业务工作。

3. 专业合作社登记手续

依法登记是农民专业合作社开展生产经营活动并获得法律保护的重要依据。根据《中华人民共和国农民专业合作社法》第十三条规定，设立农民专业合作社，应当向工商行政管理部门提交相关文件，申请设立登记，领取营业执照。

(1)登记时需要提交的文件。农民专业合作社申请设立登记时，应当向登记机关提交以下文件。

▲登记申请书；

▲全体设立人签名、盖章的设立大会纪要；

▲全体设立人签名、盖章的章程；

▲法定代表人、理事的任职文件及身份证明；

▲出资成员签名、盖章的出资清单；

▲住所使用证明；

▲法律、行政法规规定的其他文件。

需要特别注意的是，农民专业合作社向登记机关提交的出资清单，只要有出资成员签名、盖章即可，无须其他机构的验资证明。登记程序由申请、审查、核准发照以及公告等几个阶段组成。农民专业合作办理登记手续不收费。

(2)登记事项发生变更的规定。根据合作法规定农民专业合作社法定登记事项变更的,应当申请变更登记。法定登记事项变更主要是指:

▲经成员大会法定人数表决修改章程的;

▲成员及成员出资情况发生变动的;

▲法定代表人、理事变更的;

▲农民专业合作社的住所地变更的,以及法律法规规定的其他情况发生变化的。

这些登记事项是对农民专业合作社的存在和经营影响很大的事项,直接影响着交易活动的正常开展和交易相对方的合法权益。如果农民专业合作社没有按照有关登记办法和规定进行变更登记,则须承担由此产生的法律后果。除法定变更事项外,合作社可以根据自身发展需要和情形对相关登记事项进行变更,以保证自身的正常发展以及维护交易相对人的知情权。

(3)办理登记的时间规定。专业合作社法对登记机关受理登记后的时间作出了明确限制:即登记机关应当自受理登记申请之日起二十日内办理完毕。这里的登记申请,包括设立登记、变更登记和注销登记等。

4. 农民合作经济组织的业务活动

农民合作经济组织主要任务是通过提供生产诸环节服务而促进组织内农户发展生产,它应围绕农户生产经营开展以下业务活动。

(1)为农户提供服务。这些服务包括:对社员进行技术指导和服务,引进新技术、新品种,举办技术培训,开展技术交流,组织内外经济合作;采购和供应社员所需要的生产资料和生活资料;收购和推销社员生产的产品;兴办社员所需要的贸易、加工、运输、储藏等经济实体;向社员提供有关经济、技术信息。

(2)努力创造本社品牌。包括对新品种的引进,对原有品种的改良,提出农产品的生产标准,监督农产品生产质量,统一合作社品牌,申请农产品商标,对品牌进行保护等。

(3)开展对外合作。经社员代表大会通过,合作社可以整体或一部分与其他国有、集体、个体、外资等经济实体进行股份合作,所获收益按本社的分配原则进行分配。同时也可开展与经济部门、科研单位及其他经济组织的合作。

(4)实行资金互助。合作社可以利用成员之间的相互了解和信任,在生产和经营中实现资金的互助。如可以通过作价的方式向社员提供种苗和部分生产资料,也可以将社内的部分生产资料提供社员使用,在商品销售后支付费用。

三、农民专业合作经济组织类型

农民合作经济组织类型多样,主要有大户牵头型、龙头企业带动型、股份合作型、科技服务型和实体型等五种类型,它们的适用条件和运作方式各有特点。

1. 能人牵头型

能人牵头型农民合作经济组织是由种养大户或经营能手牵头,农户以会员的身份加入,在组织内部开展产前、产中、产后系列服务,形成"农民合作经济组织+农户"的运行机制。这种类型目前在我国最普遍。

2. 龙头企业带动型

龙头企业带动型农民合作经济组织是以龙头企业为依托,以生产同类产品为基础,以合同形式连接农户,与农户签订购销合同,实行保护价格的合作组织,形成"龙头企业+农民合作经济组织＋农户”的农业产业化运行模式。这种模式对龙头企业来说，可以减少成本，保证原料的稳定供应；对农户来讲，可以通过合作社与企业对话，维护自身利益，改变对龙头企业的依附地位。

◆**小案例 4-7** 广野物产实业公司（简称广野公司）作为从事外向型农产品加工的龙头企业，每年需要 6.5 万吨蔬菜原料。但公司在开发国际市场和管理自身生产的同时，如果还要进行原料基地建设，容易分散精力并增加管理成本，还可能因为公司与蔬菜种植户之间的联系不够紧密，形成原料供应与生产的脱节，从而导致企业受损、农民利益难以保障。因此，由广野公司发起，300 个农户自愿参加的广野农产品合作社（简称广野合作社）于 1999 年 3 月正式成立。

广野农产品合作社制度安排和运作模式是：①坚持合作社基本原则，实行民主管理。农户入社和退社完全自愿，合作社有自己的章程，实行理事会管理体制，但重大事项由其最高权力机构——社员大会表决通过。②实行股份合作制，独立核算、自负盈亏、利益共享、风险共担。合作社成立资金由农户和广野公司按照 4∶6 的比例出资入股。农户和广野公司分别出资 6 万元和 9 万元，形成 15 万元的总股本。目前，广野合作社已在遵化及周边市、县建立了 12 个合作分社。分社在总社指导下独立核算、自负盈亏。③签订合同，统一管理。广野公司每年 9 月以后，根据已签订的来年生产订单，将计划下达到广野合作社（总社），总社再下达到分社，分社根据订货数量与品种，在 12 月前同社员签订种植合同。合同文本中明确规定种植品种、面积、技术规范、质量要求及最低保护价。广野合作社对社员发放股金证、购物证和交货证，实行种植档案管理，并统一安排种植计划，统一供应种子、药品、化肥，统一技术培训和制定栽培技术方案，统一制定收购质量标准，统一规定收购价格，统一销售。④利润返还，风险救灾。每年原料收购结束后，广野公司按照实际收割量给予合作社每吨 30 元的利润返还，合作社将其作为社员红利、风险金和合作社的日常开支。2003 年，合作社收购蔬菜所得的利润返还收入 16 万元，其中 50%作为社员红利分给入社社员，30%作为风险基金，20%作为合作社的经费开支。1999 年春季，由于种子和气候等原因使农民种的萝卜抽薹，影响农民收入。为此，合作社从风险金中列支 2 万余元，对受灾农户给予补偿。

合作社龙头企业与农户之间发挥了桥梁作用，初步形成了农民、龙头企业、合作社利益良性互动的局面，主要体现在：促进了农户与市场的有效对接，解决了农产品卖难问题；带动了农户和农业生产方式的转变，促进了蔬菜种植的区域化和规模化；促进了新品种和农业技术的推广；稳定了龙头企业稳定原料供给，提高了原料质量和降低了管理成本。

3. 股份合作型

这种形式是引入股份合作的机制，由农户自愿组合，共同出资、共同经营、共担风险、共享利益，用产权联结而建立的紧密型专业组织。

4. 科技服务型

科技服务型主要是由原来乡镇的“七站八所”转制后组建的，为会员提供技术咨询、培训等方面的服务。

5. 实体型合作经济组织

实体型合作经济组织采用“合作社＋龙头企业＋农户”形式。基本做法是，根据市场经济发展的客观要求，发展各种合作社，当合作社发展到一定规模，拥有相当的经济实力时，由合作社直接建立龙头企业，或者购并其他加工企业，以此带领农户走向产业化轨道。企业与农户的关系已由合作社外部企业变为合作社内部企业。这种变化标志着一种产业化类型的形成，即在农业领域内的某种产业已具备自我激励、自我发展的能力，这种模式的利益连接纽带有合同契约、产权，与此相对应的分配方式既有保护价收购、按交易量，又有“风险共担，利益共享”。这种类型由于受资金人才等因素限制，目前数量有限，规模不大。

第三节 农业产业化经营

◆小案例 4-8 乐百氏(丰润)食品饮料有限公司是在丰润区提供土地厂房及相关优惠政策的前提下，由广东乐百氏公司投资成立的，该公司 20C3 年实现销售收入达 9 928 万元。公司建有 8 000 头左右奶牛基地，并与基地农户签订了收购合同，建立了相对稳定的鲜奶购销关系，解决了农户“卖难”和企业“断奶”问题。企业货源充足，农民收入有保证，基地农户每月平均增收 1 300 多元。在其带动下丰润已建立 26 个百头以上规模奶牛养殖场，5 头以上的养殖户达 1 870 个。但是在这一运行模式中，公司是主体，农户处于被动地位，公司是牛奶质量、标准的制定者，又是执行者，这种体制的缺陷，再加上丰润区奶源比较丰富，牛奶加工企业还比较少的情况，造就了公司的绝对主体地位。也就是说公司可以根据自身经营状况，自行决定牛奶的收购量和价格，农户为企业承担市场风险和经营风险。

农业产业化经营是 20 世纪 90 年代后我国发展较快的一种农业经营形式。以上案例就是农业产业化“公司＋基地＋农户”的典型经营模式，由于其适应了农业向现代化和专业生产发展的方向，在部分项目上产生了明显的效益，在很大程度上提高了农业和农民的收入。

一、农业产业化经营特征

农业产业化经营是以市场为导向，以农户经营为基础，以“龙头”企业为依托，以经济效益为中心，以系列化服务为手段，通过实行种养加、产供销、农工商一体化经营，将农业再生产过程的产前、产中、产后诸环节联结为一个完整的产业体系。农业产业化经营有以下基本特征。

▲产业一体化。农业产业化是从经营方式上把农业生产的产前、产中、产后诸环节有机地结合起来，实行商品贸易、农产品加工和农业生产的一体化经营。

▲生产专业化。围绕某种商品生产，形成种养加、产供销、服务网络为一体的专业化生产系列，做到每个环节的专业化与产业一体化相结合，从而有利于提高产业链的整体效率和经济效益。

▲产品商品化。农业产业化要求商品生产率在 90％以上，这是产业一体化经营与非产业化的自给性、半自给性的基本区别。

▲管理企业化。用管理工业企业的办法经营和管理农业，使各农户分散的生产及其产品逐步走向规范化和标准化，从根本上促进农业增长方式从粗放型向集约型转变。

▲服务社会化。通过一体化组织或各种中介组织，利用有关科技机构，对共同体内各个组成部分提供产前、产中、产后的信息、技术、经营、管理等全面的服务，促进各种生产要素直接、紧密、有效地结合。

二、实行农业生产业化经营的条件

农业产业化经营又被人们称之为:“产供销一条龙,种养加一条龙”。从其定义和人们对其认识上,可以看到农业产业化经营需要以下基本条件。

1. 商品生产程度较高

当地的农业生产除满足人口自给需求外,已经有了可以成批量的剩余产品出售。或者具有可供开发、能够发展成长为当地支柱产业的资源,无论前者还是后者,都产生一种客观需要——首先组织农产品购销,有条件时发展加工,这就用得着农业产业化经营。

2. 市场经济体制已经确立

市场经济体制已经确立,各种农产品可以自由购销,不存在政府或经济部门对市场、购销和价格的垄断。不论什么地方、什么产品,只要有垄断,环节增多,交易成本增加,就会使产业化经营受到限制。

3. 建有正常运作的农业企业

农产品加工企业、销售或外贸企业,这些企业为稳定持续地获得合格的原料,都需要与农户构建新的产销关系。

4. 建有或能够建立农民组织

当地已经或者能够建立农民专业技术协会、农民合作协会、专业合作社等,为实施农业产业化提供服务。

5. 政府支持,农民合作

有当地政府支持,农民有共同致富的志向,干部和群众能够结合当地情况,效法先行者的成功经验。

三、农业产业化经营的组织形式

1. 龙头企业带动型(公司+基地+农户)

龙头企业带动型是以农产品加工、运销企业为龙头,重点围绕一种或几种产品的生产、销售,与生产基地和农户实行有机联合,进行一体化经营,形成风险共担、利益共享的经济共同体。在实际运行中,龙头企业联基地,基地联农户,进行专业协作。龙头企业带动型的主要特点是企业在农业产业化经营中发挥主导作用,与农产品生产基地和农户结成紧密的贸工农一体化生产体系。在“公司+基地+农户”发展类型中,龙头企业与基地、农户之间有以下几种联结方式。

▲合同订购。企业与农户签订产销合同,明确规定收购产品的质量标准、价格、时间、数量、结算方式,对完成任务好的,企业每年可拿出一定的资金予以奖励。

▲保护价收购。企业对农户生产的农产品根据生产成本、市场行情制定最低保护价,让农民获得平均利润。市场价高于保护价时,按市场价收购。

▲建立服务体系。企业承担按优惠价提供生产资料,免费进行技术指导,提供信息,提供低息或无息贷款,及时上门收购产品等产前、产中、产后系列服务,还可以把生产资料定时定量先发放给农户,待产品回收时扣还款项。

▲利润返还。企业将所获利润按一定比例返还分配给农民,以提高广大农民生产和学习科技文化知识的积极性。

▲提供风险保障。对所有签订了合同的农民，由企业出资投保，使农民因自然灾害所受损失得到一定的补偿，解除农民的后顾之忧。

▲互相参股。农户向龙头企业参股，或龙头企业以股份形式向开发新项目的农户投资，以资金为纽带建立企业与农户之间较紧密的产业关系。

◆小案例 4-9 鄂尔多斯羊绒集团是按现代企业制度的要求，以资产为纽带建立和发展起来的大型企业集团。集团利用“集团＋基地＋农牧户”的方式，同时将三者利益紧紧捆在一起，使企业具有了强有力的发展潜力和优势。企业投资 8 000 万元，在内蒙古羊绒主要产地实施绒山羊舍饲圈养工程，发展了 2 万多核心牧户。

为了牢固地建立企业与农牧民之间的产业链，鄂尔多斯集团建起了 3 个羊绒选洗厂、8 个羊绒分梳厂、8 个羊绒衫纺织厂。为防止羊绒价大起大落，企业一方面拿出巨额资金进行羊绒储备，平抑羊绒价格，另一方面积极组织农牧民发起或成立羊绒协会，保护了养羊农牧民的利益。在企业与农牧民结合的过程中，企业想方设法为农牧民提供服务，农牧民主动为企业分解压力，与企业荣辱与共，实现了企业与农牧民的双赢。

在以鄂尔多斯集团为代表的羊绒纺织业的带动下，山羊绒 20 世纪 90 年代每公斤为 240 元，2000 年达到 500 元。农牧民养羊的积极性大大增强，成千上万的农牧民由此告别贫困过上了文明和富裕的生活。

2. 市场带动型(专业市场＋农户)

市场带动型的发展形式主要以专业市场与生产基地及农户签订农副产品购销合同方式建立产业化经营关系。同时，专业市场与客户也通过签订农副产品购销合同的方式建立供销关系。

市场带动型的主要特点是专业市场在农业产业化经营中发挥枢纽作用，它上连专业生产基地或农户，下接消费者和客户，拓宽了实现农业产业化经营的流通渠道。

专业市场带动型发展形式具有广阔的发展前景。目前，出现这种形式的地区，市场发育较完善，竞争充分，农民素质较高，有能力把握市场动向和保护自己的合法权益，批发商无法左右市场。

◆小案例 4-10 山东寿光蔬菜批发市场占地 340 亩，年销售蔬菜 10 亿公斤，经营额突破 10 亿元，产品销往 24 个省市区的 190 多个中心城市，并在全国 180 个大中城市设立了销售网点。这个批发市场已经成为全国最大的蔬菜交易中心，信息交流中心和价格形成中心，专门从事蔬菜经销人员达数万人。从专业市场上，农户能够快捷地接受市场信息，灵敏地做出反应。批发市场的发育不仅带动了当地的蔬菜生产基地，并且促进了加工企业的发展，建立起蔬菜加工企业 10 多家，年加工蔬菜 3 万吨，出口 2 万吨。

3. 合作经济组织带动型

合作经济组织带动型是农民自己创办专业合作社或专业协会在农业产业化经营中为农民提供产前、产中及产后的多种服务，从而解决农民分散生产与大市场之间的矛盾。合作经济组织带动型最显著的特点是农民专业协会和专业合作社安合作制的原则和机制组建和运作，在农业产业化经营中发挥重要的作用。

由于合作经济组织是广大农民联合自治性组织，能够有效地调节和实现成员之间的合法权益，真正体现农民的切身利益，所以它将成为农业产业化经营的主要组织形式。

◆小案例 4-11 江苏省海安县隆政镇从 20 世纪 80 年代开始发展家禽饲养业，到 20 世纪末，该镇养禽业已形成养加销一条龙、贸工农一体化的生产经营体系，全镇户均养禽量达到 600 只以上，万羽以上的大户有近百户，禽业产值占农业总产值的比重达到 60%以上，农民人均纯收入中有一半来自养禽业。早在 1986 年，该镇在有关方面的支持下，创办了全国第一家农村基层科普协会——隆政蛋鸡研究会。协会积极为农民提供信息、良种、疫病防治、饲料供应、加工销售等方面的服务，并先后兴办了禽蛋服务部、孵化厂、蛋品加工厂等实体，使蛋鸡研究会走上了自我积累、自我发展的道路，发挥了专业协会的桥梁和纽带作用。

4. 中介组织带动型

中介组织带动型是以中介组织为依托，在产品经济再生产全过程的各个环节上，实行跨区域联合经营和生产要素大跨度优化组合，并逐步形成市场竞争力强、经营规模大，生产、加工、销售相联结的一体化企业集团。目前，这种类型的中介组织主要是行业协会。

这种联结方式是政府推动、企业联动成立的松散型组织。这种松散型组织在促进农业产业化发展方面进行了有益的尝试，对政府如何发挥其对农业的适度调控职能提供了重要借鉴。

◆小案例 4-12 为发展规模经营，提高经济效益，从 1985 年开始，浙江重点渔村(社)开始筹办集体渔业公司，到 1992 年全省已建成劳动群众集体渔业公司 85 家。1993 年后这些公司进一步实施股份合作制改革，形成前方股份合作，分散经营；后方统筹服务，综合经营相结合的双层经营模式。这种模式使在渔业公司内得以形成相对独立的渔船(户)，从事分散生产，同时这些渔船(户)又以渔业公司统一层次的服务为联系纽带，形成共同的经济利益。从而，既体现了股份合作的优越性，又发挥了区域性合作经济的优势，推动了渔业产业化的较快发展。

第四节 现代农业庄园

◆小案例 4-13 左权县是典型的贫困山区和国家级贫困县。近年来，县委、县政府大力治贫，对生存条件极其恶劣的 19 个行政村、109 个自然村实行整体搬迁，并创造性地引导企业和个人，利用移民搬迁后的“空壳村”、撂荒地等土地资源开发庄园经济。不到两年时间，石匣乡大林村皂角养殖庄园、龙泉乡水凹村藏獒繁育基地、粟城乡关长沟庄园、桐峪镇小阴沟庄园、羊角乡滚子岩庄园……一个个特色种植、养殖园不断涌现，庄园经济开发成为左权县新农村经济建设最引人注目的亮点。截至 2007 年 9 月，全县发展农村庄园 40 个，经营面积达 12 万亩，完成开发治理面积 4.7 万亩，累计投资2 634万元。左权县的庄园经济不但发展规模不断壮大，而且正在逐步向生态农业、精品农业、观光农业方向发展。随着产业链条的延伸，庄园经济带动广大农民通过规模种养实现了增收，同时为许多农村富余劳动力提供了就业岗位。以左权县粟城乡庄茂丰庄园为例，“庄主”小赵共种植了 500 亩核桃树，5 年后挂果，每年可产优质核桃 10 万公斤，一年就有 100 多万元的收入。到了盛果期，年收入还会翻番，达到 200 万元。与此同时，小赵在大力发展林木种植的同时，还计划投资 200 万元在半山腰和山顶上盖 20 座农家院，搞农家乐及采摘等旅游项目。目前，该庄园常年雇用的村民有 20 多人，季节性用工达到 200 多人。

一、现代农业庄园特征

现代农业庄园是指农户、开发商或企业通过注册的有限责任制公司，承包、租赁或购买适度规模的土地，为获取最大经济效益，坚持以科技为支柱，市场为导向，资本为纽带，以委托代理经营为机制，以土地使用权为投资标的，以股份或土地分额为标准进行收益分配的一种农用产业化开发模式。现代农业庄园的基本特征如下：

1. 类型多样化

农业庄园的类型和规模多样，大的庄园规模可达万亩，小的庄园规模只有几十亩。庄园中有以农产品生产开发为主的，有的进行农业综合开发，产、加、销一体化经营，还有的是开展农业观光开发。

2. 筹资社会化

农业庄园的资金筹资方式主要是向社会公开融资。由于庄园的规模和类型不同，招商和融资的方式也各不相同。规模大或单一开发型的庄园，通常将土地资源划分若干个单元股份券或受益凭证向投资者招商融资，这种形式在经济发达的东南沿海地区比较普遍。中小型或综合开发的农业庄园，开发者根据自己的规划对庄园进行初步建设，配置各个开发项目的基础设施，就各个项目向社会公开融资，投资以其技术或资金入股，组建股份制或合伙企业，按股或按约定的比例进行收益分配。

3. 管理一体化

一般而言，庄园的投资者不参与管理，整个生产经营活动由开发商集中统一规划、统一布局，统一安排生产、加工和销售活动，开发商的责任是充分合理利用资源，提高经营效益；投资者行使监督职能，并有权获得相应比例的收益。

4. 经营一体化

农业庄园的经营活动都以开发者为中心，实行生产、加工、销售一体化经营，统一核算。

5. 技术选择高科技化

农业庄园的发展以高新技术为支撑，农业开发的全过程走资金、技术密集型农业发展道路。

6. 功能多元化

农业庄园能够扩展资金的投资渠道，推行农业产业化进程，起到科技示范，提高娱乐观光场所，解放农民思想的作用。

二、现代农业庄园的类型及作用

1. 现代农业庄园的类型

我国现有农业庄园主要有以下三种类型。

▲观光农业庄园，常见形式有采摘园、观光花园、药材园、农村休闲娱乐园。

▲集商贸、种养业、加工业、旅游业于一体的开发型庄园。

▲在原有家庭承包责任制基础上，以股份合作制或者公司、合作社与农户组合形式联合组建的庄园。

◆**小案例 4-14** 北京密云红酒庄园有千顷葡萄园，并有住宿、休闲、康乐、会议等设施。还设有赛马、高尔夫、狩猎、赛艇等多项休闲娱乐。在庄园里可品尝亲手采摘的葡萄，畅饮庄园酿造的美酒，骑马、垂钓、泛舟、狩猎。庄园的设施为五星级，实行俱乐部会员制，这是一种农业与三产结合的新形式。

2. 现代农业庄园的作用

▲推动了土地使用权有序合理地流转，使大批农民从土地上分离出来，加快了农村二、三产业的发展。

▲促进了农业结构的优化调整，推进了农业产业化的发展。农业庄园适度规模经营，集中连片开发，突出了农业的区域化特色。

▲有力地推动了种养方式的重大变革，加快了农业科技化和现代化步伐。

▲创造了一批农业品牌，增强农业抵御风险的能力。

▲拓宽了农村经济发展领域。现代农业庄园良好的社会效益和生态效益，开辟了农业现代化的新途径，有力地激发了农村经济全面发展的内在潜能。

◆**小案例 4-15** 利津县汀罗镇毛坨村依托青岛科技大学的科研优势，规划建设了包括现代农业示范区、展示区、采摘区、加工区和公共服务核心区几大区块的现代农业庄园，总面积5 700亩。其中，现代农业示范区主要开展优质林果、耐碱植物选育、无土栽培等课题的实验开发；展示区开设农民科技培训、农家大讲堂等科技服务活动；休闲观光采摘区旨在充分发挥上农下渔和珍禽养殖优势，打造农家乐旅游节点；林果栽植区和农产品加工区分别发展黄桃、葡萄等优势水果的种植加工；公共服务核心区依托全省首家村级股份制服务中心和农村信息化示范点，开展生产、生活、农资服务，带动周边十多个行政村加快发展。庄园所种植的番茄，以煤渣和农家肥为培养基，用雨水进行浇灌，真正实现了无土栽培、有机生产。包括番茄在内，目前毛坨庄园设施农业所生产的辣椒、番茄、红樱桃等近10种蔬菜都达到了有机标准，在省内外市场供不应求。除这些常规蔬菜外，毛坨庄园还发展起了上百亩的高效食用菌大棚，平菇、双孢菇、黑木耳等菌类都实现了有机栽培。毛坨庄园的双孢菇在进入采收旺季，每平方均产达到了15公斤，比普通大棚的产量提高了20%以上。由于毛坨庄园的食用菌引进了先进的液体菌种，采用玉米芯、稻草等为培养基进行生产，在大幅度提高产量的同时，确保了产品品质和收益。

三、现代农业庄园经营

现代农业庄园经营是与市场经济发展要求相适应的，它既不同于集体统一经营，也不同于一般的种植大户、养殖大户单家独户经营，其主要有以下特点。

1. 经营主体多元化

当前投资进行农业庄园经营的主要是四种“能人”。即务工经商致富的能人、机关企业事业单位职工、有一技之长的科技人员、农村种田致富能人。如湖北松滋市农庄主中，有乡镇干部57人，市直干部36人，下岗职工61人，外地投资者57人，村组干部54人，农民386人。经营主体的多元化直接导致投资的多元化，从而有效拓宽了农业投入渠道。

2. 经营形式多样化

实行农庄经营的单位或个人，在具体的经营方式上各有不同，主要有租赁经营、承包经营、股份合作制经营、转让经营等。如荆州市的农庄中，家庭独资型农庄占农庄总数的 84.9%；农户联合体占总数的 7.1%；股份合作制和有限责任公司占总数的 5%；其他经营形式的农庄占总数的 3%，基本形成了家庭独资、合伙制、股份合作及有限责任公司等企业制度共同发展的格局。

◆小案例 4-16　蔡甸区玉贤镇青年农民向玉坤 22 岁进城经商，利用业余时间在华中农业大学自修完大专学业。2000 年初，他看好市民离城返乡度周末这一“时尚市场”，投资百万元将家乡杨新村 100 亩坡地租赁下来，开发建成“思源山庄”。2000 年底，他的中药材种植基地、特种养殖场收益 3 万多元；今年头 5 个月，山庄旅游度假收入突破 2 万元。一些民营企业老板也瞄准了农业庄园这个新业态。湖北南威集团在玉贤镇投资 2 000 万元建起南威庄园，形成 2 000 头梅花鹿养殖基地、1 000 亩药材生产基地；武汉海天集团投资 3 000 万元，开发建成海天农庄，形成万亩海蟹养殖基地、1 000 亩大棚高效农业基地，2000 年创利 100 多万元。

3. 经营管理企业化

大多数农庄突破了以家庭成员劳动为主的模式，改变了传统的家长式管理方式，形成了“农庄主 - 经营管理者 - 直接劳动者”三个层次的经营管理格局。规范性农庄大多采用企业管理方法组织生产经营。特别是近两年出现的有限责任公司和股份合作制农庄，采用现代企业制度和科学的管理方法组织生产经营，把农业家庭经营提高到了一个新的水平，代表了农庄经营的发展方向。

◆小案例 4-17　原湖北松滋市农业局长刘升壁，退休后成立了滋华种植有限责任公司，在新江口镇狮子咀村开发荒山 134 亩，建成名、特、优果示范园。该公司按照美国家庭农场的管理模式组织生产经营，成立了董事会，制定了公司章程和各项管理制度。由于管理规范，经营规模日益扩大。目前该公司按照“公司＋基地＋农户”的模式，带动周边农户发展晚白柚 1 000 亩，已成为当地实行产业化经营的“小龙头”。

4. 经营方式集约化

农庄经营实现了土地、技术、资金等生产要素的集约经营。

◆小资料 4-1　荆州市农庄平均经营面积 55 亩，是当地家庭经营平均水平的 10 倍左右。而且经营规模呈扩大之势，全市经营面积在 500 亩以上有 45 户、户均经营土地达 1 086.6 亩。农庄平均固定资产投入水平为 2.64 万元/个，是一般农户的数十倍。农庄经营者十分注重科技投入，聘请科技人才，更新技术装备，积极引进新品种、新技术、新模式，大力发展高效农业。据初步统计，荆州市的农庄常年聘各类高级农业技术人员 691 人，引进新品种 2 360 个，推广新项目 186 项，技术性投入达 4 529 万元，占固定资产投资总额的 14.42%。

5. 生产经营专业化

农庄以提高农产品商品率为目的，依靠农产品质量和特色抢占市场，提高市场竞争力，突破了传统农户的自给性、兼业性特征。

四、农业庄园发展中存在的问题与相关措施

庄园模式作为一种集约化经营管理的、能够在短时间内聚集大量闲散资金用于农业开发的组织形式，若能规范管理和健康发展，的确是一种能迅速促进农业发展，带动旅游业、农产品加工工业及其他行业发展的新的组织形式。然而这种农业经营模式在实践中也暴露出诸多问题。一是土地权属不明确，获得土地的程序不合法，土地流转关系不明确、不合法，土地使用证与实际使用权的行使冲突等问题；二是资金监管与庄园组织形式问题；三是政府监管方面的问题。

现代农业庄园经济是新生事物，正确的引导与规范是关键。若缺乏规范和监管，不纳入法制经济轨道，就会出现一哄而上，自生自灭的现象，也会成为一些商家非法集资的手段，损害投资者和国家经济的稳定。为此，政府及相关部门应从以下几个方面入手：一是尽快制订关于庄园用地的法规或规章，以确保正常的土地管理秩序，规范经营者的行为，维护开发者、投资者和土地所有者的合法权益。二是庄园应采取规范的有限责任公司或股份有限公司的组织形式，明确投资人与开发商的股东身份，以此明确其权利与义务；三是制定农庄开发规划和管理规范，加强对农业庄园企业的资质审查和立项审批工作，加强对农庄的监管和服务工作。

【本章练习】

1. 现阶段农户家庭经营面临的主要问题是什么？如何解决？
2. 农业合作经济组织的业务活动由哪些？
3. 何谓农业产业化经营？农业产业化经营的形式有哪些？
4. 现代农业庄园的类型经营特点？

【技能训练】

1. 深入家庭经营农户中，寻找其农业经营中存在的问题，为其设计一个解决问题的有效方案。
2. 深入当地村庄，设计一份农业合作经济组织组建方案。
3. 选取当地农业产业化经营的典型，分析其属于何种类型的农业产业化经营形式。
4. 为一个村如何实行产业化经营提出对策建设。
5. 结合当地具体情况，提出建立农业庄园的具体意见。

第五章　现代农业经营管理中信息的利用

知识目标

了解现代农业经营需要的信息类别

熟悉收集农业经营信息的渠道及其特点

掌握收集及发布农业经营信息的方法

能力目标

能够有效识别现代农业经营需要的信息

能够进行农产品经营信息的收集

能够通过网络等手段发布农产品经营信息

◆小案例 5-1　佛子利用信息加快发展现代农业

灵山县佛子镇向信息要效益，把信息作为一种资源来抓。引导农民利用现代科技成果，把电视、电脑、电话等通信工具等运用到农业领域。2008 年 4 月份，该镇有 70%的村得到自治区定为第一批电信宽带模式的“农村现代远程教育终端接收站”，在各村电视刚接通电信宽带信号的第一天都被挤满群众收看新农村建设、农村实用技术节目。同时该镇有电脑上网的农户利用建有“新灵山网”、“六峰网”、“灵山农业信息网”、“灵山电子信息馆”等点击查看各种信息，并在谭家营村、大芦村建立了 2 个村级电子信息中心，形成了县、镇、村三级信息联网，及时为农民提供新品种、新技术、农产品价格行情和供求信息使网络成为农民致富的“顾问”和“高参”。与此同时，在全镇所有的村都 100%覆盖了移动电话和固定电话。农民通过电话积极跟外地客商联络，把该镇农产品推销到区内外市场。据统计，去年该镇农民利用电脑网络、电话、手机等通信工具联系引进新品种 130 多个，并促使荔枝、肉鸡、番茄、水库鱼等农副产品 8 万多吨销往外面大市场，产品增值达1 000多万元。

启示：农业信息对于农业经营管理具有重要的作用。加强信息基础设施建设，以市场为导向，把种植、销售、加工、供求、科技等信息及时传递给农业经营者。使信息迅速转化为现实生产力，确保农业经营者在生产过程中种植有目标，管理有措施，加工有方法，销售有渠道，增收有保障。

第一节　现代农业经营需要的信息

◆小案例 5-2　山西省汾阳市有位核桃经纪人，主要工作是收集农户晒干的核桃加工取出核桃仁，再统一出口。两年下来，她的核桃仁外销收入共计 1.1 亿元。2007 年，她委托专家对中国市场消费者情况进行调查，得知欧美国家消费核桃主要是用于糕点或食品添加辅料。

而中国人却更多的是把原核桃作为休闲食品，并且有两个问题：一是剥核桃难，吃核桃的时候常常要借助工具剥核桃，很麻烦；另一个是核桃里边有一层苦涩的核桃衣，有的人不喜欢那种味道。基于这两方面的考虑，他们进行核桃加工，通过挤压使核桃皮开裂，然后通过加工，在保持核桃完整性的前提下，注入不同口味，生产出容易拨皮，口味丰富的休闲食品，经过深加工，还生产出核桃油、核桃饮料。公司很快在山西省建立，2007 年后半年，仅在山西销售收入就达到 860 万元。

启示：掌握关键的农业经营信息，且根据信息开展农产品经营，会取得事半功倍的作用。

一、市场信息

市场信息是指对市场上各种经济关系和各种经济活动现状、经济活动的变化情况以及与市场营销有关的各种消息、情报、图表、数据资料的总称。市场信息一般通过文字、语言、数据、凭证、报表、符号、广告、商情等表现和传递，对农业生产经营具有重要的作用。

农业经营者通过分析市场信息，可以掌握和利用经营机会，制定经营策略，使企业在激烈的市场竞争中求得生存和发展。农产品市场信息可以细分为以下几种。

（一）农产品价格信息

农业生产经营的主要目的是取得盈利，在考虑生产项目时，成本与价格比是决定盈利最主要的因素之一。对于生产成本，生产经营者比较熟悉，也较易掌握。然而，产品在市场上的价格却常常是一个变量，需要用大量的时间和精力去了解。与其他产品的市场价格不同，农产品的市场价格往往有以下几个特点。

1. 各地差异大

在农产品中，运输困难、保鲜程度高的鲜活农产品，以及特殊用户需要的农产品地区差价更为明显。粮食、棉花、食用油等既是大众用品，又便于保存，产品价格地区差异并不大。

◆**小资料 5-1** 松茸在我国不少山区都有分布，在云南省南涧县的深山中比较普遍，当地农民称其为“大脚菇”，但当地对其消费少，价格很低。而在日本，由于有大量的居民认为其有特殊的营养价值，市场价格很高，一个 12 厘米的松茸在产地仅值几元钱，但在日本市场上的售价为人民币 400 元左右。

2. 价格变化快

从统计分析的结果来看，农产品市场价格的变化明显大于工业品和服务，其中价格变化最快的当属鲜活农产品，而青菜的价格又是鲜活农产品中变化最快的。古时候经商者就有“好马赶不上青菜行”的说法，部分产品不但每天的价格不同，而且早晚价格也有一定的变化。由于在一个区域、一定时间内市场需求是基本稳定的，当大量农产品集中上市时，常常会使价格大幅度下降，而当缺乏某农产品时，又常常使这一农产品价格大幅度上涨，造成市场价格的巨大波动。

3. 质量差价大

进入 21 世纪后，随着我国农产品市场的日益繁荣，产品的质量档次在逐步拉开，同一农产品的价格因品牌、质量等的不同价格也有了很大的差距。在当前的市场条件下，农业经营管理者不能简单地了解某一品种的农产品价格为多少，还需要了解农产品在各种不同的产地、品种、规格、品牌、质量、等级条件下的市场价格。

◆**小资料 5-2**　2007 年北京市场上价格最低的大米每斤 1 元，而价格最高的日本进口大米每斤 48 元。在同一超市上，无品牌的普通鸡蛋价格为每斤 3 元，而包装的品牌柴鸡蛋每斤 10 元。有产地优势等的品牌产品价格差距更大。如 2007 年北京门头沟区妙峰山镇的樱桃沟村采摘的樱桃价格为每斤 180 元，而同时在镇上销售的樱桃最高价格为每斤 20 元。

4. 变化有一定的规律

农产品市场价格变化快，幅度大。然而，看似起伏不定的农产品价格变化却也有一定的规律可循，农产品的市场价格主要是由市场供求决定的，掌握这一点，对农产品市场价格的变化会有深入的认识和理解。有关农产品供求与价格变化的表现可见表 5-1。

表 5-1　供求如何影响农产品的市场价格

供应	需求	价格	供应	需求	价格	供应	需求	价格
→	→	→	↑	→	↓	↓↓	↓	↑
→	↓	↓	↓	→	↑	↑↑	↓	↓↓↓
→	↑	↑	↑	↑↑	↑	↓↓	↑	↑↑↑

注：→不变，↑增加、上涨，↓减少、下降，↑↑大量增加、大幅度上涨，↓↓大量减少、大幅度下降。

◆**小案例 5-3**　武汉郊区发展双孢菇生产时，有关投资者全面调查了武汉市双孢菇的市场需求，得出武汉市双孢菇年需求量为 3 000 吨，在当地年生产量低于这一数字时，投资人持续增加对这一产品的投资。在市场上双孢菇生产增长时市场销售保持了较高的价格。但在当地农民也掌握了双孢菇生产技术后，大量的农民开始自行投资这一产品的生产，使当地年生产量很快超过 3 000 吨，看到这种情况后，相关投资人停止了对双孢菇生产的投资，很快撤出武汉市场，然而，由于大量的生产设施已经投入，产品开始大量上市，造成当地双孢菇的价格大幅度下滑。当地生产者为了解决这一问题组织了生产合作社，开始对双孢菇进行加工出口，由于在生产增加的同时，将市场扩大到国外，增加了消费需求，保持了价格的稳定，增加了农民的收入。

(二)农产品需求信息

农产品市场价格是由供应与需求决定的。产品的供应掌握在生产者手中，而需求是消费行为。了解农产品需求信息，需要了解哪些因素决定消费的需求。一般来说，决定农产品需求的因素有人口数量、消费者的收入水平、需求习惯、产品广告的作用等。在农业经营活动中，特别需要了解下列需求信息。

1. 批零市场的农产品需求

农产品批发与零售市场是生产经营者最容易认识，也是最直接了解市场需求信息的渠道，这是目前农业生产经营单位认识农产品市场信息的主渠道。由于需求变化时价格会相应变化，农业生产者可以通过价格信息认识对农产品需求变化的方向及变化程度。

◆**小资料 5-3**　改革开放前，由于消费者收入普遍偏低，人们对肥肉的需求较高，肥肉的价格高于瘦肉。改革开放后，由于消费者收入普遍提高，肉类的消费量增加后，人们对瘦肉的需求开始增加，使市场上瘦肉的价格逐渐高于肥肉。肉类价格的变化反映了消费需求的变化。

2. 加工企业的农产品需求

随着经济的发展，我国农产品加工的比例在不断增长，今后还有持续增长的趋势。目前发达国家农产品加工的比例占到全部产品的90%左右，我国达到这一比例还需要经过多年的努力。

3. 直接消费需求

进入21世纪后，大型连锁超市、连锁餐馆等企业的发展速度非常快，如在北京市场上，连锁企业销售的部分品种的农产品已经占到该产品销售额的40%左右。

4. 农产品出口的需求

我国出口的农产品主要有水产品、园艺产品、蔬菜、干果、水果、肉类、禽蛋等。出口农产品一般是采购商直接与农业生产单位联系，或者农业生产单位自行组织出口，在国内农产品市场上很难了解这方面的信息，但可以从外贸企业，或在有关统计报表上了解农产品出口的需求。

（三）农产品市场趋势信息

了解农产品市场信息的目的是用于农业生产决策。在收集的信息中，主要是过去的信息和当前的信息，对于企业决策最为重要的未来信息虽然不可能通过简易的收集得到，但可以通过收集相关信息预测农产品市场的趋势。

◆小资料5-4 在猪肉市场上，母猪的饲养决定仔猪的数量，如果母猪大量减少，未来市场的仔猪必然减少，在一定时期内猪肉的供应也会减少，如果需求不变，将使猪肉的价格提高。2005年时，我国部分生猪饲养单位通过这种趋势信息预计到猪肉价格的提高，在2006年增加了生产的数量，获取了可观的盈利。

由于农产品的生产与气候密切相关，通过对天气趋势的了解也可以在一定程度上掌握农产品未来的供求变化。1998年，我国南方地区遇到50年未见的大洪水，看到相关报道后山东省的蔬菜生产者马上意识到，南方蔬菜生产会因洪水受到严重影响，供应量减少，市场上蔬菜的价格会上涨，于是很快组织了大批蔬菜运往南方各大城市，不但得到了较高的收益，而且方便了市民的生活。

二、生产条件信息

农业生产受自然条件影响较大，同时也受到生产资料供应、运输、技术等条件的制约，在决策时还需要掌握农业生产条件相关信息。

（一）农业生产的基本条件

土壤、气候、水文是农业生产的基本条件。了解这些条件需要掌握长时间的资料，需要进行一定的分析，需要有科学的手段，特别是进行农业生产基本建设时，不掌握这些基本信息往往会有较大的损失。

◆小资料5-5 决定柑橘甜度的除了温度和日照外，还与土壤中氮、磷、钾的比例密切相关，种植柑橘时，如果不了解土壤的基本信息，就很难生产出高质量的柑橘。

（二）农业生产的竞争条件

生产农产品要取得较好的经济效益，需要在市场上有竞争优势。因此，农业经营管理者还需要掌握有关竞争者的信息，主要包括竞争者的自然条件和外部条件。自然条件的优劣决定了不同的地区最适合、较适合与不适合某些农产品的生产，最适合本地生产的农产品，可以获得可观的经济效益。外部经济条件是指一个区域形成对某一产品生产销售的有利条件。在当前，农业生产的专业区域开始出现，在区域中已经形成了对相关产品的科学研究、销售组织、技术培训、生产资料供应、产品对外宣传等条件，在其他区域中生产同种产品时由于缺乏上述外部经济条件，很难得到良好的经济效益。

三、产业发展信息

农业经营者除了需要了解市场及竞争者外，还要详细了解本产业的相关信息。产业发展信息包括产品生产的总量、新品种和新技术、替代产品和互补产品及服务信息等。

◆小资料 5-6　2006 年，我国北方城市的山药价格较高，看到不少种山药的农民当年收入较高，2007 年有大量的农民扩大了山药的种植，但也有一部分注重市场信息分析的农业生产者认识到在山药种植急剧扩大后，其销售价格有可能降低，这部分农民反而缩小了山药的种植面积。到 2007 年秋天，由于山药大量上市，价格大幅度下降，当年扩大山药种植的农户亏损较大，而减少山药种植的农户则减少了损失。

农业服务能够提高专业水平，可以在较低投入的同时获得明显的经济效益，可以解决农业生产者的难题。

◆小资料 5-7　辽宁开原的庆云堡镇有几百农户专业于养肉鸡，在销售成品鸡时，由于要求抓鸡者有一定的经验，又要尽可能在短时间内完成，不少养殖户感到很困难。为解决这一问题，该镇成立了专业的抓鸡队，每抓一只鸡收 6 分钱，这一措施不但解决了养殖户的问题，同时也提高了效率，又在农村创造了新的就业机会。这一信息在中央电视台的“致富经”播出后，不少地区也成立了类似的组织。

重庆的璧山县健龙乡盛产莲藕，在组织起合作社后，为解决农户挖藕难的问题，社里成立了专业的挖藕队，由于成员经验丰富，专业性强，挖藕速度快而且完整，提高了藕的价格，不但解决了种藕农民遇到的难题，而且使藕农普遍提高了收入。

四、相关政策信息

国家政策直接或间接地影响着农业生产或农业生产条件，农业生产经营者必须全面了解各种政策及相关法律、法规，其中要重点关注以下几点。

（一）农业生产政策

涉及农业生产的政策包括土地政策、水利政策、农业生产资料政策、农产品收购政策等。除了国家的政策外，各省市、区县甚至各乡镇对农业生产也有相关政策，如为了加快某一产品产业化发展，制定的在一定时间内的奖励、补贴政策等。了解并用好、用足这些政策，有利于在现有条件下加快农业生产的发展。

(二)农产品运销政策

农产品市场价格直接或间接地受到国家有关农产品运输和市场销售相关政策的影响,农业生产者需要了解这些政策,考虑这些政策对农业生产效益的影响。如国家制定的农产品运输绿色通道政策,在一定程度上减少了农产品的运输成本,使当地的农产品有可能运送到更远的区域销售,从而扩大其市场。

(三)农业的法律、法规

涉及农业生产的法律法规主要有农业生产法律制度、农业企业法律制度、农村自然资源法律、农业环境保护法律制度等。有些法律与农业生产有间接的关系,也需要有一定的了解,如环境保护法、能源法等。对于养殖户来说,如果要发展特种养殖,还需要了解野生动物保护法等。

第二节 收集和应用农业经营信息

◆**小案例 5-4** 如今,在电视上获取农产品购销信息已成为北京市郊区农民销售农产品的重要渠道。目前,京郊电视台每日播出北京地区农产品批发市场信息,每周播出一周农产品行情分析及预测信息,目的是通过电视这个覆盖面最广、时效性最强、信息量最大的媒体,解决广大农产品生产经营者对农产品市场信息迫切需求的问题。

大兴区西沙窝蔬菜批发市场起初因建设时间短,知名度低,交易量不大,后来通过农产品市场信息栏目,发布了当地的蔬菜最低价格,菜贩纷纷来此市场交易,交易量直线上升;延庆县的一位菜农反映,在当地《农产品信息》开播之前,经常是听到别人说哪里的菜价涨了,就去哪儿卖菜,等到了以后,菜却卖不上价钱。《农产品信息》开播后,卖菜不再盲目,他称"农产品信息发布指导,是我们的'方向盘'"。

进入21世纪后,社会信息量大幅度增长,为农业生产经营者收集和利用各方面信息提供了有利的条件,同时也带来了大量的无用和虚假信息。农业经营管理者要学会以较小的投入收集到较多的有用经营信息,同时正确运用于农业生产中。

一、农业经营信息来源

我们比较熟悉和经常使用的农业经营信息来源主要有电视、广播、杂志、网络、报纸等(图5-1),各种信息来源有其自身的特点。

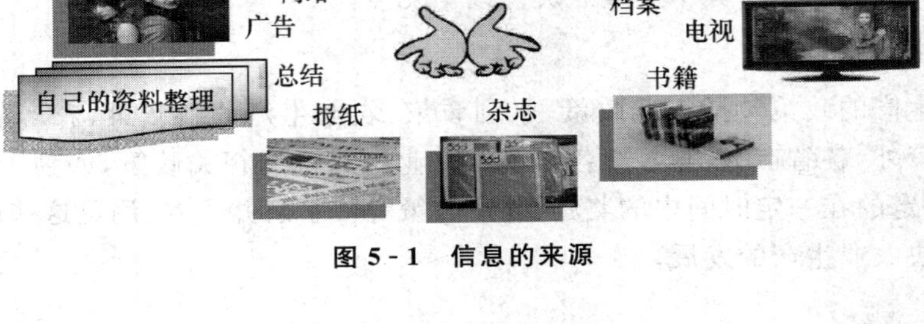

图 5-1 信息的来源

(一)广播

广播的费用低,收听方便,但专业性差,有关信息很不详细,同时信息不易储存,整理不方便。

◆**小资料5-8** 中央人民广播电台《中国农村报道》节目分析:从节目内容看,《中国农村报道》分为早间版和晚间版两个版块。早间版主要栏目包括《资讯快递》、《致富快车道》和《前沿快报》。晚间版栏目主要有《新闻现在时》、《聚焦"三农"》、《在线互动》和《农家夜话》。

早间版的《资讯快递》栏目向农民提供最新的农产品市场信息,注重信息量的丰富;《致富快车道》栏目通过解析农业经济热点,追踪农村市场动态,透视产品价格起伏,为农民传授致富理财经验;《前沿快报》栏目展示农业新技术新产品,为农民打开一扇看外界新科技的窗口。晚间版栏目《新闻现在时》以主持人说新闻的方式,通过电话连线、现场报道等形式报道当日涉农新闻,传递政策动态,点击农村经济或社会新闻;《聚焦"三农"》栏目以新闻事件为由头,对农村热点或亮点进行探讨,在第一时间内抢夺社会影响力比较大的题材,采用报道和点评相结合的方式,兼顾深度和时效;《在线互动》栏目使听众可以采用发送短信、网站留言、来电来信的方式反映情况、提出问题,并且请权威人士或让记者调查来进行解答,与听众形成有效沟通;《农家夜话》栏目零距离记录农民生存状态,以访谈或讲故事的方式反映农民的生存状态和生活中的新事、趣事或烦心事等。

(二)电视

电视的优点是直观,可以看到有关农业生产和农产品市场的实际情况。电视的天气预报不但有各项数据,而且有趋势分析,有利于农业经营管理者提前做好有关安排。目前电视中有专业的农业频道,介绍农业生产新技术、新品种、生产的经验及各地农产品市场信息等。电视信息比广播更生动,更直观,但其专业性不高,目前储存信息还比较困难。

(三)报刊

有关农业的报刊,特别是地区性专业报刊的针对性很强,信息量虽然小但与农业经营管理者有直接的关系,是了解当地农业生产信息的重要渠道之一。报刊方便储存,有关信息的整理,利用很方便,但信息的传递需要的时间长,工作量大,信息的时效性较差。

◆**小资料5-9** 我国几种农业类报纸杂志列举:

▲农业类:《农民日报》、《中国农村经济》、《中国乳业》、《甘肃畜牧兽医》、《中国畜牧兽医》、《吉林畜牧兽医》。

▲园艺花卉类:《中国蔬菜》、《蔬菜》、《中国园艺文摘》、《温室园艺》。

▲农学农作物类:《中国农业气象》、《作物学报》、《中国种业》、《云南植物研究》。

▲粮油食品类:《农产品加工》、《绿色食品》、《食品科学》、《中国食物与营养》。

▲林业类:《中国林业教育》、《林业科技开发》、《中国城市林业》、《世界竹藤通讯》。

▲农资农机类:《中国农业文摘——农业工程》、《包装与食品机械》、《农民日报》、《中国农村经济》。

▲水产渔业海洋类:《中国水产文摘》、《中国水产科学》、《中国观赏鱼》、《北京水产》。

(四)书籍

书籍的最大特点是专业性强,信息比较详细。目前越来越多的出版单位考虑到农业生产的特点,出版的书籍简便易携带,有口袋书之称,这些书籍可以及时向农业经营管理者介绍有关政策、法律及农业新技术知识,受到农业经营管理者的欢迎。

(五)电子媒介

与书籍相比,电子媒介的成本更低,信息量大,出版速度更快,复制更为简单,更容易普及。由于音像媒介可将有关信息以多种形式表现出来,农民更容易理解和接受,逐步成为传递某些信息的主要渠道之一。

(六)网络信息

网络信息量大,选择性强,有强大的查询功能,同时可以与有关单位进行直接联系,将本单位的信息发送给有关单位。网络信息的出现在一定程度上改变了农村信息闭塞的状况,未来可能成为农村中最重要的信息渠道。

◆**小资料 5-10** 利用网络收集农业信息的渠道:

▲通过搜索引擎网站,键入关键字,即可得到相关信息。较大的网站有:www. baidu. com,和 www. google. com;

▲通过农业网站收集,有代表性的农业网站有:http://www. lyingo. com/中国农业致富网、http://www. ainfo. com. cn/爱农网、http://www. agrisd. gov. cn/中国农产品供求信息网、http://www. api. com. cn:8000/index. jsp 中国农产品信息之窗、http://www. csh. gov. cn/中国农产品加工网、http://www. chineseagri. com/中国农产品信息网、http://www. agri. gov. cn/jghq/ly/中国农业信息网。

二、收集信息的方法

收集信息的方法很多,采用哪一种方法主要是根据生产经营者的规模、需要、信息带来的效益等进行选择。

(一)个人收集或专人收集

个人收集是个人在工作之中以及工作之余收集的各类农业经营信息。

对于部分重大信息,对于影响企业经营管理的至关重要的信息,对于经常变化的信息等,个人兼业收集可能效果较差。这类信息需要有专人负责收集。

无论个人收集或者专人收集,常用的方法有如下几种。

1. 市场调研

市场调研分为二手资料调研和实地调研。二手资料调研是对已经存在并已为某种目的而收集起来的信息进行的调研活动,也就是对二手资料进行搜集、筛选,并加以使用。这一方法方便、快捷、效率高、花费时间少,但同时具体性差,难以收集到针对性强的资料,且资料的可靠性差。实地调研是指由调研人员亲自搜集第一手资料的过程。实地调研的方法主要有访问法、观察法和实验法三种。在一些情况下,二手资料调研无法满足调研目的,就需要适时地进行实地调研来解决问题,取得第一手的资料和情报。

2. 专题讲座

目前，一些农业科研单位或企业为了推广其技术和产品经常到农村举行各种专题讲座。这类讲座主讲人往往是专家，可针对不同的听众调整讲座的内容。许多农业技术的讲座是免费的，有些仅收取少量的费用，个别讲座甚至向听众付费或免费提供一餐。其中不少讲座提供的信息对农业生产有较大的帮助，有些信息解决了部分农业生产单位的难题。

3. 参观考察

为了宣传农业的新技术、新成果，每年我国及各地都有专业的和综合的农业展览会或有关农业中某一行业或产品的展览会、展销会等。在这些展览会、展销会上集中反映了农业生产和销售的有关信息，同时还可与有关方面进行交流，实地考察可以得到更丰富的信息。

(二)委托收集

有些信息对于农业生产经营单位有着特别重大的意义，同时这些信息又不能从公共媒体中及时准确地获得，此时就需要委托有关单位或个人专业完成信息的收集工作。特别是产品以销往外地或国外为主的生产单位，要及时、准确掌握外地、外国的市场行情，可以通过付费的方法，委托当地的人员或单位完成信息的收集工作。

(三)购买信息

目前社会上有专业的信息中心、咨询中心等。这些单位的主要业务是为有关企业或个人收集其所需要的信息。这些单位的专业性比较强，信息渠道广，经验比较丰富，通过合同可以对其工作提出明确的要求，购买的信息比较可信。在进行生产经营重大决策，如项目可行性研究以及投标等时，通过购买获取完整的信息，常常有较好的效果。

三、收集农业信息时需要注意的问题

21 世纪是信息化的社会，社会上的信息很多，收集农业信息并不难，但用较小的投入收集到有用的信息并不容易。在收集农业经营信息时需要注意以下问题：

(一)有明确的目的

在形形色色的信息面前，农业经营管理者始终需要掌握的一点是，农业生产的目的是获取更大的盈利，是取得良好的经济效益。为此，需要在降低生产成本的同时，提高生产的收益。农业生产经营信息的收集要服务于这一目的。

(二)收集有用的信息

面对社会上的大量信息，判断哪些信息是有用的，哪些信息是无用的有一定难度，也需要做大量的工作。根据成功企业的经验，可以用以下五个标准判断信息的有用性。

▲有效性。即该信息用于农业生产中是否可以获得相应的效果，可以提高生产的效率或降低生产的成本，可以解决农业生产中的问题。

▲可靠性。在收集农业信息时，可靠的信息往往来自权威的信息发布单位，如农业部发布的农业信息，专业刊物上专家发布的信息等。

▲及时性。对于当前生产经营决策中所用的信息最好是实时信息，或者是在有效期内的信息。

▲准确性。信息不准确的原因是多方面的。信息收集人员的失误，计量工具的不准确，收集人员迎合信息需要者的偏好，以及有意发出的不准确信息都会影响信息的准确程度。即使

是权威信息发布单位发布的信息在特定情况下也会有较大的偏差，利用不准确的信息制定决策必定会产生失误。

▲全面性。在农业生产中，收集新技术、新产品的信息时还需要注意信息的全面性。在我们看到的有关材料中，各种新技术的信息往往强调其优点的一面，而对于这种技术的缺点、问题、不适用的场合等很少提及。对于新品种也常常是强调其增产、增收的作用，对其缺点和问题很少有详细的说明。此时需要农业生产单位进一步了解这些新技术、新产品的缺点及问题等，只有掌握全面的信息才能对事物有正确的认识。

(三)适当收集信息

在信息社会中，收集信息要有适当的度，既不要忽视信息的收集工作，也不要过量收集信息。我们收集信息的目的是增加农业生产的收益，一般情况下，只要收集信息的投入小于农业生产增收的产出，就可以认为信息收集的工作量是适当的。如果将投入于农业信息收集的工作用于农业生产的其他方面会有更高的收益时，就可以认为此时农业信息收集的投入量已经过大，需要适当减少这方面的投入，转到农业生产经营工作的其他方面。

四、信息的应用

收集信息的目的是为了应用，信息的应用主要有五个过程(图 5-2)。

图 5-2　信息应用过程

1. 筛选

筛选是对信息进行分类与挑选，筛选信息时有不同的分类方法，常用的是根据重大和紧迫程度对信息的分类。首先选出重大而紧迫的信息，这些信息有重大影响，而且需要立即采取相应对策；其次是选出不重要但很紧迫的信息，这些信息虽然没有重大影响，但需要立即采取相应的对策；第三是选出重大但不紧迫的信息，这些信息的内容需要认真考虑，但不需要马上处理；第四是选出不重要也不紧迫的信息，这些只是参考信息，有时间和精力时可以考虑，也可以不考虑。

2. 鉴别

鉴别是去除虚假不实、可疑信息，保证采用的信息真实可信。鉴别信息时，既要注意不要将虚假的信息当作真实的信息，同时也要注意不将真实的信息当成虚假信息。无论出现哪一种情况，都会对指导农业生产带来不利的影响。

鉴别信息真伪的方法有很多，简单的方法有以下三种：一是逻辑推理的方法，不合乎逻辑的是可疑信息；二是验证方法，即通过其他渠道得到的信息与需要鉴别的信息内容是否一致，不一致的是可疑信息；三是确定信息发布单位的方法，不可信单位发布的信息也是可疑信息。

3. 分析

信息的分析是对有关信息去粗取精，去伪存真，由此及彼，由表及里的认识过程。信息只表达了客观的情况，这些信息反映了哪些问题需要进行分析才能够真正认识。对信息的分析有不同的方法，其中定性分析是对信息性质的认识，而定量分析是对信息中有关数量的认识。收集来的信息反映的是零星的、表面的、杂乱的情况，将相关的信息综合在一起，利用表格、图形等数量分析的工具，有助于认识收集到的信息中有哪些规律性。

4. 判断

判断是指根据信息分析来判别当前以及未来可能发生的变化，并根据变化来做出自己的决策。判断的基础是信息的收集、分析，以及对所掌握信息的深入思索。由于农业生产的周期较长，能否提前做好准备，抓住有利的机会，避开不利的风险，主要取决于对当前形势判断的正确与否。为了获得更好的收益，除了趋势的判断外，还需要有数量上的判断，如对于产品市场价格的变化，仅仅能够判断未来上涨还是下降是不够的，能够判断未来市场在哪一时点，有多大幅度的价格变化，才更有利于农业经营管理者做出正确的抉择。

5. 验证

对于重大信息的有效性和可信程度，仅仅有对于信息的分析和鉴别还是不够的，如果有条件，在进行决策前还需要进一步对相关信息进行验证。验证可以帮助我们坚定信心或避免失误。农业经营管理者验证信息的主要方法有两个：一是小型实验，特别是对于农业新技术、新产品是否适合当地的条件，是否能够为现有的生产者所掌握等，通过小型实验的方法进行验证可以更完全地掌握有关信息的内容。二是进行实地调查，所谓眼见为实，通过实地考察认识信息的内容，检验其真伪。

第三节 农业生产经营信息的发布

◆小案例 5-5 2006 年，农业部在全国推行“12316”三农服务热线，为农民提供政策、科技、农产品市场供应、价格、假劣农资投诉举报等全方位的即时信息服务。截至 2009 年底，全国 31 个省(区、市)已基本开通了“12316”三农服务热线，“12316”三农服务热线实现了农业科技的零距离传播，农民与市场的零距离对接，专家对农民的零距离培训。

随着“12316”热线的推广和普及，越来越多的农民尝到了农业信息带来的甜头，尝试着通过各种各样的信息渠道了解市场行情和政策导向等，以此决定生产内容，彻底改变了凭经验搞生产的老传统。2008 年，湖北省襄樊市谷城县赵湾乡打算发展高山反季节蔬菜，为了打开市场，种植户通过“12316”热线向蔬菜种植专家乐发义求助，乐发义将赵湾的高山反季蔬菜信息发到网上，很快就有专业购销大户找上门来收购，一举解决了菜农的后顾之忧。

为扩大“12316”三农服务热线的覆盖面，进一步提高服务水平，农业部又专门下发了《关于启用“12316”短信息服务专用代码的通知》，在全国范围内启用“12316”短信息服务专用代码。农业部有关负责人指出，2010 年农业部将以“12316”代码为纽带，统筹规划语音电话、手机短信、互联网络等现代传播手段，全力打造“12316”三农综合信息服务平台，树立农业系统信息服务的统一品牌和形象，加快推进农业农村信息化工作。

在农业生产经营中，经营管理者在收集信息的同时，也需要对外发布相关信息。

一、农业生产经营需要发布的信息

农业生产经营需要发布的信息主要包括生产资料需求信息，专业服务需求信息、产品供给信息以及贯穿于整个过程的经营管理信息，如图 5-3 所示。

1. 生产资料需求信息

市场上有大量的生产资料销售商，这些生产资料的销售商掌握着不同价格和质量的生产资料。农业经营管理者及时发出对生产资料的需求信息，有助于沟通与供应商的联系，得到所需要的农业生产资料。

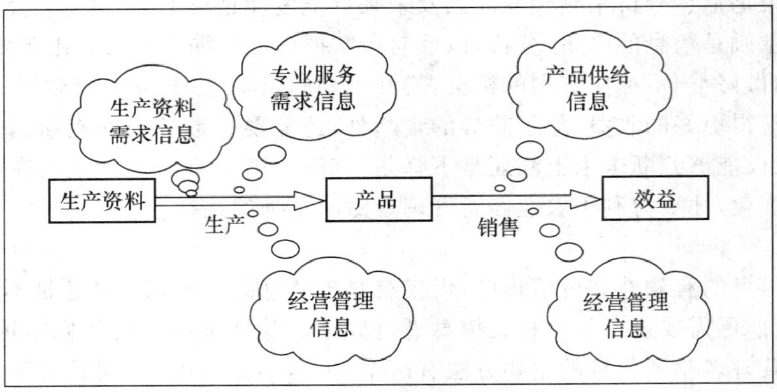

图 5-3　农业生产经营对外发布的信息

2. 服务需求信息

目前，农作物生产从生产前的土壤分析，生产中的机耕、播种到生产后的收割、储存和运输都有专业服务的组织。在畜牧业生产中，从养殖场的设计，种苗的提供，畜禽的防疫，到饲料的供应、产品的运输等也都有专业服务组织。及时发布服务需求信息，联系质量高、收费合理的专业服务队伍，既可保证不误农时，又可以提高工作效率。

3. 产品销售信息

农业生产的绝大多数产品需要通过市场销售。目前虽然有大量的农产品收购商直接找到农业经营者，但为了更有效地完成销售，农业经营者还需要及时发布有关产品销售的信息，使更多的经销商了解当地农业生产的品种、数量、质量等。

4. 经营管理需求

通过发布农业生产所需的劳动力、经营管理人才等相关信息，可以扩大对生产和管理人员的选择面，找到更适合于农业生产的员工，提高农业的生产效率。通过相关信息的发布，还可以找农业生产所需要的土地、水面及扩大农业生产所需要的资金、技术、培训等方面的支持。

二、发布信息的渠道

发布农业经营信息的渠道多种多样，主要有以下几种。

1. 口头传递

口头传递是通过交谈、电话等以口头形式表达需要传递的信息。人员推销是口头传递的一种典型形式，这一方法指销售人员携带一定的宣传材料，口头介绍自己的产品，包括产品的价格、特点、生产单位的联系方法等。发布的口头信息要清楚、明确。发出信息后要守信，有关承诺要落实。

◆**小案例 5-6**　日本客商林先生为联系一批甲鱼脂肪，来到湖南省汉寿县冷冻厂。厂里热情接待了他，晚上特意上了一道水乡名菜：清蒸鲫鱼。可是一条鱼吃了一半，他突然放下筷子叹息地说："你们的鲫鱼做得好吃，但我的鲫鱼生意可要泡汤了！"林先生这么随便一句话，马上引起了该厂厂长的注意，他追问怎么回事。林先生说，他跟一个国家做火焙鱼生意有好几年了，但最近供货方把价格提得很高，由于无利可图，这笔生意看来只好放弃了。听了这话，厂长心头一亮，来了个跟踪追击："林先生，那火焙鱼是个什么样子，能不能介绍一下？"林先生神秘地说："火焙鱼可不简单，原料都是两三寸长的小活鲫鱼用火烤干，每斤活鱼烤出来干鱼必须在四两八钱到五两之间，多了少了都不行。"厂长一听哈哈大笑，向林先生"吹"了起来："我们汉寿是有名的水乡泽国，你要的那种小鲫鱼我们这里要多少有多少。至于加工，我们厂完全可以达到要求。如果看得起，我们来帮你生产。"然后，厂长将优质的鲫鱼展示给林先生看，经过双方协商，达成合作协议。

2. 发布广告

对于需要经常发布的信息，还可以采用广告的形式。最简单的广告有农业生产单位的宣传牌，说明本单位的性质、生产的特点和主要产品、联系人、联系方法等。另外，针对相关活动制作的印刷品，以及农产品包装物上的说明等也有广告的作用。如果有特殊的需要，还可以考虑在公众媒体上发布广告。

3. 展览、展销

根据不少农业经营管理者的经验，大多数新产品在相关的展览、展销会上进行宣传，往往能够获得较好的效果。特别是在地区性或专业性的展览、展销会上，由于参会的人员有明确的目的，专业性较强，对农业生产单位发布的信息比较敏感，同时接收信息的人员多数有一定的决策或建议权，有时只需要有几个大中型生产经营单位的相关人员注意到本单位所发布的信息就能够收到明显的效果。

4. 专业会议

专业会议集中了相关行业的管理人员或技术人员，在这种专业会议上如果能够发布本单位的信息也会有较好的效果。如林果生产者在饮料专业会议上发布果品生产的信息，粮食生产者在饲料会议上发布饲料粮生产的信息，蔬菜和畜禽生产单位在餐饮行业的会议上发布的农产品生产信息等均属于生产单位向需求单位直接发布的信息，常常可以带来直接的效益。另外，在相关的农业技术研讨会上发布对技术的需求信息，在生产资料行业举行的会议上发布对生产资料的需求信息同样可能取得直接的效果。

5. 互联网络

随着互联网络的普及，利用互联网发布信息成为农业经营管理者普遍采用的方法。互联网上发布的信息可图文并茂，生动直观，随时更换。同时，在互联网上发布信息的投入不高，技术不复杂，接受信息的区域广泛，有利于将生产的产品介绍到世界各地。

三、发布信息需要注意的问题

1. 信息发布的权限

只有经营负责人才有权力发布农业生产单位的信息，员工和下属未得到许可是不能发布信息的。

2. 保守生产经营机密

生产经营者在发布有关信息时要保守生产经营中的机密，注意不要在发布信息时将企业内部的消息透露出去。如农业生产的成本、价格底线与其他单位的交易情况等。发布信息时只发布让有关单位和人员了解的内容，不要将无关内容也同时发出。如，急需某些生产资料的信息发布中不宜将“急需”透露给供应商，否则在以后合同的谈判中将处于不利的地位。在销售信息发布时亦如此，即使是在销售有一定困难，单位急需资金周转的情况下，也不宜将“急需”资金周转这类信息透露给收购商，这样容易让收购商压低农产品的收购价格。

3. 把握机会

对于每个地区或特定的农产品，在特定的时间内发布信息常常有较好的效果，在发布信息时，要注意把握这类的机会。如当地举办与农产品有关的活动时，或外来经销、采购商大量涌入时，或外来人员较多时，此时发布信息可能让更多的专业人员或消费群体所认识，一旦错过这一时间，进行的工作会事倍功半。

4. 突出重点

发布信息的目的是让有关人员认识或感兴趣。由于目前社会上发布的信息数量庞大，让有关人员重视农业经营管理者发布的信息并不容易。这就需要在发布信息前详细分析我们需要解决的主要问题是什么，哪些可能引起相关人员的兴趣，在发布信息时要对发布的内容精心整理以突出重点，发布的内容要短小精悍，一目了然，这样的信息往往会有好的效果。

5. 衡量效益

发布信息需要有一定的投入，这就需要对发布信息的方式、方法、力度、投入量等有一定的选择，力求用经济实用的手段，以最小的投入，获取最大的收益。在实际工作中，农业经营管理者发布信息时都不会只用单一的方法，而是多种形式的组合，此时，如何组合才有更好的效果，也需要有一定的衡量。从信息的发布到取得效益有时需要有一个过程，对于不能立竿见影的信息，也需要在一定的时间内坚持发布，让有关的经销商对生产单位的需求等有更深的印象和了解。

第四节 计算机网络与农业经营信息

◆小案例 5-7 农民变“网民” 网上卖家禽

张根营是蛟河市白石山镇白石山村的一位农民，主要做孵化生意，就是从种蛋厂买来鸡、鸭、鹅种蛋，然后回家孵化后再拿到市场上卖，赚取其中的差额。在没有接触网络之前，主要靠看报纸、电视了解农产品销售信息，买卖东西主要就是靠大集，简单核算一下成本，买家说个价钱，感觉差不多就成交了。所以，有时一只鸡雏还得亏两三毛钱，“低价买、高价卖”是很难实现的事情。安了电脑上了网以后，张根营发现“世界如此精彩”。网络上各种农产品信息非常多，不仅能查到全国各地农产品价格，而且还能自己在网上发布消息。他联系磐石一家种蛋厂打算买鹅蛋，但是这家蛋场要 5 元一个，于是他就上网查找，发现梨树一家种蛋厂送货上门才要 3.6 元一个。发一趟货要1 000多个，细算下来，省了1 000多元钱。

21 世纪是信息世纪，专家预计本世纪最主要的信息传递渠道是计算机网络。在新农村建设中计算机网络开始进入农村，在指导农业生产、推动农产品销售、推广农业新技术等方面发挥了重大作用。

一、网络信息的特点

1. 信息量大，覆盖面广

计算机网络中的信息量是传统的信息渠道远远不能比的，联网的计算机可以与世界各地实时联系，全世界上网单位的信息都可以在网络中找到。同时，目前的网络已经包含了广播、电视、报刊、杂志、图书等方面的信息，已成为农业经营管理者最主要的信息来源之一。由于网络的这一特点，我国不少偏僻的农村通过网络实现了农产品的直接出口。

◆小资料 5-11 中国互联网络信息中心发布的《2009 年中国农村互联网发展状况调查报告》显示：截至 2009 年底，我国农村网民达到10 681万，年增长2 220万，年增长率 26.3%。其中，农村手机上网用户约为7 189万，与 2008 年相比增长3 000多万，年增长率 79.3%，与网民总体的年龄结构相比，农村网民更加趋于年轻化。农村网民中 30 岁以下群体所占比例高达 69.2%，其中 19 岁以下年轻网民所占比重达 41.1%；而在全国网民中，30 岁以下的年轻群体占 61.5%。对于商务交易类和交流沟通类的网络应用，城镇网民使用率远高于农村网民。尤其在网上购物、网上支付这两种典型的商务应用中，城镇使用率分别为 31.7%、27.7%，而农村使用率仅为 17.6%、15.1%。不过，在网络娱乐的应用中，农村地区网民的使用率与城镇较为接近。

2. 专业性强

随着农业分工的深化，农业经营管理者需要的信息也越来越专业化，为满足农业经营管理者对信息的需求，网络上的信息也在逐步专业化，如在国家农业部的农业信息网上专业网站就有近 40 个，同时各个农业生产协会也有自己的网站。通过网络可以找到各种农产品的生产资料供应、产品销售、新技术开发、技术服务、教育培训、人才供应等信息。目前我国各种粮食作物、棉花、蔬菜、水果、畜产品、水产品的协会都建立了专业网站。

3. 技术进步快

计算机网络得以迅速普遍的原因是其技术进步的速度快，使得设备及上网费用不断降低，传输的速度不断提高，农业技术的视频传送，相关信息的下载都可以在更短的时间内完成。同时，随着计算机性能的提高和软件的改进，计算机使用越来越方便，在当前的农村，只要具有基本的文化知识，使用计算机已经没有什么困难。

4. 可实现信息互动

计算机网络的一个最大优点是可以实时对话，可以通过网络向不同的专家请教，可以将自己的问题和需求发布给相关人员。网络上互动的方法很多，主要有 QQ、留言、电子邮件等。

二、如何提高网络信息的利用水平

计算机网络对于我国农业生产经营者还是个新事物，多数农业经营管理者还仅仅利用了网络信息中很少的内容，在农业生产中提高计算机网络的利用水平和能力还有很长的路要走。为利用好网络信息，农业经营管理者至少要做到以下几点。

1. 掌握网络技术

虽然计算机利用越来越简单，但由于网络技术的内容也越来越丰富，对于农业经营管理者来说，掌握这些技术才能使网络在农业经营管理中发挥应有的作用。

2. 巧用网络资源

网络上的信息很多，而农业经营管理人员的时间有限，要学习和掌握网络资源应用的技巧，可以通过向专业人员学习的方法，也可以在网络上找相关的知识，通过总结经验，不断提高自己对网络的利用能力和水平。

◆**小资料 5-12** 网络上虽然有大量的信息资源，但从我们的调查来看，农业经营管理者真正用上的只有很少一部分。未能将网络资源充分利用的原因主要有两个：一是对相关信息的搜索和寻找不足；二是只能利用中文信息，不会和不能利用外文信息。第一个问题比较容易解决，第二个问题解决的难度较大。目前在农村的外语人才很少，从目前的情况看，至少在今后五年内农村中的外语人才也不会普及，而从网络的信息资源看，英文信息占了主要的部分。从农业的对外联系看，日本、韩国、俄罗斯是与我国相邻的发达国家，三国的农产品价格高，对我国农产品的需求较明确，如果能够掌握这三国的语言，对增加农产品出口有明显的帮助。更进一步来说，欧洲国家、西亚，特别是阿拉伯国家对我国农产品的需求都不少。对不同的国家，需要有不同的语言进行联系。然而通过自己学习或引进这方面的人才来解决这一问题是比较困难的。由于计算机有较好的联络功能，利用网上翻译，可以直接联系有关外语人才，通过发挥互联网的作用，让计算机网络信息走出国门。

3. 配合其他方法

虽然计算机网络已经在发挥重大作用，但至少在现时还不能替代传统方法，面对面的信息交流等还有重要的作用。计算机网络只是一个辅助的信息交流的工具，农业生产中信息的基础工作做好后，这一工具才能发挥更大的作用。

【本章练习】

1. 举例说明现代农业经营都需要哪些信息？
2. 农业经营企业可以通过哪些渠道获取信息？
3. 农业经营需要发布的信息有哪些？信息发布需要注意哪些问题？
4. 农业经营中如何利用网络信息？

【技能训练】

1. 假设某农产品企业有一批大桃需要销售，请设计完成如下问题：

(1)通过哪些渠道可以收集大桃的供求信息？如何收集这些信息，请写出可行方案。

(2)通过哪些渠道可以发布大桃的供给信息，如何发布？请写出具体方案。

2. 如果你是一个从事樱桃销售的农产品经营组织，在你的经营过程中，会如何利用计算机网络呢？

第六章　现代农业新技术应用与管理

知识目标

了解在现代农业中新技术的应用及发展趋势

熟悉获取农业技术成果的渠道

掌握农业技术应用管理方法

能力目标

能够根据实际选择适宜的农业技术

能够多方面挖掘技术进步的潜力

◆小案例6-1　台州商人瞄准农业新技术开发

陈明丰是天台白鹤镇人，天津浙江台州商会常务副会长。农业是经商办厂人很少投资涉足的领域，然而，陈明丰又把眼光投向了高科技农业开发。2008年，一个偶然的机会，他得知陕西杨凌农科学院一位老教授研发出了一种高科技农业生长剂，这种产品可以广泛应用于各种经济作物和粮食作物，他当时就表现出了浓厚的兴趣。当年，陈明丰就来到购买了老教授技术的陕西一家公司考察。紧接着，他又深入新疆等地，进行实地调研，在生产建设兵团和农场等地察看大面积试用这种生长剂的效果。2009年年底，陈明丰和这家公司洽谈，出资1 000多万元买下该公司70%的股份，成为陕西丰田生物科技有限公司董事长。天台是陈明丰的家乡，买下这项高新技术后，陈明丰首先想到的是家乡。2010年，他回到天台，通过农业部门，投入几十万元资金，在全县免费推广、应用这项高新农业技术。种了4年茄子的天台街头镇琅珂村老农叶再练使用了该公司生产的一种绿色环保、高科技的农作物生长剂后，一亩茄子净收入超万元，一亩三分地的茄子比人家田里的8亩地产量还要多。

天台县高级农艺师胡江指出：这项高新农业技术的特点就在于增产增收显著和无公害，利用生物技术，促进了植物隐形细胞的生长发育，使植物植株生长强壮，产量增加，而且生产出来的农产品品质更好。经国家有关部门检测认证，这种产品还获得了"中国绿色无公害环保型肥料"称号。除了在天台进行推广外，陈明丰还在山东寿光、河北邢台、陕西西安等地同时开展试验，并计划在新疆、海南大面积推广，完善技术数据，向国家农业部门申报项目。

启示：在科技进步日新月异的条件下，高新技术在促进作物生产，保证食品安全，带动传统农业大跨度地向产业化和现代化方向发展中发挥着巨大的作用。掌握农业科技的新动态，利用行之有效的农业新技术，是现代农业经营与管理的重要内容之一。

第一节 新技术在现代农业的应用

一、新技术在农业中的应用

(一)计算机在农业中的应用

计算机在世界各国农业生产上应用经济效益最明显的是:畜牧业中的饲料配方管理和园艺蔬菜的温室大棚栽培环境自动控制。计算机在种质资源数据库的信息贮存、病虫害预测预报流程的数据库管理系统、土壤普查和测土配方施肥、产量的预测预报、农业数学模型和系统的建立等方面都取得很大成功。

1. 土壤调查和指导施肥

▲土壤调查。利用计算机自动识别分类和制图系统,较完整地建立土壤信息系统,通过计算机网络贮存各种数据资料,实现有计划地控制土壤生产力和作物生产因子的优化组合,以获得最佳的产量目标。

▲指导施肥。利用土壤普查结果、自然气候状况、生态环境条件、土壤理化性状、有效养分含量及种植业结构布局等基础资料,计算机可以合理地确定某地的肥料种类、比例、需要量等,为当地生产、使用和分配化肥提供科学可靠的依据。

2. 种植业生产和作物栽培

主要是利用计算机进行作物生产模拟研究。沈阳农业大学、北京农业大学等引入CERES-MAIZE模型,分别建立了“高产玉米生产管理决策支持系统”和“玉米生长发育的MZSIM模拟模型”。

3. 种质资源和遗传育种

利用计算机贮存和检索大量种质资源信息,通过微机中心与各地联网后可在全国乃至全世界随时向中心输入数据和索取所需信息。

4. 病虫害预测预报

美、英、日本等国利用计算机在水稻、麦类、棉花及多种果树等病虫害预报方面,获得理想效果。原北京农业大学对小麦条锈病,上海对棉花红铃虫、玉米螟等,江西对水稻螟虫,河南对玉米小叶斑病等的研究和测报,都为作物生产做出了很大贡献。

5. 经济管理

计算机在财务管理、产品运输、销售及产量预测方面应用较普遍。

(二)系统工程在农业中的应用

系统工程对解决农业整体性、系统性的问题方面具有独特优势。

1. 制订农业综合发展规划

系统工程可以从各地实际情况出发,确定各自的最优方案,因地制宜地提出农业现代化的最佳模式。中国农业科学院农业经济研究所提供建立中国种植业发展结构模型就是一例。

世界各国都在运用系统工程改进本国农业计划和长远规划,全面调查农业资源,合理进行产业结构调整,制定各自的农业综合规划。

2. 防治病虫害

美国早在20世纪70年代已设计了棉铃虫种群动态的系统模拟模型和微机编制程度软

件，为人们选择最优的防治对策提供科学依据。荷兰于1976年提出了全国果树园艺场的果树红叶螨综合防治方案，取得理想的防治效果。我国陕西省农业科学院对生物防治进行深入研究，提出了“招瓢控蚜”新技术，有效地控制了棉蚜的发生和危害。

(三)生物工程技术在农业中的应用

生物工程是利用诸如基因重组、细胞融合、固定化酶、固定化细胞和生物反应器等技术，对生物系统加以调控、加工，从而进行物质生产的综合性科学技术。它主要包括基因工程、细胞工程、酶工程和发酵工程等4个方面，已不同程度地应用在农业上。目前国内外应用生物工程技术比较多的是水稻、小麦、玉米，棉花和油料作物，蔬菜、水果，木材等五大类。

1. 植物抗病毒

由植物的病毒病引起的草毒品种退化问题、马铃薯的退化、小麦黄矮病等，可以用基因工程来解决。

2. 虫害防治

现在使用了一种生物防治办法——苏云金杆菌喷施农作物。这种菌体内带有苏云金杆菌毒蛋白，害虫感染了这种菌后，由于虫体内没有分解这种毒蛋白的酶，而被毒死。目前，正在研究将细菌体内编码这种毒蛋白的遗传物质用基因工程的办法取出来，再移到植物里面去，植物体内便产生出细菌的毒蛋白，由于害虫消化不了这种植物的叶片，从而不吃这种叶片，达到保护植物的目的。

3. 清除杂质

生物工程可以使植物产生抗除草剂的作用，这给农业带来很大好处，小麦、水稻、番茄都可以成为抗除草剂转基因植物，既节省劳力，又提高产量。

4. 提高水果的保鲜度

水果成熟时，产生许多乙烯，乙烯诱导很多基因表达，其中一点就是水果的细胞壁分解，导致水果变软。现在，通过基因工程，将导致细胞壁分解的基因破坏掉，使水果不产生乙烯，这样的番茄成熟后，一直可挂在植株上3个月而不变软。这样大大方便了水果的运输，到市场后，加入一点儿乙烯，水果很快会变软。

(四)核技术在农业中的应用

核技术是放射性同位素示踪原子和射线应用技术的统称。核技术在农业上的应用，大体有两个方面：

1. 核辐射的应用

应用辐射处理生物，低剂量可刺激生物增产，这在养殖业方面应用效果显著，如提高蚕茧产量和改善蚕丝品质，有助于提高鱼、虾的孵化率，增加幼苗体重等。在防治有害昆虫方面，较高剂量照射虫体、蛹等，可造成不育，形成绝种的后果。更高剂量可直接杀死病原微生物和各种害虫。

2. 同位素示踪技术的应用

同位素示踪法在农业环境保护研究方面以及植物保护、防治病虫上，已得到十分广泛的应用。如监测“三废”污染，摸清病、虫发生危害的规律，都已取得明显的成效。

(五)遥感技术在农业中的应用

遥感是20世纪60年代发展起来的一项新兴的、综合性的探测技术。遥感技术在农业上主要应用在以下方面：

1. 土壤调查

地球资源卫星可为人类监测土地、森林资源、土壤性状其动态变化。如美国利用遥感技术测知土壤水分变化，用于指导合理灌溉和排水；泰国、巴西从卫星图像获悉，本国的热带森林已遭到严重破坏；我国发现东北大片森林的砍伐速度十分惊人。这些信息的获得，对合理开发和保护利用资源提供了有益的帮助。

2. 植物资源和作物产量估测

各国已能通过遥感技术获取作物生育的各种图像信息，判断作物生长好坏，并估测产量情况。作物遥感估测产量可分为两大类：一是大面积估产，二是小面积测产。大面积估产在国家或更大范围内进行。小面积作物测产，是通过航片和统计相结合的方法进行。就目前应用来看，对小块作物，多种作物混种等情况下，遥感估产较困难，准确性不高，为了提高估产的准确性，遥感估产还需与常规测产相配合。

3. 对作物病虫监测和灾情判断

大面积流行性病虫害发生常与特定的生态条件有关联。依据卫星图像资料可对诸如小麦锈病、蝗虫及许多森林害虫进行预报。利用红外摄像可通过受害作物的反射光谱出现变异进行鉴别，人们据此推测不同病虫危害状况及其严重程度。目前已广泛用于农作物、牧草、果树及森林病虫害的调查和监测。根据卫星图像和航片上地面图像异常程度，可获得不同状况的受灾程度及其面积等。应用遥感技术对作物病虫害监测可分为以下两方面。

▲对大面积流行性病虫害的监测。

▲小范围内对某些作物的受害识别。

(六)地膜栽培技术

地膜覆盖栽培的特点是用透明的塑料薄膜把适播农田从地面上封盖起来，造成不同于露地栽培的农田土壤环境，增温保墒，蓄水防旱，保持土壤疏松，在一定程度上起到抑制杂草生长、压碱、促进作物根系发育等作用，从而促进增产和改善品质，提高经济效益。

日本于1956年便在草莓种植上普及了保护地地膜覆盖栽培技术，而后在多种蔬菜和其他大田农作物上广泛使用。美国在覆膜材料的开发研究方面领先各国，在西欧多个发达国家已普遍推广应用光解膜，大大减轻了土壤环境污染，并成功地使用了多功能铺膜机作业，功效高、质量好。

我国在利用地膜栽培植棉、地膜覆盖开发利用盐碱地、改砾田栽培为地膜覆盖栽培等方面取得了很好的效果。在棉花、玉米、水稻、花生、西瓜、甜菜、蔬菜等多种作物上，比较系统地提出了规范化的覆膜栽培模式，为不断提高我国农业生产技术水平作出了重大贡献。

◆**小资料6-1** 河北省一些干旱地区，在春旱期间为了适时播种花生、棉花，采用刨埯，人工造墒，逐埯浇水、播种、覆土镇压，覆盖地膜、促墒，提墒，使皮棉增产20%～40%，花生增产50%～60%。辽宁省为了解决春季气温低、无霜期短、春旱等不利因素，而在春季土壤化冻时深翻、施肥、覆盖地膜保墒播种，或在底墒不足时人工添墒，抗旱播种，使大面积的花生产量平均增加45%。在一些严重干旱，7～9月份雨量不足100毫米的地区，26万亩花生平均亩产217公斤，增产率达到132.6%。黑龙江省伊春市历年来由于低温、干旱不能种植花生，采用地膜覆盖栽培获得了亩产花生150公斤以上。内蒙古干旱高寒地区，春季气温低，风沙大，雨量少，种植菜、粮、烟、果、花卉等作物受气候影响很大，利用地膜覆盖栽培使大棚内主要栽培的果类蔬菜提早上市 2～10 天，亩增产 30%～70%，露地地膜覆盖的 12 种蔬菜前期增产（早熟）16.8%～215%，亩增产幅度为 24.6%～150%。城镇郊区老菜地土壤盐碱化严重，地膜覆盖可以降低土壤表层盐碱量。地膜覆盖的甜菜亩增产26%～33%，含糖量增加 1.2%～1.5%，烟叶每亩增产 27.8%，玉米增产 32.9%，呼伦贝尔盟扎兰屯地膜覆盖翠菊、夜来香等六种花卉，使开花期提早、花枝多、花朵颜色鲜艳。甘肃省河西走廊、陇东泉上、陇南山水地以及干旱的中部地区的地膜覆盖栽培，都表现有保温、保墒、保肥、抑制杂草、减轻病虫害、早熟和增产的作用，蔬菜增产 30%～70%，瓜类增产30%～50%，皮棉增产 30%～40%，烤烟、花生、甜菜等增产 50%左右。

（七）无土栽培技术

无土栽培是一种不用天然土壤作基质的栽培技术，它是将作物直接栽培在一定装置的营养液中，或者栽培在用沙、砾石、蛭石、珍珠岩、稻壳熏炭、煤渣、岩棉等非土壤的基质材料做成的栽培床上。

无土栽培的方式很多，根据其栽培床是否使用基质，可将无土栽培分为两大类：基质培和水培。基质培是用固体基质代替土壤做栽培床栽培作物，固体的基质包括天然的沙、砾、草炭、锯木屑和人工基质如岩棉、多种泡沫塑料及纤维等。而水培则是将作物的根系直接置于营养液中，不用基质材料，营养液可以循环利用。根据无土栽培不同的基质种类，不同的栽培床，不同的通气方式和营养液供应方式等，还可以将无土栽培的种类分成多种。

不同的无土栽培方式，由于采用不同的基质，不同的栽培床装置和供液方式，其应用技术和应用效果各不相同，不同的设施装置的一次性投资大小亦不一样。所以，我们在进行无土栽培时，一定要了解不同的无土栽培方式的特点和具体的应用技术，根据不同的作物种类和财力、物力等条件，选用适当的无土栽培方式。

和一般传统的土壤栽培相比较，无土栽培具有很多的优越性，可以概括为以下几个方面：

▲无土栽培的作物生长快，产量高。

▲可以生产出清洁卫生、减少污染品质好的产品。

▲能省工、节水、省肥。

▲可避免土壤连作障害及土传性病害。

▲不受地区、土质、环境等条件的限制。

◆小案例 6-2　中沟村移民点无土栽培技术初见成效

中沟村七组第三代日光温室基地于 2010 年底完成建设，由于所处地点土壤盐碱化严重，2011 年全面引进无土栽培技术。该技术利用农业生态系统中的可再生资源和炉渣等废弃资源作为栽培基质，并使用农家腐熟肥，是一种先进无公害生产栽培技术。其优点是能有效减少农药、化肥的使用量，并且不受地域限制，可有效克服连作障碍，从而降低了生产成本，节省了人力，同时还提高了蔬菜的安全性。目前，采用该技术的种植户已喜获丰收，他们于 5 月 3 日将黄瓜幼苗移入，至 6 月 1 日就有成熟果实上市销售。

无土栽培作为一门新学科、新技术，具有很多的优越性，然而它既需要一定的设施装置，又需要熟练地掌握其基本技术。因此，在实际应用时，要根据我国的国情，选用装置简单、应用方便、投资少、成本低、应用效果好的无土栽培方式和配套技术，同时还要在增加产量、降低成本、简化装置、提高效益等方面深入研究。

二、现代农业技术发展趋势

进入21世纪，生物技术、信息技术、遥感技术、设施农业技术，装备和食品制造技术，可持续农业技术，将为现代农业发展提供更广阔空间，特别是许多国家已将生物技术确定为增强国力和提升经济实力的关键性技术之一。作为解决人类所面临的食品短缺、健康、环境、资源等重大问题的重要技术手段，现代生物技术的研究内容包括基因工程、细胞工程、酶工程、发酵工程和蛋白质工程。近年来，随着生物技术的不断发展，很多国家已经将其应用于粮食生产、仓储、加工和粮油食品检测等各个领域，并取得了良好的社会效益和经济效益。

1. 生产领域

从世界范围来讲，生物技术在粮食生产中的应用主要包括五个方面。

▲利用转基因技术培育高产、抗逆、抗病虫害的作物品种。

▲利用转基因技术培育品质好、营养价值高的作物品种。

▲利用细胞工程技术对作物优育品种进行大量的快速无性繁殖，实现工厂化生产。

▲利用生物技术开发生物农药，生产绿色食品。

▲利用生物技术开发生物肥料，减少化肥使用量。

◆**小资料6-2** 自1983年科学家通过基因工程手段首次获得了转基因植物（烟草、马铃薯）以来，转基因技术改良植物已在35科120种植物中获得成功。1994年，美国批准了转基因延熟番茄的商品化生产，1996年后转基因作物产业化迅速发展，现已有大豆、玉米、棉花、水稻、烟草、马铃薯、番茄等几十种转基因食品上市，共有50多种转基因植物产品被批准投入商品化生产。据国际农业生物技术应用服务机构（ISAAA）统计，1995年全球转基因作物种植总面积仅为20万公顷，到2005年全球已有21个国家种植转基因作物，种植面积达9 000多万公顷，10年间全球转基因作物种植面积增长近53倍，累计种植面积已达4.746亿公顷。2005年全球转基因农作物产品产值达到60亿美元，全球60%的大豆、28%的棉花、18%的油菜和14%的玉米是转基因作物。

2. 仓储领域

粮食储藏的任务是减少数量和质量的损失，保证食用的健康。在防治虫害上，国外依托生物技术研制出了不少很有前景的生物杀虫剂：如细菌杀虫剂苏云金杆菌、病毒杀虫剂、杀虫抗生素多杀菌素等；在防霉变上，生物防治利用生物竞争技术使作物预先感染非产毒真菌菌株，从而抑制产毒真菌的生长，这是一项可望应用于谷物防霉的有效预防技术。此外，还可利用转基因技术进行抗性育种，创造抗真菌感染的粮食作物新品种。

3. 加工领域

主要包括发酵工程和酶工程。利用基因工程可以改良发酵工业与酶制剂工业中的微生物菌种；改造食品加工原料，提高食品氨基酸的含量；改良蛋白质品质；增加食品的甜味；改造油料作物等。此外，运用基因工程还可改进食品生产工艺、改良小麦种子贮藏蛋白的烘烤特性、改良啤酒的加工工艺等。

4. 粮油食品检测

现代生物学检测技术主要包括免疫学技术、分子生物技术、生物芯片和生物传感器等。美国已制订了“21 世纪新生物技术”计划，核心是推进生物技术的研发。日本建立了以国立农业科研机构为主导的科研体系，成为“科技立国”的一个重要组成部分。

第二节　现代农业技术的选择

一、获取农业技术成果的渠道

从目前农村的现实条件看，现代农业经营者获取农业技术成果最有效的渠道有三个，即直接从科研机构获取、参加农业技术推广活动、农民自己进行学习。

(一)从科研机构获取农业技术

◆小案例 6-3　辽宁省清原满族自治县英额门镇椽子沟村是偏僻山沟里的一个小村庄，人均山地 1.5 亩，主要靠种玉米等农作物维持生活，1998 年时全村人均年收入还不足1 500元。当时椽子沟村的村民看到龙胆草很值钱，每公斤能卖 30 多元，很多人种起了龙胆草。开始时，全村共种植了 200 多亩地的龙胆草，长势喜人。但这些龙胆草突然得了斑枯病，成片成片地死亡，到了秋天活着的龙胆草只剩下了 50 多亩。种龙胆草赔了个老底朝天，村民们失去了再搞龙胆草的信心。

2000 年沈阳农业大学植保学院把龙胆草叶部斑枯病作为重要项目，组织教师进行攻关，通过与当地有关部门合作，分别在病原菌的确定、病原学、流行规律、关键防治技术等领域取得突破，建立起高效防治病害的技术体系，控制住龙胆草叶部斑枯病在生产中的危害，确保该产业的健康发展。研究成果“龙胆草斑枯病综合防治技术研究”于 2002 年获得辽宁省科技进步三等奖。2002 年，椽子沟村的 20 多户村民又种植了 300 多亩龙胆草，在沈阳农业大学教授的指导下，采用了种苗消毒、田园卫生、遮阳栽培、作业道覆盖、叶面喷肥、药剂防治六项防治龙胆草斑枯病配套技术，2002 年村民们栽种的龙胆草平均亩产达到了1 200多公斤，晒干后每亩平均 300 多公斤，一亩地收入9 000多元。龙胆草斑枯病综合防治技术的推广，大幅度提高药农的收入，扩大了龙胆草生产面积，为当地龙胆草对外招商引资、争取发展项目奠定了坚实基础。

(二)参加农业技术推广活动

自 1993 年农业技术推广法实施以来，我国已有 24 个省、自治区、直辖市出台了农业技术推广法实施细则。2009 年中央财政安排 7.7 亿元在全国 770 个县实施了基层农技推广体系改革与建设示范县项目，2010 年增加为 800 个。实施农业技术推广法推动了农业科技成果的转化与应用。

农业经营者通过参加农业技术推广部门组织的试验、示范、培训、指导以及咨询服务等活动，可掌握种植业、林业、畜牧业、渔业的科研成果和实用技术，以及良种繁育、施用肥料、病虫害防治、栽培和养殖技术，农副产品加工、保鲜、贮运技术，农业机械技术和农用航空技术，农田水利、土壤改良与水土保持技术，农村供水、农村能源利用和农业环境保护技术，农业气象技术以及农业经营管理技术等。

◆小案例6-4 清原县利用农闲季节广泛开展“科普之冬”科技大普训和科技下乡、现场示范等活动,利用办培训班,印发科技资料、录像专题片等各种形式传播中药材栽培技术,每年印发资料5 000份左右,发布信息1 000余条,起草了《抚顺市龙胆草栽培技术标准》。在生产期间,组织科技人员深入到乡镇、村屯,进行面对面指导,及时解决生产环节中的技术问题,使乡镇的受训面达到80%以上。同时利用计算机网络及药材协会,及时向药农提供准确的价格信息和供求信息,使清原县地道药材销往广州、亳州、上海、安国、深圳等地。

◆小案例6-5 宝鸡市眉县金渠镇第二坡村十几年前就种猕猴桃,因为缺乏技术,没种出名堂来,依然穷得叮当响,全村住在河边的窑洞里。杨凌在这个村子设置试验站后,专家帮助果农把原来的“秦美”品种换成了“海沃德”,一下子让毛蛋蛋变成了金蛋蛋。该村靠种猕猴桃家家户户住上了小洋楼,人均收入将近9 000元。猕猴桃试验站建站两年,眉县当地的猕猴桃产值整整翻了一番。

(三)农民主动学习农业科学技术

◆小案例6-6 英额门镇椽子沟村的农民徐恩国是中药材人工栽培大户,他深知把野生中药材归圃人工栽培不是一个简单事,其中有很多科技含量。他经常参加镇政府举办的有关科技培训班,结交了不少技术员。他还主动到各科研院校和科研单位去向专家讨教,认识和结交了不少专家、教授,东北三省的农科院和科研单位几乎被他跑了个遍。书店里有中药材种植技术方面的书,他都要买上一本,至今家里已攒了60多本。他在实践中细心钻研,肯下苦功,不怕失败,把专家传授的科技知识和书本上的知识在实践中活学活用,逐渐摸索出一套成功的栽培技术,使得不少中药材品种都从山野中走出,归圃在平地生长。徐恩国在实践中不断细心钻研,在防治龙胆草斑枯病等技术环节上取得了成功的经验,终于使龙胆草适应了当地的气候、土壤等条件,人工栽培成功。可以说,主动学习先进的技术是中药材生产成功的前提,也是徐恩国成功的一个根本条件。

二、选择适宜的农业技术

现在农业技术成果非常多,有时会让人无从下手。选择农业科学技术的出发点是农业生产中的问题,应用农业科学技术的目的就是要解决这些问题,或是让农业生产上一个新台阶。当然,应用科学技术也是有条件、有成本的,必须依据农村现实条件选择农业科学技术。选择农业科学技术应把握“实用性、先进性、经济性”三个方面。

(一)选择农业科学技术首先要实用

◆小案例6-7 龙胆草是东北三省的地道药材,过去以采集野生龙胆草为主。近年由于乱垦、乱牧、乱采挖使野生资源遭到严重破坏,龙胆草越挖越少、越挖越小,野生龙胆草面临绝种。20世纪80年代末人们开始进行人工驯养栽培,90年代初野生龙胆草露天种植成功。全露天培育的龙胆草由于光照充足，根须发达、韧性增强、干物质积累多，移栽成活率也提高了。但是，全露天培育遇到一个问题，就是春天东北风沙较大，使龙胆草出苗率低。野生龙胆草一般生长在草甸、山坡及灌木丛中，喜阳光充足、较湿润的地方，喜凉爽气候，可耐－40℃以下的严寒，怕炎热和烈日暴晒。2000 年，人们采用松针覆盖技术解决了龙胆草发芽率低、出苗不齐的难题，为防风栽培的稳产高产打下良好的基础。松针覆盖技术成本低，作业方便，透光透气性好，对龙胆草育苗非常实用。

(二)选择农业科学技术要讲先进

◆**小案例 6-8** 斑枯病是龙胆草的主要病害，对龙胆草威胁最大。过去由于没有找到有效防治办法，龙胆草斑枯病发生严重，使龙胆草难于高产。1999 年，沈阳农业大学植物保护学院和法国植物病理专家洛玛特女士共同提出了科学综合防治方法和防治药剂。在这之后，清原县按照科学家提出的方法进行了实验，筛选出了理想的高效、低毒、无残留的防治药剂。试验证明，龙胆草斑枯病防治技术非常有效，这项研究成果于 2000 年 9 月被省科委鉴定达到国际先进水平。

(三)选择农业科学技术要注意经济性

讲求经济性就是考虑应用农业科学技术的效益和成本，一般不宜选择那些成本高、难度大、收益低的技术。

◆**小案例 6-9** 清原县利用落叶松松针覆盖保水遮阳的全露地育苗技术和龙胆草斑枯病防治技术都具有很高的经济、社会效益。松针覆盖全露地育苗技术的育苗成本比传统的大棚育苗降低 60%，每平方米出商品苗3 000株。龙胆草斑枯病防治技术使农药用量由原 30～50 次减到 11 次，管理费用降低 3～5 倍。该技术能使每亩增产 50 公斤，增收1 500元，综合经济效益达到2 186万元。另外，人工种植龙胆草避免了过去农民进山采挖，保护了野生资源和生态环境，社会效益也十分明显。

三、农业技术的应用管理

科学技术成果只有在应用中才能发挥作用，而应用过程常常牵扯到方方面面。从农村的实践看，搞好农业科学技术应用要发挥政府、农民、科技人员的积极性，把三股劲儿使到一起。政府要做好规划，进行政策引导，对新技术创新予以支持；科技人员要做好技术传授工作，要树立榜样，让农民容易学习；农民群众则要努力尝试、不怕挫折，总结经验。最后，在科学技术成果推广应用的基础上，把好的经验进行规范化，这样可以巩固农业科学技术应用成果。

(一)做好农业科学技术应用的规划

清原县在龙胆草发展中，县政府的规划、引导和扶持措施起了很大作用，这也是龙胆草生产技术迅速推广的重要原因。清原县政府把中药材生产列入全县五大支柱产业之一。2003 年时清原县有良田 50 万亩，而中药材生产面积就有 10 万亩，这足以说明县政府对中药材生产的重视程度。清原县政府建设了龙胆草生产基地，协助解决了龙胆草斑枯病，对农民进行技术培训，组织技术人员下乡指导和现场示范，利用计算机网络及药材协会向农民提供信息，还加大了对中药材生产的投入，对中药材生产实行政策倾斜。

（二）做好试验与示范

在我国农村，示范常常显示出异乎寻常的作用。

◆小案例6-10 在清原县龙胆草种植中，"由人带村，由村带县"的示范作用不断扩大。2005年全县种植龙胆草的农户达3 000多户，面积5 000多亩，产量达1 000多吨，年销售收入达5 000万元，仅此一项，全县农民人均收入增收达到160元。目前，清原县已经成为全国北龙胆的主产区，龙胆草种植面积达到2万亩，占全国北龙胆草总产量的90%。

（三）不怕困难，不断摸索

对于经营者来说，应用科学技术也不是一帆风顺的，常常会遇到很多困难和挫折，需要不怕失败，坚持探索，不断总结经验，才能最终取得了成功。

◆小案例6-11 巨浪牧场有个叫李鸿滨的农民，2002年种了100亩龙胆草，可临近秋天，龙胆草种苗开始发黄，药材地里野草疯长，李鸿滨费了半天劲，竟然分不清哪棵是草哪棵是苗。亲戚、朋友都劝李鸿滨放手，可他反思了以前的经验教训，认为问题出在经验不足上。李鸿滨虚心向行家学习，聘请省北药开发研究所的研究员到基地指导有关生产技术，还雇用了10多名民工每日锄草、灌水。经过一个多月的奋战，原来枯萎的种苗终于重新焕发了生机。

（四）农业科学技术应用要规范化

规范化是巩固农业科技应用成果的重要手段，规范化包括以下两个方面。

▲产品的规范，通常落实到产品的质量标准上。

▲生产过程的规范化，即对操作方法、操作程序进行的规范，这些规范是新技术的集中体现。

◆小案例6-12 辽宁省清原县在推广龙胆草生产技术时非常重视制定和完善龙胆草的质量标准、种养生产标准及操作规程。清原县进行了龙胆草规范化种植相关生产标准操作规程（SOP）的制定及完善，以《龙胆草规范化标准操作规程》为标准进行了环境质量监测评价和万亩绿色中药材（龙胆草）基地建设。清原县起草了《抚顺市龙胆草栽培技术标准》，后来抚顺市按这一标准于2004年7月19日出台了《龙胆草生产技术标准》。清原县在2007年的工作报告中，还明确提出要实施《地道中药材龙胆草规范化种植标准体系建设》。

清原县的另一项重要工作是龙胆草生产基地通过了国家GAP（即中药材生产质量管理规范）认证，这是我国唯一的龙胆草GAP基地。GAP认证要求种植基地从环境质量检测、生产技术、用肥用药到质量标准、产品加工、储藏、运输等全程按照GAP标准进行管理，通过严格的标准化管理，以确保基地龙胆草生产涉及植物药的79项指标全部合格。

第三节 技术进步对农业经营管理的要求

随着技术进步速度加快，对农业经营管理提出了更高的要求。农业科技管理的核心工作是推广与应用新技术，解决农业生产中的技术问题。农业科技管理要求农业经营管理者做好多方面工作，特别是从农村技术人才、农业技术信息、农业技术引进、农业技术市场、农业技术协作和农业技术项目储备等方面挖掘农业技术进步的潜力。

一、管好农业技术人才

人才是农业科技管理的关键，这是因为人才是科技创新成果的传导者，是农业生产中技术问题的解决者，是农业科技实力的体现。从一定意义上讲，农业科技水平的高低最终取决于农业科技人才的数量、素质和管理方法。

农业科技人才的管理有三个重点，即人才培养、管理和使用。

1. 农业科技人才的培养

我国农业科技人才的培养有其特殊性，由于农村教育水平、文化条件相对城市还较落后，而农村是农业技术的应用场所，因此农业科技人才的培养要借助外部力量，着力培养本村本地的科技人才，培养方向是能够解决问题的实用技术人才。我国农村在生产实践中总结出不少行之有效的培养实用技术人才的方法，例如：

▲以当地职业学校、技术学校、农业局、就业培训机构等为基地，聘请科研机构和院校专家，以培训班的形式对农民进行中短期培训。

▲利用科技下乡形式，请科研机构和院校专家、农村技术能人直接到农村现场向农民传授技术，对农民进行技术指导。

▲引进专业技术人员、高校毕业生等技术人才，到农业生产一线进行工作，为农村解决技术难题并带动农村技术人才的成长。

▲结对技术扶贫，采用自愿结合的方式，由农村技术员、当地技术能人与扶贫对象结对，定点进行技术辅导。

▲利用技术推广活动，在推广技术过程中使农民掌握农业技术、提高技术水平。

▲利用广播、电视、文化活动中心，普及农业科技知识。

2. 农业科技人才的管理

针对农业科技人员较为分散、技术水平参差不齐的特点，农业科技人才在管理中要注意集中管理、水平管理和专长管理。集中管理是要把农村技术人才尽可能以各种方式集中起来，以便发挥这些人才的集体优势；水平管理是要提高农业科技人才的技术水平；农业科技人才常常在特定方面拥有技术优势，专长管理就是要了解农业科技人才的专长，以便人尽其才。要想达到这些目的，可以有多种方式，例如：

▲重视农村技术人才的选拔，把那些有专长、有潜力、文化素质较高的农民选拔出来，对他们有针对性地培养，并以他们作为解决农业技术难题、推广农业技术的核心。

▲对农村技术实用人才实行认证管理，认证包括实用人才资格证书、技术职称等，实行认证管理可以促进农民学习技术，也可以了解农村实用人才的真实水平。

▲建立农村技术实用人才信息库，了解这些人才的数量、水平和专长，以便及时调动这些

人才，使其在农业生产中发挥作用。

▲建立农民专业技术协会等基层科技服务组织，通过这些组织管理农业科技人才，带动农民学习科学技术，推广科技成果。

3. 农业科技人才的使用

农业科技人才的使用主要有技术攻关、技术推广和技术示范三个方面。技术攻关是围绕农业生产中存在的难题，对农业技术进行集成，通过不断试验探索，寻找解决难题的方法。农业技术推广是对农业新技术、新品种的引进、试验和推介，以促进农业科研成果和实用技术应用于农业生产。技术示范通过应用农业新技术，展示农业新技术的价值，从而促进农业新技术推广和带动其他农民致富。要想搞好这几个方面的工作，对待农村技术人才要做到：

▲科学技术具有创造性。

▲把分散的农业科技人才集中起来，建立技术攻关组、技术服务队，充分发挥集体的力量。

▲有目标、有计划、按项目方式运作，防止农业科技人才盲目地探索。

▲对有突出贡献的农村技术实用人才进行表彰和奖励，并在培训机会、农业科技推广、项目开发、小额贷款等方面提供优惠。

二、利用农业技术信息

农业技术成果要传达到农业经营者手中必须依赖信息的传播。信息作为农业技术的载体，对农业技术发展有重要影响。当今农业技术成果绝大部分不是通过人对人传播的，而是以信息形式进行收集、储存、加工、发布和传播的。这些成果的最初形式是技术专利、学术论文、技术专著、技术项目、技术资料，这些成果或公开发表、或由专门机构评审和收集，获取技术成果在很大程度上就是获取这些技术信息。基于农业技术信息的重要作用，农业经营管理者必须重视农业技术信息设施和农业技术信息资源的建设。

1. 农业技术信息设施

农业技术信息设施是硬件条件，现代信息系统由计算机、信息网络、应用系统和其他传统媒体组成。计算机是信息化时代的最基本工具。信息网络目前已经发展到由互联网、有线网、无线网、卫星网结合成的一体传输体系，可以随时随地进行信息获取、传递与交流。应用系统是基于计算机开发的应用软件，可以直接应用农业生产，例如作物生长模拟模型、农业专家系统、农业生产实时控制系统、作物遥感估产等。传统媒体包括电视、报纸、杂志，是一些大众化的信息传播工具。目前，我国农业生产信息设施建设的重点放在两个方面：一是把电视、电话、电脑“三电合一”，建设现代信息网络；二是搞好农业生产信息站建设，针对农民需求收集、整理、更新和传播各种信息，特别是农产品信息、农业技术信息和农业政策信息。

2. 信息资源

信息资源是指农业技术的信息内容，它主要体现为数据形式。如果信息资源缺乏，信息设施的功能就无法发挥，因此我国从国家到地方都十分重视信息资源的建设。国家级有代表性的农业数据库有：中国农林文献数据库、中国农业文摘数据库、农副产品深加工题录数据库、植物检疫病虫草害名录数据库、农牧渔业科技成果数据库、中国畜牧业综合数据库、全国农业经济统计资料数据库、农产品集市贸易价格行情数据库、农业合作经济数据库等。大部分省市也建成了农业信息资源库，包括农业生物资源、农业环境资源等自然资源信息；农业科学研究数据、农业技术数据等科学技术信息；农产品市场信息、资本信息、政策法规、管理信息等农业社会经济信息。

三、加强农业技术引进

农业技术引进是从外地、外国输入先进的技术成果。引进的技术可以是科研创新成果，也可以是正在应用的技术成果。农业技术引进的基本过程是根据当地农业出现的技术问题选择外地、外国同类农业生产的进行技术，然后在当地进行使用前的开发实验，如果该技术能够适用于当地，则进一步推广应用。由于引进的农业技术是现实存在的，推广、应用这些技术的时间会大大缩短。又由于这些技术成果在外地、外国进行了使用或验证，其技术成效也比较容易判别。

◆小案例 6-13 广东省徐闻县的重要产业是甘蔗种植，实现亩产吨糖一直是徐闻县期望达到的目标。但是，徐闻县位于雷州半岛南部，气候干旱少雨，天气干燥，水分蒸发较快，地表水相对贫乏，而地下水资源比较丰富，属结构性而非资源性的缺水地区。为了解决地表缺水的难题，徐闻县在 2005 年开始从灌溉技术发达的以色列引进了耐特菲姆农业系统。耐特菲姆农业系统是一种先进的低压节水灌溉技术，它通过电脑、输送管道、感应器等设备和控制技术，利用专门设计的小口径管道配合预先镶入其中的精密滴头，科学调节供给甘蔗生产各个时期所需的水分、肥料、农药。这项技术具有吸收快、利用率高、成本低、效果明显的特点。徐闻县 2005 年采用这项技术种植甘蔗 352 亩，2006 年又增加种植面积 3 600 亩。2007 年达到 3 950 亩。到 2007 年，甘蔗亩产量达到 7.2～9 吨，基本实现了亩产吨糖的目标。

四、进入农业技术市场

随着我国市场经济的逐步发展，农业技术市场正在逐步形成。农业技术市场是一种新型的连接农业技术研发和农业技术需求的纽带，对改变政府主导型的农业技术发展局面有重要意义。在我国很多地方，政府确定农业产业发展的方向，组织引进农业技术，搞农业技术示范园区，进行农业技术推广。在未来，这种政府主导型的技术发展方式将必然性地被市场主导型的技术发展方式所取代。依托市场发展农业技术就是农业经营管理者在遇到技术问题时，通过市场购买相应的农业技术成果。通过市场寻找农业技术可以使供求双方紧密结合，农业技术转让、应用的周期缩短，能够适应当今飞速发展农业技术步伐。

◆小资料 6-3 石家庄市是我国农业技术市场建设较快的地区，到 2006 年石家庄市已经有省级农业技术市场 1 家、市级农业技术市场 2 家、县级农业技术市场 6 家，初步形成农业技术市场网络。石家庄农业技术市场是河北省首家规模最大的专业性常设农业技术市场，几年来该农业技术市场在石家庄市部分区县和乡镇建立了 13 个分市场，共推广农业新品种 400 多个，新成果 20 多项，年交易额 10 亿元，成为石家庄市农业技术转移的一条新渠道。

我国农业技术市场的发育从总体上看还处在初级阶段，农业经营管理者对农业技术的市场化运作还比较陌生。为此，农业经营管理者应了解相关知识，尽快进入这一市场。

▲要学习农业技术知识产权制度，深入了解农业技术的商品特性。

▲掌握农业技术市场运作规则，学习通过市场进行农业技术交易的方法。

▲培养自己的农业技术交易人员，加强与农业技术经纪人的合作。

五、搞好农业技术协作

当今农业技术的开发、推广和应用已经不能局限于科研机构或农民孤立地进行，而要把农科教和产学研等多个方面进行衔接、联动。这一联动链条的最终应用端是农民，中间应用端是农业企业和农业经济组织，推广环节是农业教育和农业技术推广组织，研发端是科研机构和农业技术专家。沿着联动链条，从应用端向研发端传递农业发展和市场对农业技术的需求，然后从研发端向应用端传递技术研发和推广项目。这样才能够保证农业技术上、中、下游相关产业间的无缝对接，减少科技资源浪费，及时解决农业技术问题。

农业技术的开发、推广和应用要通过具体项目来实现，农业技术项目同时又作为一种纽带把各方面的力量联系起来。通常做法是确定项目负责人和建设一个技术研发、推广或应用团队，通过资源信息共享和权益分配，把不同学科、不同技术专长、不同行业、不同地区的相关人员或机构组织起来，然后进行分工协作，共同解决技术问题。

农业技术项目运作涉及研发和推广、应用等多个环节。在农业技术研发中，项目过程包括选题、项目论证、研究试验、成果审查等；在项目研发过程中，项目立项是关键，要使项目设计与农业生产需要紧密结合，做到从问题中找研发项目，研发项目必须解决实际问题。在农业技术推广、应用中，项目过程包括前期准备、实施、项目验收等；在这一过程中，项目实施组织是关键，要做到周密计划、责任到人、保证项目质量。

技术协同攻关能够发挥各方面的资源优势，解决一村一乡所不能解决的技术问题，是现代社会对农业技术进步的必然要求。

六、充实农业技术储备

技术项目储备对农业经营管理有重要意义。当今世界的农业发展是持续进行的，今天的新技术很快会被更新的技术所取代，不储备新技术，自己的技术水平必然落伍。技术的应用有一个周期过程，如果总是从技术源头开始，那么新技术应用的时间将很长。社会经济的发展也会带来新问题，对这些问题要有预见，通过技术储备的方法做出提前准备。通过技术储备，还能提高一个地区的技术实力，因为农业技术实力的一个重要方面就是这个地区能够实现技术创新的数量和深度。从这些方面看，农业技术储备十分必要，农业技术也必须走应用一代、储备一代、研发一代的道路。农业技术储备有以下几种方式。

1. 根据地区农业发展战略进行技术储备

这种方式是根据农业发展战略的要求，储备农业产品品种、生产方法、设施条件的技术研究。

2. 跟踪先进技术成果

这种方式是根据当地农业生产所涉及的领域，对这些领域国内外所出现的技术创新成果进行跟踪，以把握农业技术的发展方向，选择适用的农业技术。

3. 开展广泛的农业技术设想

这种方式是发动当地技术人才，针对农业生产中所出现的问题，广泛地进行技术研究和试验，提出技术设想和建议。

4. 通过农业科技项目的申报进行农业技术储备

申报农业科技项目的人员常常对该领域有深刻的理解，他们提出的项目具有前沿性，把这些项目收集起来就可以作为当地的技术储备。

5. 进行技术学习、交流，改善生产技术条件

通过吸纳新知识、新设备，间接地促进当地农村农业技术发展。

农业技术储备最好以科技项目来体现。科技项目是一种完整的技术实施方案，它通常都包括以下几种。

▲农业技术的原理和方法，这是科技创新的源头成果。

▲当地的实施条件，通常针对当地农业生产所面临的具体问题或发展需要。

▲项目实施周期，即项目应用农业技术的全部过程。

▲项目实施效果，即对应用某项农业技术所带领的效益的预测。从这一角度看，科技项目具有实用性和先进性，以此形式进行农业技术储备是比较有利的。

自 2005 年起，我国各地陆续开始进行农业科技项目库的建设，农业科技项目库建设作为技术储备的手段，使农业经营管理者能够方便地寻找自己需要的农业技术。

◆**小资料 6-4** 陕西省的农业科技项目库面向全社会、面向涉农技术服务的各领域，不限数量、不限身份，以普查的方式，充分挖掘农业科研、农技推广、农民科技专家、农民专业合作经济组织、龙头企业等单位在服务“三农”过程中研究、引进、集成、总结的实用技术。征集内容围绕农民增收、结构调整和粮食安全，按“稳粮、优果、兴牧”的基本要求，最大限度地满足农业科技贮备和重大适用技术筛选、立项、推广工作的需要，征集在种植业、养殖业、加工业、农业机械和农用物资（种子、肥料、农药）等领域的先进技术及农民在种植业结构调整增收致富的典型。

【本章练习】

1. 现代农业技术发展的趋势是什么？
2. 通过哪些渠道可以获取农业技术成果？
3. 如何选择农业技术？
4. 如何管理农业技术人才？
5. 农业技术贮备的方式有哪些？

【技能训练】

1. 选择 1～2 种当地农户生产的产品，为其选择适宜的技术并设计技术的推广应用方案。
2. 调查当地农户生产技术应用状况，提出进一步挖掘技术潜力的建议。

第七章 市场变化与现代农业经营管理

知识目标

了解无公害农产品、绿色食品、有机食品、地理标志、证明商标、集体商标的概念

熟悉无公害农产品、绿色食品、有机食品生产的基本要求

掌握地理标志、证明商标、集体商标申请程序

能力目标

能够组织无公害农产品、绿色食品、有机农业的生产经营

能够组织开展地理标志、证明商标、集体商标的申请

◆小案例 7-1 安远现代农业接轨国际市场

在江西省安远县车头镇龙头村千亩蔬菜基地，村民们正将一筐筐贴有激光防伪商标的蔬菜搬上大卡车运往深圳和香港。由于基地种植的蔬菜采用的是与国际市场接轨的全程有机栽培技术，无任何农药和有害物残留，外形美观、口味纯正且有诚信品牌保证，深受消费者的青睐，产品畅销海内外。

安远县发展现代农业的主要措施是在农产品品种、质量、销售上适应市场需求。为方便搜寻国际适销的农产品品种，安远县建立了江西首家县级农业信息网，设立了65个新品种试验示范园，对引进的新品种一律先试种，确认"服一方水土后"再推广。该县引进30余项科技新成果和新品种。为把好国际标准生产关，该县请来了来自美国、日本的10余名外国专家当起技术"教头"，为农民讲授最新的有机栽培、生物综合防治等生产技术。该县还组建了全省首家经过认证的高标准农业检测中心，严格对土壤重金属含量、农产品药害残留等指标的检测，确保通过外国市场准入机构挑剔的眼光。在销售上，该县注册中国脐橙网、安远农产品信息网等网站，通过互联网突破国界对农产品推介的制约。"三百山"脐橙就借助中国脐橙网，在占我国柑橘出口量70%以上的东盟国家享有盛名。全县5万户果农中，年收入5万元以上的占1/3，超100万元的有30多户。

安远县还组建了178个新型农村经济合作组织，引导农户掌握国际市场有关规则，与香港、深圳、上海等地的跨国经销商建立合作关系，利用其品牌、网络等优势，开拓国外业务。福建客商黄巧珍从事食用菌出口生意，该县引进其创办天华现代农业公司，借助其销售网络，县里出产的杏鲍菇、鸡腿蘑等食用菌很快成为日本、韩国、加拿大、新加坡等10余个国家的抢手货，每公斤鲜品卖价高达16元，年出口额超亿元。目前，该县共引进50多家国内外知名公司、商家前来投资，在广东、香港等地设立40多个外销点。

（来源：http://gz.jxcn.cn/xjzc/2011-03/17/content-522271.htm）

启示：安远县针对国际农产品市场出现的产品品种更新快、质量要求高、技术标准严等挑

战，主动策应，根据国际市场要求，确定发展项目，并严格质量检测、市场准入等规程，大力发展现代农业，接轨国际市场。

国内外市场对农产品需求正发生着根本的变化，对安全、低毒素、无残留的无公害农产品、绿色食品、有机食品等优质安全农产品需求迅速扩大。为此，现代农业经营管理者要了解和掌握农产品生产经营新动态，满足新时期的市场需求。

第一节　无公害农产品生产

一、无公害农产品

无公害农产品是指产地环境、生产过程、产品质量符合国家有关标准和规定的要求，经认证合格获得认证证书并允许使用无公害农产品标志的未经加工或初加工的食用农产品。其农产品中残留的农药、重金属、有害微生物等物质不超过国家允许标准。具体讲无公害农产品是“三个不超标”：一是农药残留不超标，不能含有禁用的高毒农药，其他农药残留不超过国家规定的允许标准；二是硝酸盐、亚硝酸盐含量不超标；三是病原微生物等有害物质不超过规定允许量，不影响人的健康。无公害农产品标志见图 7-1。

图 7-1　无公害农产品标志

无公害农产品注重产品的安全质量，其标准要求不是很高，涉及的内容也不是很多，适合我国当前的农业生产发展水平和国内消费者需求，对于多数生产者来说，达到这一要求不是很难。当代农产品生产需要由普通农产品发展到无公害农产品，再发展至绿色食品或有机食品，绿色食品跨接在无公害食品和有机食品之间，无公害食品是绿色食品发展的初级阶段，有机食品是质量更高的绿色食品。

◆**小资料 7-1**　“十一五”期间，无公害农产品已成为我国安全优质农产品的主导品牌，有效无公害农产品56 532个，产品总量达 2.76 亿吨，认证农产品约占同类农产品商品总量的30%。农业部已对外公示农产品地理标志产品 606 个，其中 535 个获得农业部审核批准，予以登记颁证。无公害农产品年度抽检合格率平均达到 98%以上；农产品地理标志产品 2009 年、2010 年连续两年监测合格率均为 100%。“十二五”期末，我国无公害农产品生产面积要达到全国产地总面积的 60%，产品数量达到 7 万个，产品总量占其商品量的 40%左右，获证产品质量安全合格率稳定在 98%以上；力争新登记农产品地理标志1 000件。

（资料来源：http://www.gov.cn/gzdt/2011-03/20/content_1828130.htm）

二、无公害农产品标准与生产

无公害农产品标准是无公害农产品认证和质量监管的基础，其主要由环境质量、生产技术、产品质量标准三部分组成，其中产品质量标准、环境标准和生产资料使用标准为强制性国家及行业标准，生产操作规程为推荐性国家行业标准。截至 2007 年，农业部共制定无公害食品标准 386 个，使用 277 个：产品标准 127 个，产地环境标准 20 个，投入品使用标准 7 个，生产管理技术规程标准117个，认证管理技术规范类标准6个。

(一)无公害农产品生产基本原则

1. 统一完善的系统管理原则

无公害农产品生产是从生产到市场的全过程控制与管理，涉及无公害农产品的每个环节都应纳入控制与管理之中，要建章立制，有章可循，做到生产有规程，产品有标志，认证有程序，市场有监管，过程有记录，确保无公害农产品的质量控制在严格管理之中，使无公害农产品的质量要求和产品信誉有可靠的保证。

2. 严谨规范的生产技术原则

无公害农产品的环境品质独特性是其生产技术独特性所决定的，只有严谨规范的生产技术，才有符合特定标准的无公害农产品。无公害农产品是丰富多样的，具体到每种产品都应有与之相对应的产地、产品环境标准和生产全过程的操作规程配套。对无公害农产品生产影响甚大的外部环境如产地有无工业"三废"污染源，生产内部环境如土壤重金属背景值是否过高，农药、化肥、除草剂等农资的环境负效应在产品中的富积与残留，都必须按标准和规程要求予以科学严谨的把握，不能混同于一般的产品生产要求。

3. 循序渐进的产品生产原则

农产品丰富多样，无公害农产品生产领域非常广泛，但并不是什么农产品都要开发成无公害农产品，也不是什么农产品都同时开发成无公害农产品，要按市场规律循序渐进，不能一概而论。市场消费能力、消费观念、消费特点都有阶段性，有不同档次和层次的要求，现阶段消费市场对无公害农产品正处于培育扩大过程，在生产中必须适应它的发展。由于技术进步的渐进性，有些农产品的无公害技术还受现实技术水平限制，难以达到无公害的质量标准，故此也决定了无公害农产品的渐进性。

(二)无公害农产品生产工作要点

1. 选好基地

生态环境必须要符合无公害农产品生产标准的基地环境要求。

2. 选用良种

良种综合指标性状好，包括产量、品质、抗逆性(旱、涝、病虫)等，而不是单一。

3. 辅以良法

良好的栽培措施，既要发扬传统的技术，又要有创新的技术，包括合理密植、适时播种、配方施肥，科学、合理、安全地用农药防治病虫害，使作物既能按其性状生长，又可获得高产量、品质好的产品，而不应该人为地改变其原有的性状或简单的技术叠加。

4. 科学、合理、安全地使用农药

农产品的污染，90%以上来自农药的污染，其次才是肥料、水土及贮藏等环节。

(三)无公害农产品生产技术保障措施

1. 无公害农产品生产基地环境控制技术

无公害农产品开发是将生产建设与环境保护于一体的生态农业发展到一定阶段的产物。无公害农产品以生态农业为技术保障，生态农业以无公害农产品为市场载体，从而形成以产品开发带动生态农业，以生态农业建设促产品开发的良性发展机制。因此，无公害农产品开发基地应建立在生态农业建设区域之中，在生态农业建设中强化无公害技术份额。具体地说，其基地在土壤、大气、水质上必须符合无公害农产品产地环境标准，其中土壤主要是重金属指标，大气主要是硫化物、氮化物和氟化物等指标，水质主要是重金属、硝态氮、全盐量、氯化物等指标。无公害农产品产地环境评价是选择无公害农产品基地的标尺，只有通过其环境评价，才具有生产无公害农产品的条件和资格。

2. 无公害农产品生产过程控制技术

无公害农产品的生产过程控制主要是农用化学物质使用限量的控制及替代过程，重点是农药和肥料施用。病虫害防治要以不用或少用化学农药为原则，强调以预防为主，综合防治。肥料施用强调以有机肥为主，以底肥为主，按土壤养分库动态平衡需求调节肥量和用肥品种。在生产过程中制定相应的无公害生产操作规范，建立相应的文档、备案待查。

(1)科学用药。一是要对症下药防治污染；二是要抓住时机，及时用药；三是要适宜的农药剂型，正确的施药方法；四是要合理混用，交替使用，提高药效；五是要保护天敌和注意农药安全间隔期，一般收获前 20 天内禁止喷施化学农药。

(2)农业防治。一是要积极引进培育和推广优良品种；二是要调节播种期；三是要抓好种子处理；四是要合理间作、套种和轮作；五是要深耕和冬耕；六是要合理密植，加强通风；七是抓好嫁接育苗，如黄瓜利用黑籽南瓜作砧木嫁接育苗，可防止枯萎病的发生；八是要清洁田园，加强水肥管理。

(3)生物防治。生物防治是利用有益的生物消灭有害的生物的病虫害防治措施，它包括以虫治虫、以菌治虫，以病毒治虫，以菌治菌，以病毒治病毒等，目前生物农药很多，如 BT 乳剂、农抗 120 等。

(4)物理防治。利用光、温、器具等进行防治病虫害的措施称为物理防治，如在温室大棚中利用 40～50℃的高温防治瓜类霜霉病；利用银灰色薄膜避蚜防病毒；夏季闲棚高温进行土壤消毒；利用粘虫板、诱虫灯杀虫等。

(5)无公害农作物施肥措施。一是重施有机肥。有机肥养分全、肥效迟、供肥时间长，可以提供农作物所需的各种养分，增强土壤养分的缓冲能力和保肥能力，防止和延缓土壤有盐渍化的过程；能改善土壤微生物结构和理化性能，增加土壤的通透性和透水性；改善土壤微生物生存环境，增加微生物的种类和活性，促进各类微生物均衡生长。二是科学平衡使用化学肥料，要根据农作物的需肥规律、土壤养分状况、肥料的特性，在施用有机肥的前提下，提供氮、磷、钾及钙、镁等微量元素的适宜配比和相应的施肥技术，提倡使用专用肥和生物肥(根瘤菌类肥、固氮菌类肥、解磷菌类肥等)，收获前 20 天内禁止使用化学肥料。

3. 无公害农产品质量控制技术

无公农产品最终体现在产品的无公害化。其产品可以是初级产品，也可能是加工产品，其收获、加工、包装、贮藏、运输等后续过程均应制定相应的技术规范和执行标准。产品是否无公害要通过检测来确定。无公害农产品首先在营养品质上应是优质，营养品质检测可以依据相应检测机构的结果，而环境品质、卫生品质检测要在指定机构进行。

◆**小资料 7-2** 国家农业部在蔬菜、果树、茶叶、中草药材等作物上禁止使用和限制使用的农药(19 种)。禁止甲拌磷、甲基异柳磷、特丁硫磷、甲基硫环磷、治螟磷、内吸磷、克百威、涕灭威、灭线磷、蝇毒磷、地虫硫磷、氯唑磷、苯线磷在蔬菜、果树、茶叶、中草药材上使用。禁止氧乐果在甘蓝上使用。禁止三氯杀螨醇、氰戊菊酯在茶树上使用。禁止丁酰肼(比久)在花生上使用。禁止特丁硫磷在甘蓝上使用。除卫生用、玉米等部分旱田种子包衣剂外，禁止氟虫腈在其他方面使用。任何农药产品都不得超出农药登记批准的使用范围使用。

推荐使用的农药：杀虫剂：苏云金杆菌、阿维菌素、苦参碱、烟碱、毒死稗、辛硫磷、吡虫啉、敌百虫。杀菌剂：石硫合剂、碱式硫酸铜、氢氧化铜、百菌清、多菌灵、代森锰锌、霜霉威、甲基硫菌灵、三唑酮、腐霉利、盐酸吗啉胍、恶霉灵、多抗霉素、春雷霉素、农抗 120、井岗霉素、硫酸链霉素。

第二节 绿色食品与有机食品的生产

一、绿色食品生产

绿色食品是指在无污染的生态环境中种植及全过程标准化生产或加工的农产品，严格控制其有毒有害物质含量，使之符合国家健康安全食品标准，并经专门机构认定，许可使用绿色食品标志的食品。

1990 年 5 月，中国农业部正式规定了绿色食品的名称、标准及标志。绿色食品必须同时具备以下条件。

(1)产品或产品原料产地必须符合绿色食品生态环境质量标准。

(2)农作物种植、畜禽饲养、水产养殖及食品加工必须符合绿色食品生产操作规程。

(3)产品必须符合绿色食品质量和卫生标准。

(4)产品外包装必须符合国家食品标签通用标准，符合绿色食品特定的包装、装潢和标签规定。

(一)绿色食品分级标准与绿色食品标志

1. 绿色食品分级标准

参照国外与绿色食品相似的有关食品标准，结合我国国情，中国绿色食品发展中心将绿色食品分为两类，即 AA 级绿色食品和 A 级绿色食品。

(1)AA 级绿色食品标准

▲环境质量标准。绿色食品大气环境质量评价，采用国家大气环境质量标准 GB 3095—82 中所列的一级标准；农田灌溉用水评价，采用国家农田灌溉水质标准 GB 5084—92；养殖用水评价采用国家渔业水质标准 GB 11607—89；加工用水评价采用生活饮用水质标准 GB 5749—85；畜禽饮用水评价采用国家地面水质标准 GB 3838—88 中所列三类标准；土壤评价采用该土壤类型背景值的算术平均值加 2 倍标准差。AA 级绿色食品产地的各项环境监测数据均不得超过有关标准。

▲生产操作规程。AA 级绿色食品在生产过程中禁止使用任何有害化学合成肥料、化学农药及化学合成食品添加剂。其评价标准采用《生产绿色食品的农药使用准则》、《生产绿色食品的肥料使用准则》及有关地区的《绿色食品生产操作规程》的相应条款。

▲产品标准。AA 级绿色食品中各种化学合成农药及合成食品添加剂均不得检出，其他指标应达到农业部 A 级绿色食品产品行业标准(NY/T 268—95 至 NY/T 292—95)。

▲包装标准。AA 级绿色食品包装评价采用有关包装材料的国家标准、国家食品标签通用标准 GB 7718—94 及农业部发布的《绿色食品标志设计标准手册》及其他有关规定。绿色食

品标志与标准字体为绿色，底色为白色。

(2)A 级绿色食品标准

▲环境质量标准。A 级绿色食品的环境质量评价标准与 AA 级绿色食品相同，但其评价方法采用综合污染指数法，绿色食品产地的大气、土壤和水等各项环境监测指标的综合污染指数均不得超过 1。

▲生产操作规程。A 级绿色食品在生产过程中允许限量使用限定的化学合成物质，其评价标准采用《生产绿色食品的农药使用准则》、《生产绿色食品的肥料使用准则》及有关地区的《绿色食品生产操作规程》的相应条款。

▲产品标准。采用农业部 A 级绿色食品产品行业标准(NY/T 268—95 至 NY/T 292—95)。

▲包装标准。A 级绿色食品包装评价采用有关包装材料的国家标准、国家食品标签通用标准 GB7718—94 及农业部发布的《绿色食品标志设计标准手册》及其他有关规定。绿色食品标志与标准字体为白色，底色为绿色。

所有申报经营主体，其产地环境、生产过程、产品质量和包装、运输等上述四个环节全部符合相应的绿色食品标准要求，才能获得绿色食品标志使用权。这种完整的标准体系和认证过程真正体现了"全程质量控制"的理念。

2. 绿色食品标志

绿色食品标志(图 7 - 2)是一个质量证明商标，属知识产权范畴，受《中华人民共和国商标法》保护，并按照《商标法》、《集体商标、证明商标注册和管理条例》和《农业部绿色食品标志管理办法》开展监督管理工作。

按商标法有关规定，具备条件可申请使用绿色食品标志的产品有以下五类：

A 级绿色食品标志(左)；
AA 级绿色食品标志(右)

图 7 - 2　绿色食品标志

一是肉、非活的家禽、野味、肉汁、水产品、罐头食品、腌渍、干制水果及制品、腌制、干制蔬菜、蛋品、奶及乳制品、食用油脂、色拉、食用果胶、加工过的坚果、菌类干制品、食物蛋白。

二是咖啡、咖啡代用品、可可、茶及茶叶代用品、糖、糖果、南糖、蜂蜜、糖浆及非医用营养食品、面包、糕点、代乳制品、方便食品、面粉等五谷杂粮、面制品、膨化食品、豆制品、食用淀粉及其制品、饮用冰、冰制品、食盐、酱油、醋、芥末、味精、沙司等调味品、酵母、食用香精、香料、家用嫩肉剂等。

三是未加工的林业产品、未加工的谷物及农产品、花卉、园艺产品、草木、活生物、未加工的水果及干新鲜蔬菜、种子、动物饲料等。

四是啤酒、不含酒精饮料、糖浆及其他供饮料用的制剂。

五是含酒精的饮料(除啤酒外)。

(二)绿色食品生产操作规程

绿色食品生产操作规程包括农产品种植、畜禽饲养、水产养殖和食品加工等操作规程。

1. 种植业生产的操作规程

种植业的操作规程是指农作物的播种、施肥、浇水、喷药及收获等各个生产环节中必须遵守的规定。其无公害生产控制有以下主要内容。

(1)植保方面,农药的使用在种类、使用浓度、时间、残留量方面都必须符合《生产绿色食品的农药使用准则》。

(2)作物栽培方面,肥料的使用必须符合《生产绿色食品的肥料使用准则》,化学合成的肥料和化学合成生长调节剂的使用,必须限制在不对环境和作物质量产生不良后果、不使作物产品有毒物质残留积累到影响人体健康的限度内。有机肥的施用量必须达到保持或增加土壤有机质含量的程度。

(3)品种选育方面,选育的品种尽可能地适应当地土壤和气候条件,并对病虫害有较强的抵抗力。

2. 畜牧业生产操作规程

畜牧业生产的操作规程是指畜禽在选种、饲养、防治疾病等环节必须遵守的规定。无公害生产控制的主要内容是:

(1)必须饲养适应当地生长条件的种畜种禽。

(2)饲料原料应主要来源于无公害区域内的草场和种植基地,饲料添加剂的使用必须符合《生产绿色食品的饲料添加剂使用准则》。

(3)畜禽房舍内不得使用毒性杀虫、灭菌、防腐药物。

(4)不可对主畜禽使用各类化学合成激素、化学合成促生长素、有机磷和有机药物,兽药的使用必须符合《生产绿色食品的兽药使用准则》。

3. 水产业生产的操作规程

养殖用水必须达到绿色食品要求的水质标准、环境标准,鱼虾等水生物的饲料,其固体成分应主要来源于无公害的生产区域。

4. 食品加工业生产的操作规程

食品加工的绿色食品生产操作规程要求食品加工过程中,食品添加剂的使用必须符合《生产绿色食品的食品添加剂使用准则》,不能使用国家明令禁用的色素、防腐剂、品质改良剂等添加剂。允许使用的要严格控制用量,禁用糖精及人工合成添加剂。食品生产加工过程、包装材料的选用、产品流通媒介都要具备安全无污染条件。

二、有机食品与有机农业

(一)有机食品

有机食品是指来自于有机农业生产体系,根据国际有机农业生产要求和相应的标准,在原料生产和产品加工过程中不使用农药、化肥、生长激素、化学添加剂、化学色素和防腐剂等化学物质,不使用基因工程技术,并通过独立的有机食品认证机构认证并使用有机食品标志的农产品及其加工产品,称为有机食品。

有机食品所说的"有机"不是化学上的概念,而是农业生产体系上的一个概念,就是指来自于有机农业生产体系。根据有机食品的定义,一种食品要成为有机食品,必须满足以下条件。

▲食品的原料必须是来自于已经建立或正在建立的有机农业生产体系,或者是采用有机方式采集的野生天然产品。

▲在整个生产过程中必须严格遵循有机食品的加工、包装、储藏、运输的标准和要求。

▲在生产和流通过程中必须有完整的质量控制体系和跟踪审查体系，并有完整的生产和销售记录及档案。

▲在整个生产过程中尽最大可能减小对环境的污染和生态的破坏。

▲必须通过独立的经认可的有机食品认证机构的认证。

◆小资料 7-3 全球有机农产品的消费市场主要集中在北美和欧洲，根据 SOEL-FIBL2008 年度调查，这两个地区有机农产品的销售额占到了全球有机农产品销售额的 97%，其中，北美市场是全球有机农产品最大的消费市场之一，2006 年北美市场销售额超过 170 亿美元，占全球市场的 45%，是主要的有机农产品进口市场。而美国是有机农产品最主要的消费国，2006 年美国市场销售额达 177 亿美元。欧洲有机农产品市场仅次于北美市场进口地区，全球有机农产品一半的消费在欧洲。其中，德国是欧洲有机农产品最大的市场，在 2006 年，德国有机农产品的营业额达到 46 亿欧元；其次是英国达到 28.3 亿欧元。瑞士是欧洲有机农产品人均消费最高的国家，平均每年每人用于有机农产品的消费达 100 多欧元。

亚洲、拉丁美洲和大洋洲是有机农产品重要的生产者和出口者。在亚洲，有机农产品需求主要集中在日本、韩国、新加坡、中国台湾与中国香港等富裕的国家和地区。日本是亚洲最主要的有机农产品消费市场，也是中国有机农产品出口的主要目的地之一，日本有机农产品的进口额约为9 000万美元，其中 65%～75%为有机水果和蔬菜。

在 20 世纪 90 年代中期，中国有机农产品生产以出口为目标，主要出口到日本、欧盟及北美，几乎不存在国内市场。主要出口的有机农产品为大豆、蔬菜、水稻和茶叶，出口量最大的有机农产品是有机蔬菜，80%出口至日本；出口量第二的是有机大田作物主要出口至日本和欧盟；出口量第三的是有机茶，主要出口至欧盟。欧洲是中国有机农产品主要的出口地区，出口的有机农产品除了有机茶还包括葵花籽、瓜子、芸豆、黑豆等；美国和日本则是中国有机农产品主要的出口国。近几年，中国有机农产品的年产量和年出口额增长率都在 30%以上，但在国际市场的占有份额还较小，尚未达到 1%。根据国家认监委统计数据，2006 年，中国有机农产品出口值为 3.5 亿美元，占中国食品出口总值的 1.2%，当年国内市场零售额为 7.5 亿美元。

(二)有机农业

有机农业在国外也有叫“生态农业”、“生物农业”。有机农业是指一种按照有机农业生产标准，在生产中完全不使用化学合成的肥料、农药、生长调节剂、畜禽饲料添加剂等物质，也不使用基因工程生物及其产物的生产体系。在这个体系中，作物秸秆、畜禽粪便、豆科作物、绿肥和有机废弃物是土壤肥力的主要来源，作物轮作以及各种物理、生物和生态措施是控制杂草和病虫害的主要手段。有机农业充分提高系统中包括土壤微生物、植物和动物在内的生物循环和物质循环，保持和提高土壤的长效肥力；充分考虑畜禽在自然环境中的所有生活需求和条件，协调作物生产和畜牧业的平衡；保持生产体系和周围环境的生物多样性，包括保护动植物和野生动物的栖息地。

有机农业实质上是一种以农村社会经济与环境协调发展为原则，以农业清洁生产为指导，遵循自然规律和生态学原理而采取的可持续发展型农业。在有机农业生产系统中，人类、土地、动植物是一个有机结合的多元整体，人类的健康与系统中各个组成部分息息相关。因此，有机农业生产应当遵循以下基本原则。

▲遵循自然规律和生态学原理。

▲循环利用有机生产体系内的物质。

▲依靠体系自身力量保持土壤肥力。

▲保护生态环境,多样性种植和养殖。

▲根据土地的承载能力饲养畜禽。

▲充分利用生态系统的自然调节机制。

◆小资料 7-4 有机农业的"绿金"道路

"我们种植的有机韭菜在一线城市卖到 65 块钱一斤。"尽管时值寒冬腊月,在山东德州有机农业示范基地的大棚内却是绿意盎然一派生机,基地创办者、国强集团董事长宋国强对此颇为兴奋,国强集团的产品获得了美国、日本、韩国、欧盟和国内五个有机认证。乐陵市民王书梅在有机蔬菜专卖店购买蔬菜时也表示了自己对有机蔬菜的信赖,"我经常来这里买新鲜的有机蔬菜,不但吃着放心,而且营养丰富口感还好呢。"德州把绿色、无公害、有机"三品"作为农业发展的重点,加大了认证和品牌的创建。目前,全市已有 60 个无公害农产品、80 个绿色食品、16 个有机农产品获得国家认证,认证面积 179 万亩,带动基地面积 425 万亩。全市主要农产品质量合格率达到 98%以上。德州突破现代农业的要素瓶颈,瞄准有机这个关键环节,制定了鼓励扶持有机农业发展的优惠政策和措施,通过多种形式加快土地流转,结合农业结构调整有力推动了有机农业的健康发展。

(资料来源:http://www.chinanews.com/cj/2011/02-21/2857071.shtml)

(三)有机农业标准

有机农业标准发展至今,已初步形成了世界范围内不同层次的标准体系,主要表现在国际水平、地区水平、国家水平和认证机构水平等四个方面。这里简单分述如下。

1. 国际有机农业运动联盟(IFOAM)的基本标准

国际有机农业运动联盟(IFOAM)是当今世界上最广泛、最庞大、最权威的国际有机农业组织。IFOAM 在尊重有机农业发展历史及其目标的基础上,结合有机生产的自愿性特点和有机农业地域性强的特征,充分考虑以生产者和消费者为主的多方面的意见,在求同存异的基础上,建立了一套有机农业生产的基本标准。IFOAM 在标准制定上的目标是:在有机生产的各个部分都坚持有机农业的定义;确保有机产品的完整性和可靠性;确保有机标准不会成为贸易障碍;在一个协调的框架内允许变化;确保公平的规则。

IFOAM 基本标准和准则作为国际标准已在 ISO 注册,是地区标准、国家标准和认证机构自身标准的基础,是标准的标准。IFOAM 基本标准每两年进行一次修改。有机农业的国际基本标准包括以下四方面。

(1)前提条件。凡标上"有机"标签的产品,生产者和农场必须是 IFOAM 成员;不属于 IFOAM 的个体生产者不可以声明他们是按 IFOAM 标准进行生产的;IFOAM 标准包括农场审查和颁证方案的建议。

(2)目标(即基本标准的框架)。生产足够数量具有高营养的食品;维持和增加土壤的长期肥力;在当地农业系统中尽可能利用可再生资源;在封闭系统中尽可能进行有机物质和营养元素方面的循环利用；给所有的牲畜提供生活条件，使它们按自然的生活习性生活；避免由于农业技术带来的所有形式的污染；维持农业系统遗传基质的多样性，包括植物和野生动物环境的保护；允许农业生产者获得足够的利润；考虑农业系统较广泛的社会和生态影响。

(3)根据上述框架各国组织必须制定发展自己的标准。采用的方法和技术可采用参考自然生态平衡的某些技术，强调指出禁止使用农用化学品，例如合成肥料、杀虫剂等。

(4)如何使产品成为有机产品。原来不是有机产品，可进行转换，让其变为有机产品，在一定时期内按标准要求进行转换，由每个有机农业颁证机构确定转换过程的时间，并定期(每年)进行评价。

转换计划包括：增强土地肥力的轮作制度；适当的饲料计划(养殖业)；合适的肥料管理方法(种植业)；建立良好的环境，以减少病虫害转换周期时间，如果产品在两年之内满足所有标准则第三年可以作为有机产品出售。

有机农业对种植业强调如下几方面：环境条件(由颁证组织审查无污染)；作物品种选择，应选适应当地土壤，气候对病虫有抵抗能力的品种；实施轮作(包括豆科作物)；肥料政策：有机肥返回土壤，保持土壤肥力。禁止焚烧稻草，氮肥必须是有机，颁证组织应对产品的硝酸盐含量加以限制，引进的肥料要审查，人粪要防治病虫害等；害虫管理：要保护天敌，提倡生物综合防治，禁止使用合成杀虫剂；杂草的处理：用预离栽培技术来防治，限制生长(例如，合理的轮作、种植绿肥、平衡施肥管理等)，使用物理除草方法，禁止使用除草剂、生长刺激剂。

在畜牧生产中禁止使用人工荷尔蒙和其他增产剂，从非有机农业组织购入的饲料不得超过10%～20%(根据牲畜的种类而异)。此外，不得采取虐待牲畜的生产方式，对养殖业、畜牧业强调禁止使用饲料添加剂、生长素、开胃药、防腐剂等。

2. 欧盟标准

欧盟标准适用于其成员国的所有有机农产品的生产、加工和贸易。1991年欧盟有关有机农业的规则被发表于欧盟的官方刊物。1999年12月，欧盟委员会通过了有机产品的标识，这个标识可以由EU 2092/91规则下的生产者使用。欧盟关于有机生产的EU 2092/91规则中有很多对消费者和生产者的保护。

3. 国家标准

从国家水平上看，除了15个欧盟成员国外，日本、阿根廷、巴西、澳大利亚、美国、智利、匈牙利、以色列、瑞士等都有国家标准。

美国：1990年通过联邦法——有机农产品生产法案，并成立了国家有机食品标准委员会(NOSB)，由美国农业部归口领导，负责国家标准的制定工作。美国国家的有机农业标准于2001年4月21日开始试行，2002年10月21日正式执行。

日本：1992年日本农林水产省制定了《有机农产品蔬菜、水果生产准则》和《有机农产品生产管理要点》，并于1992年将以有机农业为主的农业生产方式列入保护环境型农业政策。2000年4月推出了有机农业标准，标准于2001年4月正式执行。

中国：1994年，国家环境保护总局有机食品发展中心(OFDC)在国家环境保护总局南京环境科学研究所成立，其职能是从事有机天然食品研究、开发、颁证、检测、培训和推广等，OFDC的成立标志着我国真正全面开展有机食品的开发和认证管理。OFDC根据IFOAM有机生产加工的基本标准，参照并借鉴欧盟委员会有机农业生产规定(EEC No. 2092/91)，以及其他国家如德国、瑞典、英国、美国、澳大利亚、新西兰等有机农业协会或组织的标准和规定，结合我国农业生产和食品行业的有关标准，于1999年制定了OFDC有机产品认证标准(试行)，2001年5月经修改又上升为OFDC有机认证标准。OFDC已与许多国家有影响的有机食品认证机构或咨询机构建立了良好的联系和合作，如与德国的CFRS和ECOCERT、英国的SOIL ASSOCIATTON、美国的OCIA、日本的JONA和NOAPA、马来西亚的HUMUS、泰国的ACT等。有些国家的有机食品认证机构也已在中国建立办事处或分会。目前经过我国国家认证认可监督管理委员会(CNCA)批准的有机食品认证机构有31家，另外有一些国外有机认证机构也在我国开展业务。其中，中绿华夏有机食品认证中心(简称COFCC)隶属于农业部，是农业部推动有机农业运动发展和从事有机食品认证、管理的专门机构，也是中国国家认证认可监督管理委员会(CNCA)批准设立的国内第一家有机食品认证机构，并获得中国认证机构国家认可委员会(CNAB)的认可。

4. 认证机构建立的标准

基本上每一个认证机构都建立了自己的认证标准。这里需要说明的是一个国家可以有一个认证机构，也可以有多个认证机构，这些认证机构多数是民间的，也有是官方的(如中国的认证机构OFDC)。不同认证机构执行的标准都是在IFOAM基本标准的基础上发展起来的，但侧重点有所不同，比如欧洲一些认证机构的有机标准，其主要内容多是围绕畜禽饲养，包括了牲畜、家禽饲养，牧草、饲料生产，肉、奶制品加工等。而中国以及一些其他亚洲国家的认证机构，其标准则多集中在大田作物(蔬菜水果)生产、野生产品开发、茶叶以及水产等方面，这也从一个侧面反映了不同国家或地区不同的资源特色。此外，根据不同地区的特征和需要，不同认证机构对标准的发展也有所不同，这其中多数认证机构仍以IFOAM基本标准的内容为主，标准比较原则化，也有一部分认证机构已根据本地区或本国实际，进一步发展了IFOAM标准，使之更具体化，便于操作，比如德国的BLOLAND已经建立了针对不同产品的标准系列。

◆小资料7-5 德国资深的有机市场分析专家尤厉·汉密教授预测，有机市场的年增长率为20%～30%，在有些国家甚至能达到50%。迅速增加的有机食品的市场需求，使得有机农业在全球发展强劲，德国就有约8 000个有机农场主；瑞士的有机农业占农业的比重将近8%；澳大利亚有超过2万个有机农场主，占农业的比重约为10%；瑞典有机农业的比重也在这个水平上；意大利的有机农场已从1996年的1.8万个迅速增加到了4万个。非洲的有机农业发展势头也日益强劲，虽然非洲地区有机农业发展速度不及其他地区，但其发展同样引人注目，乌干达有7 000名农民是有机棉花的生产者而被登记在册，该国有机农业生产的棉花占全世界的10%，埃塞俄比亚生产的有机咖啡，象牙海岸生产的有机可可豆，加纳生产的有机菠萝，莫桑比克生产的有机腰果等都是市场的热俏食品，坦桑尼亚也有4 000名有机农业生产者。拉丁美洲的墨西哥早在1962年就生产有机咖啡，现在已经是有机咖啡的生产大国。智利著名的安杜拉瓜葡萄园已经在培育有机葡萄，并着手生产有机葡萄酒。

第三节 农产品品牌与商标

◆小案例7-2 2007年10月14日，第五届农交会上，北京民兴商业集团一次就签下了2 000吨的大白菜购销合同。这可不是普普通通的大白菜，而是闻名遐迩的“胶州大白菜”。每一棵上都贴有商标，凭条码可以追溯到生产基地和生产者。“胶州大白菜”不仅是中国名牌农产品，也是当时全国唯一的既有证明商标注册，又有无公害农产品、绿色食品、有机食品认证的大白菜品牌，在北京超市一棵能卖到60元。“胶州大白菜”是山东省品牌农业的一个缩影。其他如烟台苹果、沾化冬枣、章丘大葱……享誉大江南北，香飘世界各地。

启示：大量的国内外农产品市场竞争实例证明，在农产品消费市场日趋细分、人们对食品安全问题越来越重视的今天，消费者对品牌的认同和依赖感也越来越强，没有品牌的农产品即使质量再好也很难卖个好价钱。农产品品牌已经成为走向消费市场的有效措施与手段，也是一座新型的消费安全桥梁。

一、农产品品牌培育

农产品品牌是一种无形资产，代表着农产品的质量和信誉、代表着农产品的文化与价值、个性与风格。农产品品牌培育需要政府、经营主体联合来进行。政府要鼓励品牌建设，保护品牌；经营主体和行业协会要加强行业自律，把好初级产品的质量关，严禁以次充好，长期保持区域品牌形象，防范区域品牌被破坏。

(一)充分利用资源特色

特色资源是农产品品牌的基础。有关部门特别是农业部门对农产品的生产要进行规划指导，充分利用农业资源的特色，开拓和进行农产品品牌开发。比如，在浙江省有温岭草鸡、黄岩蜜橘、仙居杨梅、温岭高橙等，有地方特色的农业资源要尽力开发，充分利用起来。

(二)形成生产经营规模

从世界农产品品牌的成功经验看，多为先有规模，后有品牌，规模支撑品牌。但我国农业经营主体小规模分散经营的生产特点，使农产品品牌不论在地域上还是在产业链环节上，都存在一定的分散性和分割性，难以形成集中打响品牌的合力。因此，解决目前我国农业生产规模小、营销方式落后等问题的有效途径是建立各种形式的农业产业化组织。在生产方面，可以建立农民生产协会、专业性生产合作组织，内部实行不同程度的经营主体化管理与经营，如专业性生产某一种类或品种的农产品，统一进行产品的加工并使用同一品牌销售，依靠其拥有品牌农产品的优势，以利益为纽带，以品牌为载体，将分散的千家万户联合成一个利益共同体，形成品牌农产品群体，作为农产品品牌战略的组织依托。还可以“龙头”组织带动，以实力较强的农产品生产加工产业化经营组织为龙头，围绕一项产业或产品，以龙头组织对品牌塑造和开发为核心，积极推行标准化“统一”管理，辐射带动基地和周边农户，带动农产品品牌发展。在市场方面，建立有特点的品牌产品产地市场，集中销售当地的名优农产品，同时建立稳定的销售渠道、开拓新的业务关系，促进农产品的大流通。在有条件的地方，还可以促进品牌农产品走向世界市场。

(三)强化经营主体意识

质量是农产品的生命线，是农产品创品牌的根本。产品经营者应按标准组织生产管理，提高农产品质量。保证农产品质量安全，这是打造品牌的基石。因此，农业经营管理者需要大力推行农产品的标准化工作，突出抓好农业质量标准、农产品质量监督检测和农业标准化技术推广三大体系建设，做到质量有标准，生产有规程，产品有标志，市场有监测。把质量管理和标志管理贯穿始终，严格按照生产操作规程，认真做好农业环境质量监测、产品质量监测，规范产前、产中、产后的配套生产技术标准，制订严格的产品质量标准，稳定农产品的内在品质。

(四)获得产品商标

商标是农产品品牌的标志物，发展品牌农业，商标注册是前提。注册农产品商标，是农产品取得法律保护地位的唯一途径，没有法律地位的农产品终究要被他人侵蚀、淘汰。在开展商标注册和品牌认证中，应积极为地区名优农产品注册集体商标、证明商标，形成地区品牌。

二、集体商标、证明商标和地理标志的申请

根据国内外农业发展先进地区的经验、商标的特征和相关法律法规的精神，农业和农产品运用商标开拓市场，提高效益最显著最有效的途径是尽可能多地注册与使用集体商标、证明商标和地理标志。

(一)集体商标

集体商标是指以团体、协会或者其他组织名义注册，供该组织成员在商事活动中使用，以表明使用者在该组织中的成员资格的标志。集体商标不是个别企业的商标，而是多个企业组成的某一组织的商标。集体商标可以使用于商品，也可以使用于服务。集体商标由该组织的成员共同使用，不是该组织的成员不能使用，也不得转让。集体商标有效期为10年，专用权自核准注册之日起计算。

1. 集体商标注册申请

申请注册集体商标有两条途径：一是委托国家认可的商标代理机构办理；二是申请人直接到商标局的商标注册大厅来办理。

委托商标代理机构办理证明商标注册申请的，申请人可以自愿选择任何一家国家认可的商标代理机构办理。

申请人直接到商标局的商标注册大厅来办理集体商标注册申请的，申请办理步骤如下：

申请前查询(非必须程序)→准备申请书件→在商标注册大厅受理窗口提交申请书件→在打码窗口打收文条形码→在交费窗口缴纳商标注册规费→一个月左右商标局发出《受理通知书》→商标注册申请补正(非必须程序)。

一件证明商标从申请到核准注册至少需要1年多时间。申请后如果被驳回，一方面损失商标注册费，另一方面重新申请注册还需要时间，而且再次申请能否被核准注册仍然出于未知状态。因此，申请人在申请注册前最好进行商标查询，以便确认是否存在在先商标权。委托商标代理机构办理注册申请的，由商标代理机构负责查询。

2. 集体商标申请书件的准备

(1)商标注册申请书1份。

(2)集体商标申请人主体资格的文件及复印件，或者加盖申请人印章的有效复印件。

(3)以地理标志作为集体商标的，应当在申请书件中说明下列内容：

※该地理标志所标示的商品的特定质量、信誉或者其他特征；

※该商品的特定质量、信誉或者其他特征与该地理标志所标示的地区的自然因素和人文因素的关系；

※该地理标志所标示的地区的范围。

(4)集体商标使用管理规则。

(5)商标图样5张，要求图样清晰、规格为长和宽不小于5厘米并不大于10厘米。若指定颜色，则为彩色图样5张，并附黑白墨稿一张。

(6)直接来办理注册申请的，须提交经办人的身份证及复印件；委托商标代理机构办理注册申请的，须提交商标代理委托书。

(7)如申请注册的集体商标是人物肖像，应附送经过公证的肖像权人同意将此肖像作为商标注册的声明文件。

3. 注册规费

一个集体商标在一个类别上申请注册为一件注册申请。在一个类别上不管指定多少个商品或者服务项目，每件申请注册规费为3 000元。

委托商标代理机构办理的集体商标注册申请，申请人应向商标代理机构缴纳注册规费和代理费，商标局收取的商标注册规费从该商标代理机构的预付款中扣除。

4. 对地理标志作为集体商标申请的要求

我国《商标法实施条例》指出，商标法中规定的地理标志，可以依法作为集体商标申请注册。《集体商标、证明商标注册和管理办法》明确规定作为集体商标申请注册的地理标志，可以是该地理标志标示地区的名称，也可以是能够标示某商品来源于该地区的其他可视性标志。以上所称地区无须与该地区的现行行政区划名称、范围完全一致。多个葡萄酒地理标志构成同音字或者同形字的，在这些地理标志能够彼此区分且不误导公众的情况下，每个地理标志都可以作为集体商标申请注册。

申请以地理标志作为集体商标注册的团体、协会或者其他组织，应当由来自该地理标志标示的地区范围内的成员组成。

以地理标志作为集体商标注册的，应当在申请书件中说明下列内容：

(1)该地理标志所标示的商品的特定质量、信誉或者其他特征。

(2)该商品的特定质量、信誉或者其他特征与该地理标志所标示的地区的自然因素和人文因素的关系。

(3)该地理标志所标示的地区的范围。

此外，还应当附送主体资格证明文件并应当详细说明其所具有的或者其委托的机构具有的专业技术人员、专业检测设备等情况，以表明其具有监督使用该地理标志商品的特定品质的能力；附送管辖该地理标志所标示地区的人民政府或者行业主管部门的批准文件。

外国人或者外国经营主体申请以地理标志作为集体商标、证明商标注册的，申请人应当提供该地理标志以其名义在其原属国受法律保护的证明。

(二)证明商标

证明商标是指由对某种商品或者服务具有监督能力的组织所控制，而由该组织以外的单位或者个人使用于其商品或者服务，用于证明该商品或者服务的原产地、原料、制造方法、质量或者其他特定品质的标志。证明商标用来保证所使用商品的特定品质，有利于企业向市场推销商品，也有利于消费者选择商品，保证商品的质量。

证明商标有两种类型：一类是原产地证明商标，证明商品或服务本身出自某原产地，是一种地理标志，原产地名称在一定情况下也可以作为证明商标注册；另一类是品质证明商标，是证明商品或服务具有某种特定品质的标志。

1. 申请证明商标

申请证明商标有两条途径：一是委托国家认可的商标代理机构办理；二是申请人直接到商标局的商标注册大厅来办理。

申请证明商标需要提交的申请书件：

(1)商标注册申请书1份。

(2)证明商标申请人主体资格的文件及复印件，或者加盖申请人印章的有效复印件，并应当详细说明其所具有的或者其委托的机构具有的专业技术人员、专业检测设备等情况，以表明其具有监督该证明商标所证明的特定商品品质的能力。

(3)以地理标志作为证明商标注册的，应当在申请书件中说明下列内容：

※该地理标志所标示的商品的特定质量、信誉或者其他特征；

※该商品的特定质量、信誉或者其他特征与该地理标志所标示的地区的自然因素和人文因素的关系；

※该地理标志所标示的地区的范围。

(4)证明商标使用管理规则。

(5)商标图样5张，要求图样清晰、规格为长和宽不小于5厘米并不大于10厘米。若指定颜色，则为彩色图样5张，并附黑白墨稿一张。

(6)如申请注册的证明商标是人物肖像，应附送经过公证的肖像权人同意将此肖像作为商标注册的声明文件。

2. 证明商标申请书件的具体要求

(1)申请注册证明商标，应在商标注册申请书的“商标种类”一栏中注明是证明商标。

(2)证明商标申请人主体资格的文件可以是企业的营业执照，或者事业单位、群众团体经登记成立的批准文件。

(3)申请以地理标志作为证明商标注册的，其附送的证明其具备监督能力和原产地域范围的文件应当由省级以上业务主管部门(含省级)出具。

(4)证明商标使用管理规则应包括以下内容：使用证明商标的宗旨、意义或目的；该证明商标证明的商品的特定品质；使用该商标的条件；使用证明商标的权利、义务和违反规则应当承担的责任；注册人对使用该证明商标商品的检验监督制度。

(三)地理标志

地理标志是指标示某商品来源于某地区，该商品的特定质量、信誉或者其他特征主要由该地区的自然因素或者人文因素所决定的标志。地理标志除了作为表明产品的来源地的标记以外，还是商品质量形象的一个重要标志，它往往和产品的质量、信誉以及产品的品位紧密联系在一起，让人们联想到该产品所具有的与该原产地独特的地理环境或自然或人为的因素密切相关的某些特性。因此，产品的地理标志构成了商品的质量信誉，是正宗和品质的保证，可积极推动和引导的商品销售和消费，无形中成为商品的广告手段，扩大了商品的知名度，形成了商品的附加值，也是消费者识别和选择商品的重要信息。

1. 我国对地理标志的保护

我国对地理标志的立法起步较晚，目前我国在地理标志保护上同时存在着工商和质检两个部门、两种模式的保护，即工商部门的商标保护和质检部门的地理标志产品及原产地标记的保护。除此之外，地理标志还受到反不正当竞争法、产品质量法、消费者权益保护法等其他法律的一般性保护。

2001 年我国对《商标法》进行修正，对集体商标和证明商标作了明确规定，并规定了地理标志的定义，确立了对地理标志的证明商标和集体商标保护，意味着从国家法律的层次上明确将地理标志的保护纳入商标法的保护体系。2002 年国务院颁布了新的《商标法实施条例》，2003 年国家工商行政管理局颁布了新的《集体商标、证明商标注册和管理办法》，对地理标志的证明商标和集体商标注册和保护作了进一步的充实和完善。2004 年下发的《关于加强农产品地理标志保护与商标注册工作的通知》，强调了新时期农产品地理标志保护与商标注册工作的重要意义。根据商标法及相关规定，地理标志可以"作为证明商标或者集体商标申请注册"，即地理标志在我国可以通过注册商标（仅指证明商标或者集体商标）专用权的方式进行法律保护。

1999 年原国家质量技术监督局发布《原产地域产品保护规定》，这一规章和《商标法》并存，形成了对地理标志保护的两种并行模式，2001 年原国家出入境检验检疫局颁布《原产地标记管理规定》及《原产地标记管理规定实施办法》，同年原国家质量技术监督局和原国家出入境检验检疫局合并为国家质量监督检验总局，2005 年国家质检总局颁布《地理标志产品保护规定》，从内容上看三者之间是一脉相承的，新规定沿用了《原产地域产品保护规定》的基本框架。

截止到 2010 年，国家质检总局已对1 008个产品实施了地理标志保护，核准6 000多家企业使用地理标志产品专用标志。其中，国内产品1 007件，国外 1 件。受保护产品的经济效益平均提高 20%以上，有的甚至成倍增长。

2. 地理标志产品保护的申请、审批程序

2005 年 7 月 1 日起实施的《地理标志产品保护规定》对地理标志产品保护的申请与审批程序作了详细具体的规定。

(1)申请与受理。地理标志产品保护申请，由当地县级以上人民政府指定的地理标志产品保护申请机构或人民政府认定的协会和经营主体（以下简称申请人）提出，并征求相关部门意见。申请保护的产品在县域范围内的，由县级人民政府提出产地范围的建议；跨县域范围的，由地市级人民政府提出产地范围的建议；跨地市范围的，由省级人民政府提出产地范围的建议。申请人应提交以下资料：

①有关地方政府关于划定地理标志产品产地范围的建议。

②有关地方政府成立申请机构或认定协会、经营主体作为申请人的文件。

③地理标志产品的证明材料，包括：地理标志产品保护申请书；产品名称、类别、产地范围及地理特征的说明；产品的理化、感官等质量特色及其与产地的自然因素和人文因素之间关系的说明；产品生产技术规范（包括产品加工工艺、安全卫生要求、加工设备的技术要求等）产品的知名度，产品生产、销售情况及历史渊源的说明。

④拟申请的地理标志产品的技术标准。出口经营主体的地理标志产品的保护申请向本辖区内出入境检验检疫部门提出；按地域提出的地理标志产品的保护申请和其他地理标志产品的保护申请向当地（县级或县级以上）质量技术监督部门提出。

省级质量技术监督局和直属出入境检验检疫局，按照分工，分别负责对拟申报的地理标志产品的保护申请提出初审意见，并将相关文件、资料上报国家质检总局。

(2)审核与批准。国家质检总局对收到的申请进行形式审查。审查合格的，由国家质检总局在国家质检总局公报、政府网站等媒体上向社会发布受理公告；审查不合格的，应书面告知申请人。有关单位和个人对申请有异议的，可在公告后的2个月内向国家质检总局提出。

国家质检总局按照地理标志产品的特点设立相应的专家审查委员会，负责地理标志产品保护申请的技术审查工作。国家质检总局组织专家审查委员会对没有异议或者有异议但被驳回的申请进行技术审查，审查合格的，由国家质检总局发布批准该产品获得地理标志产品保护的公告。

◆**小资料7-6** 山东蓬莱既是世界七大葡萄海岸之一，也是烟台苹果的主要产区之一。为培育和宣传蓬莱"烟台葡萄酒"、"烟台苹果"等地方特色品牌产业，提高蓬莱产区知名度，扩大国内外市场份额，蓬莱市质量技监局于2002年以来，先后指导6家葡萄酒经营主体、8家果蔬公司和1家粉丝经营主体获得"烟台葡萄酒"、"烟台苹果"和"龙口粉丝"国家地理标志产品保护，为蓬莱特色产品穿上了国际保护的"外衣"。并有两个产品获得国家免检，一个产品获中国名牌，两个产品获山东名牌。"烟台葡萄酒"、"烟台苹果"和"龙口粉丝"获得地理标志产品保护后，为保证其产品的质量和特色，增强国内外市场的竞争力，质量技监部门根据《地理标志产品保护规定》，结合生产实际，先后编制《葡萄栽培技术规程》、《苹果栽培技术规程》和《无公害酿酒葡萄》等实用技术规范。

作为蓬莱首家受惠地理标志产品保护制度的经营主体——鑫圆工贸有限公司自2003年取得"烟台苹果"地理产品保护标志以来，苹果出口量连年增加，已由1万多吨增加到目前的2万多吨，市场由东南亚扩大到中东市场和欧洲，且欧洲市场出口量已占出口总量60%以上。同样，作为蓬莱4大主导产业之一的葡萄酒，地理标志产品则为这一产业发展提供了国际化法律保护。目前，已获"烟台葡萄酒"的有中粮、华鲁、海市、御任公司等，这些经营主体的葡萄酒产量占到了蓬莱年产量60%以上。全市已建设标准化葡萄基地8 000公顷，发展培育规模葡萄酒经营主体47家，葡萄酒产量达到12万吨，全国每5瓶葡萄酒就有1瓶为蓬莱生产，年实现销售收入16.6亿元，利税5.3亿元，带动农民3.7万户，增加农民收入3亿元。

三、中国名牌农产品的申请、评选认定程序

(一)中国名牌农产品的申请

根据农业部2007年9月发布的《中国名牌农产品管理办法》，中国名牌农产品评选认定工作坚持"自愿、无偿、客观、公开、公正、公平"的原则。只有依法获得"中国名牌农产品"称号的农产品，才可以使用"中国名牌农产品"称号与标志。

1. 受理机关

申请人应当向所在省(自治区、直辖市及计划单列市)农业行政主管部门提出申请，并提交申报材料。

2. 申请人应具备的条件

申请"中国名牌农产品"称号的申请人，应具备下列条件：

(1)具有独立的经营主体法人或社团法人资格，法人注册地址在中国境内；

(2)有健全和有效运行的产品质量安全控制体系、环境保护体系，建立了产品质量追溯制度；

(3)按照标准化方式组织生产；

(4)有稳定的销售渠道和完善的售后服务；

(5)近三年内无质量安全事故。

3. 产品应具备的条件

申请“中国名牌农产品”称号的产品，应具备下列条件：

(1)符合国家有关法律法规和产业政策的规定；

(2)在中国境内生产，有固定的生产基地，批量生产至少三年；

(3)在中国境内注册并归申请人所有的产品注册商标；

(4)符合国家标准、行业标准或国际标准；

(5)市场销售量、知名度居国内同类产品前列，在当地农业和农村经济中占有重要地位，消费者满意程度高；质量检验合格；

(6)食用农产品应获得“无公害农产品”、“绿色食品”或者“有机食品”称号之一；

(7)是省级名牌农产品。

(二)中国名牌农产品评选认定程序

根据农业部2007年9月发布的《中国名牌农产品管理办法》，中国名牌农产品实行年度评审制度。农业部成立中国名牌农产品推进委员会(以下简称名推委)，负责组织领导中国名牌农产品评选认定工作，并对评选认定工作进行监督管理。

1. 申请

申请人向所在省(自治区、直辖市及计划单列市)农业行政主管部门提出申请，并提交申报材料。

2. 审查

省(自治区、直辖市及计划单列市)农业行政主管部门负责申报材料真实性、完整性的审查。符合条件的，签署推荐意见，报送名推委办公室。

3. 评选

名推委办公室组织评审委员会对申报材料进行评审，形成推荐名单和评审意见，上报名推委。

名推委召开全体会议，审查推荐名单和评审意见，形成当年度的中国名牌农产品拟认定名单，并通过新闻媒体向社会公示，广泛征求意见。

4. 审核认定

名推委全体委员会议审查公示结果，审核认定当年度的中国名牌农产品名单。

5. 公告

对已认定的中国名牌农产品，由农业部授予“中国名牌农产品”称号，颁发《中国名牌农产品证书》，并向社会公告。

中国名牌农产品证书的有效期为三年，有效期满要继续使用中国名牌农产品称号的，应当重新提出申请。

依法保护农产品注册商标、地理标志和知名品牌已被写进了2007年1月的“中央1号文件”。国务院副总理吴仪在出席世界地理标志大会时指出，运用地理标志保护和发展农产品，促进农产品的增值和规模经营，有效地促进了农业增效、农民增收和农村发展，为中国解决“三农”问题找到了一个很好的切入点。

【本章练习】

1. 简述无公害农产品、绿色食品、有机食品的联系。

2. 简述有机农业标准体积及有机农业国际标准包括的主要内容。

3. 简述绿色食品的分级标准。

4. 如何培育农产品品牌?

5. 什么是地理标志、证明商标、集体商标?

【技能训练】

1. 调查当地无公害农产品生产的具体措施,并对当地无公害农产品生产提出指导性意见。

2. 调查当地有机农业生产状况并写出分析报告。

3. 调查当地农产品品牌状况,为当地具备条件的农产品准备申请集体商标(证明商标、地理标志)所需材料。

4. 为符合中国名牌农产品条件的经营者准备申报材料。

第八章　农产品质量管理

知识目标

了解农产品质量管理、农产品质量安全责任内容

熟悉农业标准化和农产品质量认证内容

掌握农业标准体系及农产品质量认证程序

能力目标

能够组织开展农业标准化生产经营

能够组织开展农产品产品认证

◆小案例 8-1　乳山建农产品质量全程追溯机制

福喜(威海)农牧发展有限公司通过自建养殖小区实现了质量管理的追溯机制。公司在乳山建成 100 万只规模的现代化养殖小区 30 个，全年肉鸡出栏量可达3 500万只。这些养殖小区均由福喜公司统一提供技术指导与服务，统一供应雏鸡、饲料、药品，统一安排出栏和宰杀；养殖过程中禁止使用违禁兽药和饲料添加剂，全部按规定的兽药使用途径、使用剂量和疗程操作，并留有详细的养殖和检疫检测记录，包括进雏鸡日期、数量、来源、每日的免疫记录、用药记录、喂料量，鸡群健康状况等都有详细记录。一旦出现问题，公司都可以通过订单号找到相应的生产日期这一栏，通过生产日期提供的信息马上就可以追查根本原因和具体责任人。

作为乳山花生制品出口的龙头老大，华隆食品工业公司一年出境的集装箱多达 700 多个。1 万余吨花生制品的原料来自乳山及周边县市的两三百个村，源头十分广泛。在公司基地管理部部长宫本善眼里，每个集装箱乃至每包产品的背后都有一根“线”，无论产品卖到全球各地的哪个角落，若有需要，他随时一拽这根“线”，就能拽出这些花生制品从地头到生产车间再到装箱起运所“走”过的每一个“足迹”，时间、地点、责任人一个不落。正是依靠这种可追溯制度，一些药残超标的地块被公司从基地中剔除，不合格农产品被企业拒收，生产过程中影响产品质量的环节被加以改正，出口风险大大降低。

基于追溯制度的安全农产品，已成为乳山响当当的城市品牌。乳山先后获得 25 个绿色无公害农产品认证以及“乳山牡蛎”、“乳山大姜”、“乳山茶叶”3 个国家地理商标认证，成为全国出口农产品质量安全生产示范区。乳山农产品实现了由产品找市场到市场找产品的转变，出口国家和地区达到 57 个：俄罗斯客商与乳山达成农产品长期供货协议，新加坡经贸理事会把乳山作为原料采购地和产品加工区，香港五丰行集团在乳山建立了2 000亩供港苹果基地。

启示：进入 21 世纪后，农业经营管理中首先需要考虑的是保证农产品的质量。但对于农业产业化的龙头企业来讲，实现产品生产的全面质量管理并非易事，位于产业链末端的农户质量意识较差，生产方式较低级并且分散生产，这些都给农产品生产的质量管理造成困难。可追

溯机制是保证农产品质量的关键，不仅出口产品加工种植基地需要，内销市场的农产品基地也需要。

第一节 农产品质量管理与农产品质量安全管理

一、农产品质量管理

农产品质量范围主要包括能够满足消费者所要求的营养成分、卫生安全、口感等特性。农产品质量不仅对农产品本身可度量的质量参数有要求，而且对生产农产品的过程控制有严格的要求，进而对生产的方式和方法也有要求。例如对使用农业化学品的限制要求，对使用生长激素的限制要求，对使用生物技术的限制要求等。此外，农产品的加工程度和方式也构成质量的一个方面。

农产品质量管理有微观与宏观两个层次。

1. 微观农产品质量管理

微观农产品质量管理是指农业生产经营者为了保证和提高农产品质量所进行的调查、计划、组织、协调、控制、检查、处理及信息反馈等项活动的总称。基本任务是确定合理的质量目标，制定并执行全面的质量计划，建立有效的质量保证体系。农产品质量微观管理内容主要包括质量保证和质量控制。

质量保证是为使人们确信某一产品、过程或服务的质量所必需的全部有计划有组织的活动。为确保用户和消费者对质量的信任，经营主体需要向顾客提供其设计和生产的各个环节是有能力提交合格产品或服务的证据，这些证据是有计划的和系统的质量活动的产物。质量保证有两个含义：一是指经营主体向用户提供证据，证明经营主体能够生产提供满足规定质量要求的产品；二是指经营主体为了保证产品质量所必需的全部有计划、有组织的生产经营活动。

就经营主体而言，质量保证可以分为外部质量保证和内部质量保证两种。外部质量保证是使顾客确信经营主体提供的产品或服务能够达到预定的质量要求而进行的质量活动。内部质量保证是为了使经营主体内部各级管理者确信本经营主体本部门能够达到并保持预定的质量要求而进行的质量活动。为了提供这种信任，通常要对经营主体质量体系中的有关要素不断进行评价和审核，以证实该经营主体具有持续稳定地使产品或服务满足规定要求的能力。经营主体向用户提供必要保证质量的技术和管理证据，这种证据，虽然往往是以书面的质量保证文件形式提供的，但它是以现实的质量活动作为坚实后盾的，即表明该产品或服务是在严格的质量管理中完成的，具有足够的管理和技术上的保证能力。

质量控制是一个确保生产出来的产品满足要求的过程，是一个设定标准（根据质量要求）、测量结果，判定是否达到了预期要求，对质量问题采取措施进行补救并防止再发生的过程，质量控制不是检验。质量控制的目的是保证质量，满足要求。农产品质量控制包括从土地中的成分、种子、浇水施肥、非农药等种植生产过程，到采摘、包装、运输、市场、最后到餐桌上的全部17个环节过程都要严格执行一系列标准。

2. 宏观的农产品质量管理

宏观的农产品质量管理是政府、社会组织等为了保证农产品质量安全所采取的各项措施和活动。2006 年 11 月 1 日起施行《中华人民共和国农产品质量安全法》规范了农产品管理环节包括农产品产地环境、农业投入品的科学合理使用、农产品生产和产后处理的标准化管理,也包括农产品的包装、标识、标志和市场准入管理。规定农产品生产经营主体、农民专业合作经济组织、农产品批发市场、农产品经销者必须执行农产品质量安全标准。

(1)产地环境管理。产地环境管理实施依靠环保部门和各级农业行政管理部门。环保部门要开展对农产品生产基地的环境检测。各级农业行政部管理部门要解决好化肥、农药、兽药、饲料等农业投入品的对农业生产环境和农产品的污染问题。

(2)农业投入品管理。国家陆续颁布了《中华人民共和国兽药管理条例》、《中华人民共和国饲料和饲料添加剂管理条例》、《肥料登记管理条例》、《农药安全使用规定》、《农药限制使用管理规定》等相关法规,健全农业投入品的市场准入制度,严格农业投入品的生产、经营许可证制度。

(3)生产过程管理。农业行政管理部门指导农产品生产经营者严格按照相关标准组织生产、加工、科学合理使用化肥、农药、兽药、饲料等农业投入品和灌溉、养殖用水,推广先进的动植物病虫害综合防治技术,健全动物防疫和职务保护体系。

(4)包装标识管理。对包装上市的农产品,要标明产地和生产单位,建立农产品质量准入制度。

(5)市场准入管理。建立自检制度和政府检测检验制度。自检合格的农产品才能投入市场。政府检测检验不合格的农产品,其生产经营者将受到处罚。

二、农产品质量安全管理

农产品质量安全是指食品中不应包含有可能损害或威胁人体健康的有毒、有害物质或不安全因素,不可导致消费者急性、慢性中毒或感染疾病,不能产生危及消费者及后代健康的隐患。随着 2006 年 4 月 29 日全国人大常委审议通过的《农产品质量安全法》的正式实施,中国农产品质量安全管理发生了重大变革,从过去单纯政府管理转向全民共同参与,从单一政府职责转向全社会共同推进,从阶段性工作转向法定性、持久性和常态化工作,从单一的行政推动转向行政推动与执法监管相结合,从单一的部门职能行为转向国家公共事务管理职能。

(一)农产品质量安全管理特点

在具体表现形式上,法制化管理是农产品质量安全管理的重点,并凸显科学管理、规范生产、市场准入、法定责任、救助和全程六大特点。

1. 科学管理

遵循国际通行的农产品质量安全管理理论即风险评估与全程追溯理论,国务院农业行政主管部门设立由有关方面专家组成的农产品质量安全风险评估专家委员会,对可能影响农产品质量安全的潜在危害进行风险分析和评估。国务院农业行政主管部门根据农产品质量安全风险评估结果采取相应的管理措施,并将农产品质量安全风险评估结果及时通报国务院有关部门;充分考虑农产品质量安全风险评估结果,并听取农产品生产者、销售者和消费者的意见,制定农产品质量安全标准,保障消费安全;县级以上人民政府农业行政主管部门在农产品质量安全监督管理中,若发现有不符合《农产品质量安全法》第三十三条规定的农产品,应当按照农产品质量安全责任追究制度的要求,查明责任人,依法予以处理或者提出处理建议。

◆**小资料8-1** 根据《中华人民共和国农产品质量安全法》第三十三条规定，具有下列情形之一的农产品不得销售：含有国家禁止使用的农药、兽药或者其他化学物质的；农药、兽药等化学物质残留或者含有的重金属等有毒有害物质不符合农产品质量安全标准的；含有的致病性寄生虫微生物或者生物毒素不符合农产品质量安全标准的；使用的保鲜剂、防腐剂、添加剂等材料不符合国家有关强制性的技术规范的；其他不符合农产品质量安全标准的。

2. 规范生产

明确了农产品标准化生产、规范化管理规定。国家引导、推广农产品标准化生产，鼓励和支持生产优质农产品，禁止生产、销售不符合国家规定的农产品质量安全标准的农产品；禁止在有毒有害物质超过规定标准的区域生产、捕捞、采集食用农产品和建立农产品生产基地；禁止违反法律、法规的规定向农产品产地排放或者倾倒废水、废气、固体废物或者其他有毒有害物质。农业生产用水和用作肥料的固体废物，应当符合国家规定的标准；农产品在包装、保鲜、贮存、运输中使用的保鲜剂、防腐剂、添加剂等材料，应当符合国家有关强制性的技术规范。

3. 市场准入

设置了上市销售农产品具体的市场准入条件。不符合农产品质量安全标准的农产品，不得上市销售。

4. 法定责任

明确规定了农产品生产者、销售者、技术机构和管理者的法定责任。

5. 救助

使公众和被监管对象有了反映问题、陈述理由的公共信息传递平台和通道。《农产品质量安全法》明确规定：农产品生产者、销售者对监督抽查检测结果有异议的，可以自收到检测结果之日起五日内，向组织实施农产品质量安全监督抽查的农业行政主管部门或者其上级农业行政主管部门申请复检。因检测结果错误给当事人造成损害的，政府部门和相关机构依法承担赔偿责任；国家鼓励单位和个人对农产品质量安全进行社会监督。任何单位和个人都有对农产品质量安全违法行为进行检举、揭发和控告的权利。生产、销售违反《农产品质量安全法》第三十三条规定农产品给消费者造成损害的，农产品生产者、销售者依法承担赔偿责任。在农产品批发市场中销售违反《农产品质量安全法》第三十三条规定农产品的，消费者可以直接向农产品批发市场要求赔偿；属于农产品生产者、销售者责任的，农产品批发市场有权追偿。消费者也可以直接向农产品生产者、销售者要求赔偿。

6. 全程

对农产品实施生产、流通环节全程质量安全监管。国家建立统一的农产品质量安全监测制度，县级以上人民政府农业行政主管部门按照保障农产品质量安全要求，统一负责制定并组织实施农产品质量安全监测计划，对生产中或者市场上销售的农产品进行监督抽查。同时规定监督抽查结果由国务院农业行政主管部门或者省、自治区、直辖市人民政府农业行政主管部门按照权限予以公布，监督抽查检测应当委托符合《农产品质量安全法》第三十五条规定条件的农产品质量安全检测机构进行，不向被抽查人收取费用，抽取的样品不得超过国务院农业行政主管部门规定的数量。而且同时规定，凡上级农业行政主管部门监督抽查过的农产品，下级农业行政主管部门不得另行重复抽查。县级以上人民政府农业行政主管部门在农产品质量安全监督检查中，可以对生产、销售的农产品进行现场检查，调查了解农产品质量安全的有关情况，查阅、复制与农产品质量安全有关的记录和其他资料；经检测不符合农产品质量安全标准的农产品，有权查封、扣押。

（二）农产品质量安全管理责任

《农产品质量安全法》明确规定了农产品生产者、销售者、技术机构和管理者的法定责任。

1. 农产品生产者

要合理使用化肥、农药、兽药、农用薄膜等化工产品，防止对农产品产地造成污染；要按照法律、行政法规和国务院农业行政主管部门的规定，合理使用农业投入品，严格执行农业投入品使用安全间隔期或者休药期的规定，防止危及农产品质量安全。禁止在农产品生产过程中使用国家明令禁止使用的农业投入品；销售的农产品必须符合农产品质量安全标准，鼓励申请使用无公害农产品质量标志。禁止冒用农产品质量标志；对农产品生产经营主体和农民专业合作经济组织而言，要求在生产过程中应当建立农产品生产记录，如实记载使用农业投入品的名称、来源、用法、用量和使用、停用的日期，动物疫病、植物病虫草害的发生和防治情况，收获、屠宰或者捕捞的日期。

2. 农产品销售者

农产品生产经营主体、农民专业合作经济组织以及从事农产品收购的单位或者个人销售的农产品，按照规定应当包装或者附加标识的，须经包装或者附加标识后方可销售。包装物或者标识上应当按照规定标明产品的品名、产地、生产者、生产日期、保质期、产品质量等级等内容；使用添加剂的，还应当按照规定标明添加剂的名称。农产品批发市场，应当设立或者委托农产品质量安全检测机构，对进场销售的农产品质量安全状况进行抽查检测；发现不符合农产品质量安全标准的，应当要求销售者立即停止销售，并向农业行政主管部门报告。农产品销售经营主体，销售的农产品应当建立健全进货检查验收制度，经查验不符合农产品质量安全标准的不得销售。

3. 农业技术机构

农业科研教育机构和农业技术推广机构应当加强对农产品生产者质量安全知识和技能的培训；农民专业合作经济组织和农产品行业协会对其成员应当及时提供生产技术服务，建立农产品质量安全管理制度，健全农产品质量安全控制体系，加强自律管理；农产品质量安全检测应当充分利用现有的符合条件的检测机构。从事农产品质量安全检测的机构，必须具备相应的检测条件和能力，由省级以上人民政府农业行政主管部门或者其授权的部门考核合格。农产品质量安全检测机构应当依法经计量认证合格。

4. 农产品质量安全管理者

县级以上人民政府，应当将农产品质量安全管理工作纳入本级国民经济和社会发展规划，并安排农产品质量安全经费，用于开展农产品质量安全工作；同时应当采取措施加强农产品基地建设，改善农产品的生产条件，推进保障农产品质量安全的标准化生产综合示范区、示范农场、养殖小区和无规定动植物疫病区的建设。各级人民政府及有关部门，应当加强农产品质量安全知识的宣传，提高公众的农产品质量安全意识，引导农产品生产者、销售者加强质量安全管理，保障农产品消费安全；县级以上地方人民政府，统一领导、协调本行政区域内的农产品质量安全工作，并采取措施，建立健全农产品质量安全服务体系，提高农产品质量安全水平。

(三)《农产品质量安全法》相关规定

1. 对农产品产地管理规定

禁止违反法律、法规的规定向农产品产地排放或者倾倒废水、废气、固体废物或者其他有毒有害物质;禁止在有毒有害物质超过规定标准的区域生产、捕捞、采集农产品和建立农产品生产基地。县级以上地方政府农业主管部门按照保障农产品质量安全的要求,根据农产品品种特性和生产区域大气、土壤、水体中有毒有害物质状况等因素,认为不适宜特定农产品生产的,应当提出禁止生产的区域,报本级政府批准后公布执行。

2. 对生产过程中保障质量安全的规定

依照规定合理使用农业投入品。依照规定建立农产品生产记录。对其生产的农产品的质量安全状况进行检测。

3. 对农产品的包装、标识的规定

对国务院农业主管部门规定在销售时应当包装和附加标识的农产品,农产品生产经营主体、农民专业合作经济组织以及从事农产品收购的单位或者个人,应当按照规定包装或者附加标识后方可销售。属于农业转基因生物的农产品,应当按照农业转基因生物安全管理的规定进行标识。依法需要实施检疫的动植物及其产品,应当附具检疫合格的标志、证明。

4. 对不符合农产品质量安全标准的处罚规定

责令停止销售,进行无害化处理或予以监督销毁;对责任者依法给予没收违法所得、罚款等行政处罚;对构成犯罪的,由司法机关依法追究刑事责任。

加强农产品质量安全管理,离不开健全的农业质量安全管理体系。要在农产品生产过程中贯彻质量检测体系、产品认证体系和质量监督体系的要求,推进农产品标准化生产。要把农业标准化贯穿于农业生产的全过程,切实加大对农产品的监督、检测力度,严格技术规程,严格化肥、农药、兽药、饲料添加剂的使用,防止和减少有毒、有害物质对农产品感染和对环境的污染。严格农产品加工、包装、保鲜的清洁生产,防止对农产品的二次感染,促使农产品生产向无公害产品、绿色食品、有机食品方向发展。

第二节 农业标准化

◆小案例 8-2 如何“种地”有章可循 农业标准化让农民种上放心田

7月上旬,正是吉林省延吉市小营镇圆葱的收获时节,在田间地头,一辆辆满载圆葱的大卡车络绎不绝。小营镇昼夜温差大,种出的圆葱甜辣适中。经过考察发现,圆葱是俄罗斯、韩国、日本等国的主食蔬菜,销量很大。为了帮助小营圆葱闯进国际市场,2001 年,延吉市技术监督部门根据国际标准制定了《延边圆葱无公害生产技术规程》。为了推广标准化生产,圆葱协会专门建立了 3 公顷的圆葱示范园区,做给农民看,带着农民干。2002 年,小营圆葱被认定为国家绿色产品。“国外市场门槛高,按照规程,施有机肥、用无公害农药等,每亩要多花 200 多元,但价格也好,算下账来,还是划算。”农民刘顺利说。有了严格的国际标准,越来越多的小营圆葱走出了国门。圆葱带来的丰厚收益也调动了农民标准化生产的积极性,小营镇圆葱标准化基地从刚开始的 3 公顷发展到了 500 公顷,标准化普及率达到 100%,农民每亩增收 1 万元以上。目前,延吉已经形成了以小营镇为中心的圆葱生产区,成为继山东、甘肃后全国第三大圆葱主产区。不少农民纷纷到外地包地种圆葱。

（资料来源：http：//news. qq. com/a/20070722/00C488. htm）

启示：标准是评价和衡量产品质量的尺度之一，是进行产品质量管理的依据。农产品质量必须以农业标准化为基础。农业标准化实施过程的每个环节，都有可操作性强的具体标准。如产地环境标准化、综合整地标准化、农田建设标准化、生产技术标准化、生产资料资使用标准化、田间管理标准化、收获储运标准化、产品加工标准化、商品包装标准化、过程记载标准化等。因此说农产品质量是以实施农业标准化为基础的。

一、农业标准及农业标准化

农业标准是指以成熟实用的农业科技成果为基础，按规定格式编写的，由标准化行政等主管部门批准、发布，用以指导农业生产、经营行为，取得最佳的经济、社会和生态效益的一类规范性文件。

农业标准化是指运用"统一、简化、协调、优选"的标准化原则，对农业生产的产前、产中、产后全过程，通过制定标准、实施标准和实施管理，促进先进的农业科技成果和经验迅速推广，确保农产品的质量和安全，指导生产，引导消费，从而取得良好的经济、社会和生态效益的一系列活动过程。

农业标准化的对象是农产品及种子的品种、规格、质量、等级、安全、卫生要求；试验、检验、包装、储存、运输、使用方法；生产技术、管理技术、术语、符号、代号等。其目的是将农业的科技成果和多年的生产实践相结合，制订成"文字简明、通俗易懂、逻辑严谨、便于操作"的技术标准和管理标准向农民推广，最终生产出质优、量多的农产品供应市场，不但能使农民增收，同时还能很好地保护生态环境。其内涵就是指农业生产经营活动要以市场为导向，建立健全规范化的工艺流程和衡量标准。推进农业标准化是提高农产品质量，实现农产品消费安全的根本保证，是拓展市场空间，提升农产品竞争力的当务之急，是适应入世后发挥农业比较优势，同世界接轨的迫切需要。

◆小资料 8-2 洪山菜薹是湖北武汉名优特产，被誉为"金殿御菜"，为提升产品质量，促进农户增产增收，2008 年在市质监局的领导和支持下，武汉楚天洪山菜薹产业开发有限公司在洪山区花山镇实施了洪山菜薹栽培标准化示范区的建设项目。通过两年的实施，示范区的建设初见成效，主示范区面积达到1 500亩，全区推广面积达到3 000余亩，示范户达到 960 多户。通过专家培训和指导，在示范区普及推广了《洪山菜薹栽培技术规程》、《洪山菜薹产品质量标准》。农户的标准化生产意识、产品质量意识得到显著提高，一改以往种植无规范、采收无标准、销售无组织的零散方式。示范区通过实施标准化生产，产品达到绿色食品等级，质量得到统一保障，产量也较以往提升了 30%以上，平均亩产达到1 500公斤；通过由龙头企业——武汉楚天洪山菜薹产业开发有限公司统一品牌化运作，统一组织销售，市场销售价格也较以往大幅提高。由原来平均 6 元/公斤提升到 16 元/公斤，示范区亩平均收入达8 000元，农户增收1 200元/亩。通过和大型超市、大型酒店的联姻，市场渠道进一步拓展，销量节节攀升，均衡稳定。同时武汉楚天洪山菜薹产业开发有限公司与华中农业大学合作，积极开发深加工产品，推进产业升级。现在已开发成功的干制洪山菜薹及腌制洪山菜薹等产品，市场反映良好，也丰富了洪山菜薹的产品结构，有效解决了洪山菜薹受季节影响和地域限制等问题。

（资料来源：http：//news. sina. com. cn/c/2010-03-25/024417268940s. shtml）

二、农业标准化的主要内容

农业标准化的内容十分广泛，主要有以下方面

1. 农业基础标准

指在一定范围内作为其他标准的基础并普遍使用的标准。主要是指在农业生产技术中所涉及的名词、术语、符号、定义、计量、包装、运输、贮存、科技档案管理及分析测试标准等。

2. 种子、种苗标准

主要包括农、林、果、蔬等种子、种苗、种畜、种禽、鱼苗等品种种性和种子质量分级标准、生产技术操作规程、包装、运输、贮存、标志及检验方法等。

3. 产品标准

指为保证产品的适用性，对产品必须达到的某些或全部要求制定的标准。主要包括农林牧渔等产品品种、规格、质量分级、试验方法、包装、运输、贮存、农机具标准、农资标准以及农业用分析测试仪器标准等。

4. 方法标准

指以试验、检查、分析、抽样、统计、计算、测定、作业等各种方法为对象而制定的标准。包括选育、栽培、饲养等技术操作规程、规范、试验设计、病虫害测报、农药使用、动植物检疫等方法或条例。

5. 环境保护标准

指为保护环境和有利于生态平衡，对大气、水质、土壤、噪声等环境质量、污染源检测方法以及其他有关事项制定的标准。例如水质、水土保持、农药安全使用、绿化等方面的标准。

6. 卫生标准

指为了保护人体和其他动物身体健康，对食品饲料及其他方面的卫生要求而制订的农产品卫生标准。主要包括农产品中的农药残留及其他重金属等有害物质残留允许量的标准。

7. 农业工程和工程构件标准

指围绕农业基本建设中各类工程的勘察、规划、设计、施工、安装、验收以及农业工程构件等方面需要协调统一的事项所制定的标准。如塑料大棚、种子库、沼气池、牧场、畜禽圈舍、鱼塘、人工气候室等。

8. 管理标准

指对农业标准领域中需要协调统一的管理事项所制定的标准。如标准分级管理办法、农产品质量监督检验办法及各种审定办法等。

三、农业标准体系

农业标准化是一项系统工程，这项工程的基础是农业标准体系、农业质量监测体系和农产品评价认证体系建设。三大体系中，标准体系是基础中的基础，只有建立健全涵盖农业生产的产前、产中、产后等各个环节的标准体系，农业生产经营才有章可循、有标可依；质量监测体系是保障，它为有效监督农业投入品和农产品质量提供科学的依据；产品评价认证体系则是评价农产品状况、监督农业标准化进程、促进品牌、名牌战略实施的重要基础体系。三大基础体系是密不可分的有机整体，互为作用，缺一不可。

农业标准体系由农业技术标准、农业管理标准、农业工作标准组成。

农业技术标准包括:基础性技术标准;农产品标准;生产技术规程、规范;农艺、农产品加工技术标准;检验、检疫标准;设施标准;环保标准;包装、标志、储运标准。

农业管理标准包括:生产、加工过程中的人力管理;基础设施管理;生产过程中的质量控制;安全、卫生质量管理;实施管理的报告和记录。

农业工作标准的内容:工作岗位的职责;岗位工作人员基本技能;工作内容、要求与方法;检查与考核的办法和量化指标等。

我国农业标准体系分为四级:

▲国家标准:是指对全国经济技术发展有重大意义,必须在全国范围内统一的标准。国家标准由国家质量技术监督局编制计划和组织草拟,并统一审批、编号和发布。

▲行业标准:是指我国全国性的农业行业范围内统一标准。根据《标准化法》规定:"对没有国家标准而又需要在全国某个行业范围内统一技术要求,可以制定行业标准。"农业行业标准是由农业部组织制定。行业标准是对国家标准的补充,行业标准在相应国家标准实施后,自行废止。

▲地方标准:是指在某个省、自治区、直辖市范围内需要统一的标准。对没有国家标准和行业标准而又需要在省、自治区、直辖市范围内统一的技术和管理要求,可以制定地方标准。地方标准由省、自治区、直辖市政府标准化行政主管部门制定。地方标准不得与国家标准、行业标准相抵触。在相应的国家标准或行业标准实施后,地方标准自行废止。

▲企业标准:是指企业所制定的产品标准和在企业内需协调、统一的技术要求和管理工作要求所制定的标准。企业标准由企业制定。

四、农业标准化示范区

农业标准推广实施的有效平台是农业标准化示范区。农业标准化示范区是指按照一定的种植或养殖标准组织生产和管理,其产品达到相关质量标准要求,并对周边地区起到示范、带动作用的农业生产区域。目前,农业标准化示范区共分为国家级、省级和市级三个级别,分别由国家标准化管理委员会、省质量技术监督局、市质量技术监督局及市农业局等主管部门批准立项及验收。

(一)示范区设立的基本条件

国家标准化管理委员会颁布实施的《农业标准化示范区管理办法》规定了农业标准化示范区设立的以下基本条件。

(1)所在地政府重视农业标准化工作,将示范区建设纳入当地政府的经济发展规划,明确示范区建设目标,落实措施,确保示范区建设顺利进行。

(2)示范区建设所需工作经费以项目承担单位投入为主,地方财政给予必要的经费补助,建立政府投入为导向、企业投入为主体、社会投入为补充的多元化投入机制。

(3)示范区的示范对象要以一种或一类优势特色农产品为主,按照区域化布局、专业化生产和规模化建设的要求;示范区建设要围绕国家和当地政府的重点工作,特别是国家实施的"名牌战略、三绿工程、无公害食品行动计划和食品药品放心工程",要与当地政府实施的各类农产品生产基地建设、农业科技园区、林业工程等有关项目紧密结合。大力加强出口、优势、特色农产品的示范区建设。示范区原则上按粮食、棉花、油料、蔬菜、畜牧、水产、果品、林产品等的生产、加工和流通示范类型进行布局。

(4)示范区应有较好的农业基础设施,有产业化的龙头企业或其他经济合作组织带动,有专门标准化机构和人员,有较强的科技推广队伍。

(二)示范区申报及管理

示范区有以下申报程序。

(1)由拟建设示范区单位提出开展示范区工作申请,并填写《农业标准化示范区任务书》,由当地标准化行政主管部门报上一级标准化行政主管部门审查。

(2)各省、直辖市、自治区标准化行政主管部门或行业行政主管部门对示范区建设单位提出的申请和填写的任务书进行审核后,择优上报国家标准化管理委员会。

(3)国家标准化管理委员会对上报项目综合审定,符合示范区总体布局和各项规定的,即可批准列入国家农业标准化示范区计划。

经国家标准化管理委员会批准确定的示范区项目,示范区建设时间一般为3年。项目一经确定,由示范区建设单位按任务书要求和实施方案组织实施。示范区应设立明显的标志,标示示范区项目名称、示范规模、示范内容、示范区承担单位、示范区批准设立单位等内容。示范区承担单位每年要进行一次自查,自查情况报省、自治区、直辖市标准化行政主管部门或行业主管部门。各省、自治区、直辖市标准化行政主管部门组织对示范区进行抽查,并将抽查结果上报国家标准化管理委员会。示范区建设3年期满时,由承担单位提出申请对示范区进行考核验收,由国家标准化管理委员会组织或委托示范区所在省、自治区、直辖市标准化行政主管部门或行业行政主管部门按照《农业标准化示范区考核验收办法》对示范区进行考核验收。获得农业标准化示范区称号和证书的产品,可申请在其产品、包装、标签及说明书上使用"标准化农产品"标志,证书和标志由国家标准化管理委员会统一制作。

第三节 农产品质量认证

质量认证是国际上对质量管理的一个通行手段,即通常所说的产品认证和ISO 9000标准认证。质量认证不仅是一种先进的管理方式,同时也是政府部门为提高本国产品质量而采用的一项有效的措施。近年来,我国农产品质量认证工作,基本形成了以产品认证为重点、体系认证为补充的农产品质量认证体系。在产品认证方面主要开展了无公害农产品认证、绿色食品认证和有机食品认证(三者简称"三品"认证)。在体系认证方面,目前国内主要开展了危害分析关键控制点(HACCP)认证、良好生产规范(GMP)认证和良好农业规范(GAP)认证,三者简称"3P"认证。

一、农产品产品认证

(一)无公害农产品认证

无公害农产品认证是政府行为,认证不收费。无公害农产品认证采取产地认定与产品认证相结合的方式,产地认定主要解决产地环境和生产过程中的质量安全控制问题,是产品认证的前提和基础,产品认证主要解决产品安全和市场准入问题。无公害农产品产地认定与产品认证审批事项是对申报种植业、畜牧业无公害农产品产地认定与产品认证项目进行审核,审核其产地环境、生产过程、产品质量是否符合农业部无公害农产品相关标准和规范的要求。

无公害农产品产地认定由省级农业行政主管部门组织实施，产品认证由农业部农产品质量安全中心组织实施。凡符合《无公害农产品管理办法》规定，生产产品在《实施无公害农产品认证的产品目录》内，具有无公害农产品产地认定有效证书的单位和个人（以下简称申请人），均可申请无公害农产品认证。

无公害农产品申请认证程序如下：

（1）申请人从中心、分中心或所在地省级无公害农产品认证归口单位领取，或者从中国农业信息网下载《无公害农产品认证申请书》及有关资料。

（2）申请人直接或者通过省级无公害农产品认证归口单位向申请认证产品所属行业分中心提交以下材料（一式两份）：

①《无公害农产品认证申请书》。

②《无公害农产品产地认定证书》（复印件）。

③产地《环境检验报告》和《环境现状评价报告》（2年内的）。

④产地区域范围和生产规模。

⑤无公害农产品生产计划。

⑥无公害农产品质量控制措施。

⑦无公害农产品生产操作规程。

⑧专业技术人员的资质证明。

⑨保证执行无公害农产品标准和规范的声明。

⑩无公害农产品有关培训情况和计划。

⑪申请认证产品上个生产周期的生产过程记录档案（投入品的使用记录和病虫草鼠害防治记录）。

⑫“公司加农户”形式的申请人应当提供公司和农户签订的购销合同范本、农户名单以及管理措施。

⑬要求提交的其他材料（详见种植业、畜牧业、渔业产品认证申请书）。

（3）分中心自收到申请材料之日起，在10个工作日内完成申请材料的审查工作。申请材料不符合要求的，中心书面通知申请人，本生产周期内不再受理其申请。申请材料不规范的，分中心书面通知申请人补充相关材料。申请人在规定的时间内按要求完成补充材料并报分中心。分中心在5个工作日内完成补充材料的审查工作。

（4）申请材料符合要求但需要对产地进行现场检查的，分中心组织检查员和专家组成检查组，进行现场检查。现场检查不符合要求的，中心书面通知申请人，本生产周期内不再受理其申请。

（5）申请材料符合要求（不需要对申请认证产品产地进行现场检查的）或者申请材料和产地现场检查符合要求的，分中心书面通知申请人委托有资质的检测机构对其申请认证产品进行抽样检验。

（6）产品检验不合格的，中心书面通知申请人，本生产周期内不再受理其申请。

（7）中心在5个工作日内完成对材料审查、现场检查（需要时）和产品检验的审核工作。组织评审委员会专家进行全面评审，在15个工作日内做出认证结论：同意颁证的，中心主任签发《无公害农产品认证证书》；不同意颁证的，中心书面通知申请人。

（8）中心根据申请人生产规模、包装规格核发无公害农产品认证标志。

《无公害农产品认证证书》有效期为3年，期满如需继续使用，证书持有人应当在有效期满90日前按本程序重新办理。

任何单位和个人（以下简称投诉人）对中心检查员、工作人员、认证结论、委托检测机构、获证人等有异议的均可向中心提出投诉。中心应当及时调查、处理所投诉事项，并将结果通报投诉人。投诉人对中心的处理结论仍有异议，可向农业部和国家认证认可监督管理委员会投诉。

◆小资料8-3 无公害产品认证申请书应当包括以下内容：申请人的姓名（名称）、地址、电话号码；产品品种、产地的区域范围和生产规模；无公害农产品生产计划；产地环境说明；无公害农产品质量控制措施；有关专业技术和管理人员的资质证明材料；保证执行无公害农产品标准和规范的声明；无公害农产品产地认定证书；生产过程记录档案；认证机构要求提交的其他材料。

（二）绿色食品标志申报

1. 申报程序（图8-1）

（1）申请人向所在省绿色食品委托管理机构提交正式的书面申请，并填写《绿色食品标志使用申请书》（一式两份）、《经营主体生产情况调查表》。

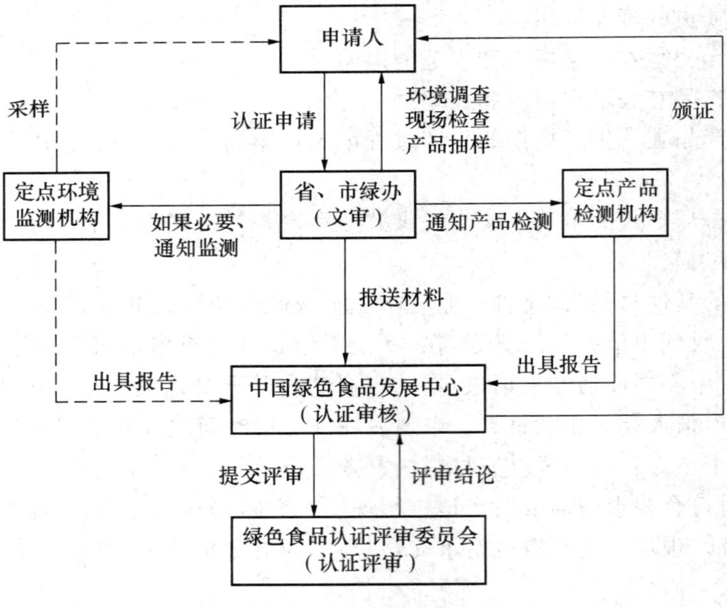

图8-1 绿色食品认证程序图

（2）各省绿色食品委托管理机构将依据经营主体的申请，委派至少两名绿色食品标志专职管理人员赴申请经营主体进行实地考察。如考察合格，省绿色食品委托管理机构将委托定点的环境监测机构对申报产品或产品原料产地的大气、土壤和水进行环境监测和评价。

（3）省绿色食品委托管理机构的标志专职管理人员将结合考察情况及环境监测和评价的结果对申请材料进行初审，并将初审合格的材料上报中国绿色食品发展中心。

（4）中国绿色食品发展中心对上述申报材料进行审核，并将审核结果通知申报经营主体和省绿色食品委托管理机构。合格者，由省绿色食品委托管理机构对申报产品进行抽样，并由定点的食品监测机构依据绿色食品标准进行检测。不合格者，当年不再受理其申请。

(5)中国绿色食品发展中心对检测合格的产品进行终审。

(6)终审合格的申请经营主体与中国绿色食品发展中心签订绿色食品标志使用合同。不合格者，当年不再受理其申请。

(7)中国绿色食品发展中心对上述合格的产品进行编号，并颁发绿色食品标志使用证书。

(8)申报经营主体对环境监测结果或产品检测结果有异议，可向中国绿色食品发展中心提出仲裁检测申请。中国绿色食品发展中心委托两家或两家以上的定点监测机构对其重新检测，并依据有关规定做出裁决。

2. 申请需上报的材料

申报绿色食品标志应包括以下材料：经营主体申请绿色食品标志报告；生产经营主体概况；《绿色食品标志使用申请书》；经营主体出具一年内的市(省)级以上质量检测报告；经营主体出具一年内营业执照复印件、商标注册复印件、卫生许可证复印件、经营主体法人代码证复印件、经营主体税务登记证复印件；产品标准；经营主体质量管理手册；产品及产品原料种植(养殖)操作技术规程，加工产品操作技术规程；原料购销合同；加工产品现用包装式样及产品标签；经营主体、厂区、设备、生产车间、化验室、成品库房、产品照片复印件；经营主体获奖证书复印件。

(三)有机食品认证程序

1. 申请

(1)申请人提出正式申请，向COFCC分中心领取《有机食品认证申请表》(一式二份)、《有机食品认证调查表》(一式二份)和《有机食品认证书面资料清单》、《有机食品生产技术准则》等文件。

(2)申请人填写《有机食品认证申请表》、《有机食品认证调查表》，并准备《有机食品认证书面资料清单》中要求提供的文件。

(3)申请人按《有机食品生产技术准则》的要求，建立本经营主体的质量管理体系、生产操作规程和质量信息追踪体系。

2. 预审、审查并制定初步的检查计划

(1)分中心对申请人材料进行预审。预审合格，申请人将有关材料复制给COFCC。

(2)COFCC根据申请人提供的项目情况，估算检查时间(一般需要2次检查：生产过程一次、加工一次)。

(3)COFCC根据检查时间和认证收费管理细则，制定初步检查计划、估算认证费用。

(4)COFCC综合审查并做出何时进行检查的决定。

(5)COFCC向申请者寄发《受理通知书》、《有机食品认证检查合同》(简称《检查合同》)，同时通知分中心。

(6)若审查不合格，COFCC通知申请人且当年不再受理其申请。

3. 签订有机食品认证检查合同

(1)申请人确认《受理通知书》后，与COFCC签订《检查合同》。

(2)根据《检查合同》的要求，申请人缴纳相关费用的50%，以保证认证前期工作的正常开展。

(3)申请人指定内部检查员(生产、加工各1人)配合认证工作,并进一步准备相关材料。

4. 实地检查评估

(1)全部材料审查合格以后,COFCC确定有资质的检查员进行实地检查。检查员从COFCC或其分中心处取得申请人相关资料,依据《有机食品生产技术准则》的要求,对申请人的质量管理体系、生产过程控制体系、追踪体系以及产地、生产、加工、仓储、运输、贸易等进行实地检查评估。

(2)必要时,检查员可对水、土、气及产品抽样,由检查员和申请人共同封样送指定的质检机构检测。

5. 编写检查报告

(1)检查员完成检查后,按COFCC要求编写检查报告。

(2)检查员在检查完成后两周内将检查报告送达COFCC。

6. 综合审查评估意见

(1)COFCC根据申请人提供的申请表、调查表等相关材料以及检查员的检查报告和相关检验报告等进行综合审查评估,填写颁证评估表,提出评估意见。

(2)COFCC将评估意见报颁证委员会审议。

7. 颁证决议

颁证委员会定期召开颁证委员会工作会议,对申请人的基本情况调查表、检查员的检查报告和认证中心的评估意见等材料进行全面审查,做出同意颁证、有条件颁证、有机转换颁证或拒绝颁证的决定。证书有效期为一年。

(1)同意颁证。申请内容完全符合有机食品标准,颁发有机食品证书。

(2)有条件颁证。申请内容基本符合有机食品标准,但某些方面尚需改进,在申请人书面承诺按要求进行改进以后,亦可颁发有机食品证书。

(3)有机转换颁证。申请人的基地进入转换期一年以上,并继续实施有机转换计划,颁发有机食品转换证书。产品按"转换期有机食品"销售。

(4)拒绝颁证。申请内容达不到有机食品标准要求,颁证委员会拒绝颁证,并说明理由。

8. 颁证

根据颁证决议和《有机食品标志使用管理规则》的要求,签订《有机食品标志使用许可合同》,并办理有机食品标志的使用手续,颁发有机食品证书。

有机食品认证流程如图8-2所示。

按照国际惯例,有机食品标志认证一次有效许可期限为一年。一年期满后可申请"保持认证",通过检查、审核合格后方可继续使用有机食品标志。

二、体系认证

(一)良好农业规范(GAP)认证

1. 良好农业规范(GAP)认证

1997年欧洲零售商农产品工作组(EUREP)在零售商的倡导下提出了"良好农业规范(Good Agricultural Practice,简称GAP)",简称为EUREPGAP。2001年EUREP秘书处首次将EUREPGAP标准对外公开发布。2007年9月7日EUREPGAP宣布将名称和标识更改为GLOBALGAP。良好农业规范是一套主要针对初级农产品生产的操作规范,强化农业生

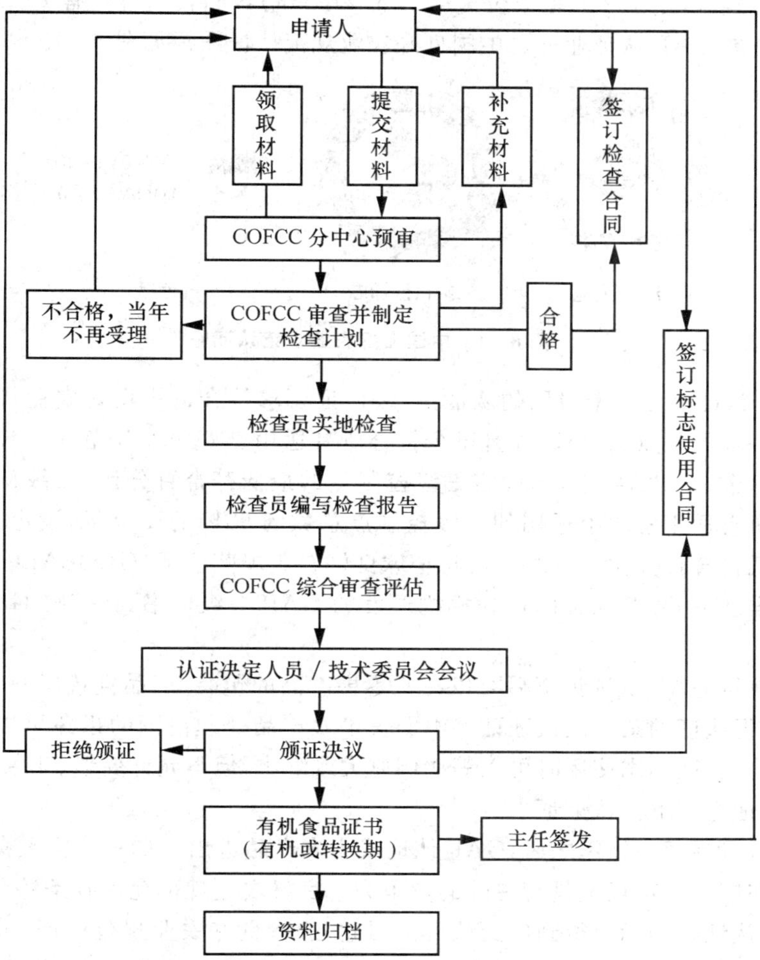

图 8-2 有机食品认证流程

产经营管理行为，实现对种植、养殖全过程控制，从源头上控制农产品质量安全。GAP 通过规范种植/养殖、采收、清洗、包装、贮藏和运输过程管理，鼓励减少农用化学品和药品的使用，实现保障初级农产品的质量安全、可持续发展、环境保护、员工健康安全以及动物福利等目标。

GAP 对农业生产活动中每一个细节的要求都制定了详细的标准，如在水果、蔬菜生产过程中，从土地的准备、种子的选择到播种、病虫害管理、收获、清洗、包装、运输，几乎每一道工序都列出了明确的控制点，包含了从农场到餐桌的整个食品链的所有步骤。GAP 认证涉及作物种植、畜禽养殖、水产养殖等各农业领域。

2003 年我国卫生部制订和发布了“中药材 GAP 生产试点认证检查评定办法”，作为中国官方对中药材生产组织的控制要求。2003 年 4 月国家认证认可监督管理委员会首次提出在我国食品链源头建立“良好农业规范”体系，并于 2004 年启动了 ChinaGAP 标准的编写和制定工作，ChinaGAP 标准起草主要参照 EUREPGAP 标准的控制条款，并结合中国国情和法规要求编写而成。2007 年 1 月国家认监委、标准委下达了《关于下达国家第一批良好农业规范(GAP)试点项目的通知》，启动了国家层面推动良好农业规范认证的进程。2008 年 6 月，国家认监委、国家标准委确定了236家单位为第二批GAP试点项目。目前,有15家认证机构经国家认监委批准开展GAP认证业务。中国良好农业规范认证图标见图8-3。

一级认证标志　　二级认证标志　　色标

图8-3　中国良好农业规范认证

ChinaGAP认证分为2个级别的认证:一级认证要求符合适用良好农业规范相关技术规范中所有适用一级控制点的要求,并且至少符合所有适用良好农业规范相关技术规范中适用的二级控制点总数95%的要求,不设定三级控制点的最低符合百分比;二级认证要求所有产品应至少符合所有适用模块中适用的一级控制点总数的95%的要求,不设定二级控制点、三级控制点的最低符合百分比。一级认证与全球良好农业规范认证(GLOBALGAP)要求一致,国家认监委批准从事GAP认证的认证机构颁发的GAP一级证书,将获得GLOBALGAP的承认。

申请人在获得GAP认证证书后可以在非零售产品的包装、产品宣传材料、商务活动中使用认证标志(获得认证的茶叶及认证证书中覆盖了农产品处理范围的果蔬可以在零售包装上使用认证标志)。认证标志使用时可以等比例放大或缩小,但不允许变形、变色;在使用认证标志时,必须在认证标志下标认证证书号。

在我国加入世界贸易组织之后,GAP认证成为农产品进出口的一个重要条件,通过GAP认证的产品将在国内外市场上具有更强的竞争力。良好农业规范允许有条件合理使用化学合成物质,并且其认证在国际上得到广泛认可。因此,进行良好农业规范认证,可以从操作层面上落实农业标准化,从而提高我国常规农产品在国际市场上的竞争力,促进获证农产品的出口。

2. GAP认证申请

GAP认证的申请人可以是单个农业生产经营者,也可以是农业生产经营者组织。GAP认证根据项目规模、项目类型、审核时间以及认证决定的时间进行收费。

GAP认证方法:

▲熟悉标准,认真阅读GB/T20014《良好农业规范》标准,了解标准中的要求。

▲企业管理者、生产负责人和内部审核员应参加过培训,以便更多了解GAP的要求和相关知识。

▲生产操作过程符合相关GAP控制点的操作标准,遵循本国和出口目标国的法律法规。并保存GAP操作过程中完整的农事活动书面记录。

▲在接受正式的独立检查之前,企业应该使用GAP检查表进行一次自我检查,验证是否符合了GAP的所有控制点,并对不符合的地方进行记录和改进。

▲申请者在接受检查之前,要积极提供有关的文字材料,并在检查现场、设施以及人员等方面给予配合。

①文件准备。企业应当准备齐全GB/T20014《良好农业规范》要求的所有文件，若是第一次接受检查，须保存三个月以上的完整农事活动书面记录，包括产品的可追溯性文件。这些文件和记录以证明申请方确实进行了GAP操作。

具体文件有：质量手册（以农业生产经营者申请时不需要）；程序文件；农事活动记录；风险分析记录；检测结果（农药残留检测报告，当有清洗用水时须提交水质检测报告）。

②地点和设施的准备。作物生产地块、设施、场所；进行GAP生产和加工的标志（牌子）；生产环境的卫生情况；工人的福利状况；对生产过程中可能出现的紧急事故的处理能力；对GAP控制点的遵从情况；是否能够有效地防止农业操作过程中的交叉污染；GAP产品和其他产品的隔离措施以及地块的准备等。

③人员的准备。主要是管理人员、内部检查员和生产加工人员对GAP标准理解，以及根据标准活动的实施情况。

▲内部检查员应该对认证的地块上GAP操作体系的执行情况每年进行至少一次内部检查（自我检查）。重点是操作中的不符合项、整改措施的落实情况。

▲检查安排。作物类检查初次检查要求申请人提供获得注册号之后，收获日期之前的3个月的记录。宜在收获期间安排初次检查，以便对与收获相关的控制点（如最大农残限量、收获期间的卫生除害等）进行查证。申请两种以上作物的认证，如果生产期同步或相近的，检查时间宜靠近收获期；如果生产期不同步或不相近的，那么初次认证检查应在最早收获作物的收获期间进行，其他产品在通过现场检查或者由生产者提供可接受的证据，验证了适用控制点的符合性后，可加入到认证证书的覆盖范围。

畜禽类检查初次认证检查和复评时，畜禽或水产品必须在养殖状态。

（二）良好操作规范（GMP）认证

良好操作规范（Good Manufacturing Practice）是一种特别注重制造过程中产品质量与卫生安全的自主性管理制度。它是一套适用于制药、食品等行业的强制性标准，要求企业从原料、人员、设施设备、生产过程、包装运输、质量控制等方面按国家有关法规达到卫生质量要求，形成一套可操作的作业规范帮助企业改善企业卫生环境，及时发现生产过程中存在的问题并加以改善。GMP所规定的内容，是食品加工企业必须达到的最基本的条件。

食品良好生产规范是一种自主性的质量保证制度，为了提高消费者对食品良好操作规范的认知和信赖，一些国家和地区开展了食品良好操作规范的自愿认证工作。

1. GMP分类

(1)从适用范围来说，现行的GMP可分为以下3类。

▲具有国际性质的GMP。如WHO的GMP，北欧七国自由贸易联盟制定的GMP，东南亚国家联盟的GMP等。

▲国家权力机构颁发的GMP。如中华人民共和国卫生部及后来国家药品监督管理局、美国FDA、英国卫生和社会保险部、日本厚生省等政府机关制定的GMP。

▲工业组织制定的GMP，如美国制药工业联合会制定的，其标准不低于美国政府制定的GMP、中国医药工业公司制定的GMP及其实施指南，甚至包括药厂或公司自己制定的GMP。

(2)若从GMP的性质来分，可分为以下2类。

▲GMP作为法典规定，如中国、美国和日本的GMP。

▲将GMP作为建议性的规定，对药品生产和质量管理起到指导性作用，如联合国的

WHO的GMP。

2. 食品GMP认证申请

食品GMP认证工作程序包括申请受理、资料审查、现场勘验评审、产品抽验、认证公示、颁发证书、跟踪考核等步骤。

食品企业应递交申请书。申请书包括：产品类别、名称、成分规格、包装形式、质量、性能，并附公司注册登记复印件、工厂厂房配置图、机械设备配置图、技术人员学历证书和培训证书等。

(三)危害分析关键控制点(HACCP)认证

HACCP是Hazard Analysis Critical Control Point（危害分析关键控制点）的英文缩写，HACCP已经成为国际上共同认可和接受的食品安全保证体系，主要是对食品中微生物、化学和物理危害的安全进行控制。

1. HACCP体系定义

国家标准GB/T15091—1994《食品工业基本术语》对HACCP的定义为：生产（加工）安全食品的一种控制手段；对原料、关键生产工序及影响产品安全的人为因素进行分析，确定加工过程中的关键环节，建立、完善监控程序和监控标准，采取规范的纠正措施。国际标准CAC/RCP—1《食品卫生通则》（1997修订3版）对HACCP的定义为：鉴别、评价和控制对食品安全至关重要的、危害的一种体系。

HACCP是一种控制危害的预防性体系，是一种用于保护食品防止生物、化学、物理危害的管理工具。HACCP必须建立在食品安全项目的基础上才能使它运行。例如：良好操作规范（GMP）、标准的操作规范（SOP）、卫生标准操作规范（SSOP），由于HACCP建立在许多操作规范上，于是形成了一个比较完整的质量保证体系，HACCP作为最有效的食源疾患的控制体系已被国家或社会所接受。

2. HACCP体系应用

近年来HACCP体系已在世界各国得到了广泛的应用和发展。目前HACCP推广应用较好的国家有：加拿大、泰国、越南、印度、澳大利亚、新西兰、冰岛、丹麦、巴西等国，这些国家大部分是强制性推行采用HACCP。开展HACCP体系的领域包括：饮用牛乳、奶油、发酵乳、乳酸菌饮料、奶酪、冰淇淋、生面条类、豆腐、鱼肉火腿、炸肉、蛋制品、沙拉类、脱水菜、调味品、蛋黄酱、盒饭、冻虾、罐头、牛肉食品、糕点类、清凉饮料、腊肠、机械分割肉、盐干肉、冻蔬菜、蜂蜜、高酸食品、肉禽类、水果汁、蔬菜汁、动物饲料等。

中国食品和水产界较早关注和引进HACCP质量保证方法。1991年农业部渔业局派遣专家参加了美国FDA、NOAA、NFI组织的HACCP研讨会，1993年国家水产品质检中心在国内成功举办了首次水产品HACCP培训班，介绍了HACCP原则、水产品质量保证技术、水产品危害及监控措施等。1996年农业部结合水产品出口贸易形势颁布了冻虾等五项水产品行业标准，并进行了宣讲贯彻，开始了较大的规模的HACCP培训活动。目前国内约有500多家水产品出口企业获得商检HACCP认证。2002年12月中国认证机构国家认可委员会正式启动对HACCP体系认证机构的认可试点工作，开始受理HACCP认可试点申请。

3. HACCP体系建立的一般程序

(1)危害分析。要从原料的生产、加工工艺步骤以及销售和消费的每个环节可能出现的多种危害（包括物理、化学及微生物的危害）进行确定，并评价其相对的危害性，提出预防的措施。

(2)关键控制点(CCPs)的确定。关键控制点是指那些若控制不力就会影响产品的质量，从而危害消费者身体健康的环节。一般说来，关键控制点要少于6个。一旦被确定为关键控制点则都要照例进行监测。所以说，关键控制点的选择是HACCP系统的主要部分。

(3)管制CCPs的标准。对已经确定的每一个CCPs，都必须制定出相应的管制标准和适当的检测方法。经常管制的标准包括：时间、温度、水分活度、pH值、可滴定酸盐的浓度、防腐剂含量、有机氯浓度等。

(4)标准设定后，每一个CCPs都必须进行例行监测，以确保每一环节都维持在适当的管制状态下。每次CCPs检测的结果都要进行认真记录、存档，便于今后对可能出现的事故进行分析鉴定。

(5)CCPs修正计划。当发现某一个CCPs超出管制标准，应有临时性修正计划，该计划包括如何使CCPs回复到再管制状态以及建议在CCPs超出管制标准期间所生产的产品如何处理。

(6)ACCP系统有效性确认。ACCP系统有效性确认是通过对最终产品进行微生物、物理、化学及感官检测来完成的。特别是微生物检测是最为有效的确认指标，但微生物检测法通常不直接用来检测CCPs。有效性确认可以是厂家自查或请政府检测机构来完成。

【本章练习】

1. 简述农产品质量管理内容。
2. 简述农产品质量安全管理特点和责任。
3. 简述农业标准化内容。
4. 简述农产品质量认证体系主要内容。

【技能训练】

1. 调查当地农产品质量安全管理状况，并提出相应建议。
2. 调查当地农业标准化实施情况，为符合设立示范区条件的准备申请材料。
3. 调查当地农产品生产状况，为当地符合申请无公害农产品(绿色食品、有机食品)条件的经营主体准备申请材料。

第九章　外向型农业的经营管理

知识目标

了解外向型农业的发展条件

熟悉外向型农业的类型及特点

掌握发展外向型农业的方法

能力目标

能够对发展外向型农业进行时机选择及效益分析

能够高效选择外向型农业的发展类型

能够熟练应用发展外向型农业的方法

◆**小案例 9-1**　外向型农业逆势而上　建德农产品俏销海内外

浙江省建德的生态农业发达，人们都尝过这里种植的草莓、柑橘等。让农户们喜上眉梢的是近年建德农产品漂洋过海，出口到了东南亚、欧美及非洲各国。2009 年，该市外向型农业逆势而上，各类农产品自营出口 965 万美元，委托出口 1.32 亿元人民币，同比分别增长 21%和 26%。

浙江天赐生态科技有限公司、天羽茶业有限公司、群发茶业有限公司等企业，将名优绿茶、珠茶等出口到了欧盟、南美及美国和非洲各国。绿帆达食品有限公司将建德的柑橘、杨梅、白梨等加工成水果罐头，全部销往日本、美国、加拿大。久晟茶业发展有限公司的山茶油，一头联结该市的万亩油茶基地，一头联结欧美、东南亚等中高端市场，其优质有机山茶油、油饼有机肥年创汇 300 余万美元。

过去，三都柑橘没有稳定的销售渠道，橘农主要依靠外地橘贩上门收购，互相压价现象时有发生。造成橘农错过销售的最佳时机，不但价格不上去，反而使得柑橘在大丰收时严重堆积。合作社看到问题的症结后，专门派人与外地客商联系，积极拓展销售渠道。2009 年合作社申办了外贸出口业务，出口俄罗斯柑橘超过 260 万斤。2009 年，该市有 8 家农业龙头企业“走出去”，到外省投资建立农产品种植养殖基地计 36 万余亩。如建德市新安江山野食品有限公司在江苏、湖北建立了 16 万余亩水产养殖基地，并收购当地企业闲置厂房，进行水产品粗加工；建德市盛丰农业开发有限公司在江西建立 1.5 万亩毛竹基地，开发竹碳加工产业。

（案例来源：杭州日报/2010 年/3 月/9 日/第 A09 版外向型农业逆势而上建德农产品俏销海内外）

启示：市场经济条件下农业是没有国界的。我国对外开放的政策为农产品出口，为国外资源的引进和农业走出去发展创造了良好的条件。农业经营管理者既要考虑国内的资源和市场，也要考虑国际的资源和市场，外向型农业的发展有利于进一步提高农业的效益。

第一节　外向型农业的发展条件

◆小案例 9-2　外向型农业鼓了伊犁农民钱袋子

伊犁河谷地处祖国西部边陲，是连接欧亚大陆的桥头堡，由于独特的地缘优势和得天独厚的水土光热资源，具有发展外向型农业极为有利的条件。然而一直以来，由于农民分散种植，规模小、质量管理能力弱，再加上缺少龙头企业带动，伊犁河谷在农产品市场竞争力和附加值上并没有优势。针对这种情况，伊犁州推行“政府主导，检验检疫引导部门联动，乡镇政府主管、农民专业合作社和龙头企业带动，标准化种植、产业化经营、规模化发展”的外向型农产品质量安全管理种植区域化管理，从源头上解决农产品质量安全和产业化销售等一系列问题。

为了扶持外向型农业的发展，伊犁州各县市出台了一系列政策措施，如对每兴建一座标准温室，县市财政给予4 000 元补助，有的县还协调解决扶贫贴息贷款和普通贴息贷款，贴息期限 3 年，利息由县财政支付。目前伊犁州从事外向型农业出口企业达 28 家，农业出口创汇产业链逐步延长和完善。外向型农业的快速发展，极大地推进了农产品加工运销业的发展，提高了农产品市场竞争力和附加值，促进了农民增收。

启示：外向型农业的发展需要适宜的自然条件、政府的政策引导和支持、开放的国际商业环境等各种条件满足之后才能实现的。

一、外向型农业发展的基本条件

外向型农业有广义和狭义之分。狭义的外向型农业，就是人们通常所说的，以农产品出口创汇为目的的农业。广义的外向型农业包括两个层次、两个方面，两个层次就是国外市场和埠外市场，两个方面就是“引进来”与“走出去”。其基本特征包括市场导向性、双向交流性、技术创新性、优质高效性和标准化。进入 21 世纪后，我国外向型农业发展的速度很快，主要原因是我国发展外向型农业的政策条件和组织结构发生了相应的变化。

1. 开放性的国内外环境

外向型农业发展的基本条件之一就是必须面对一个开放性的国内外经营环境，我国农产品的国际贸易迅速增长，贸易在农业中的地位提高，农业对世界资源和市场的依赖性增强，各国农业互相渗透，相互投资，国际化分工逐步形成，农业生产要素在国际上自由流动，形成全球性农业组织，农业经营环境日益开放（见图 9-1）。

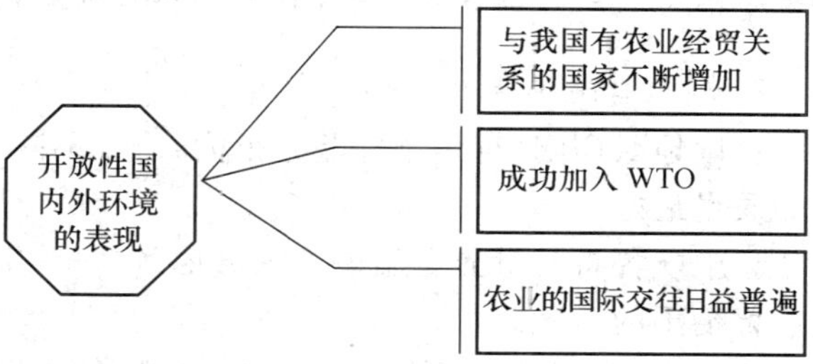

图 9-1　开放性国内外环境的表现

2. 不断增强的农业实力

外向型农业的发展还有赖于我国农业的实力不断增强。随着农业生产规模和专业化程度的不断提高，我国农业的对外依存度不断增加，农产品的对外贸易占了越来越大的比例。农业实力增强的表现见图 9-2。

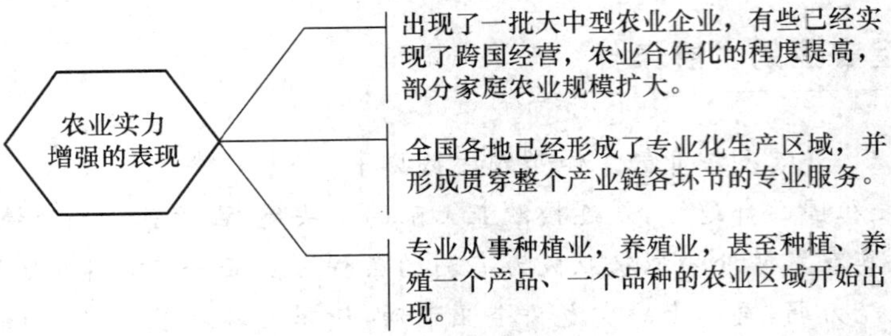

图 9-2 农业实力增强的表现

二、发展外向型农业的效益

外向型农业发展的第一步是农产品出口，然后是与境外农业的合作。目前，我国增加农产品出口的目的不再是创汇，而主要是增加农业的盈利，提高农民的收入。

(一)农产品出口的效益

由于各国生产农产品的条件不同，各国对不同农产品的需求不同，生产农产品的优势条件不同，专业化程度不同等，农产品出口有可能带来比在国内销售高得多的利润。主要有以下原因。

1. 满足各自的特殊需求

由于人们的文化习俗不同，对农产品的需求也不同，这就使部分国内价格很低的农产品在国外可能以较高的价格出售。

◆小资料 9-1 我国多数地方有泥鳅生长，但我国很少有人喜欢吃泥鳅，在苏北地区甚至还有吃泥鳅嘴尖的说法，当地泥鳅是鸭子等的饲料，价格很低。但泥鳅肉质细嫩、肉味鲜美，根据中医的说法，泥鳅有调中益气、解渴、醒酒、利便、壮阳等功效。在日本、韩国市场上素有"水中人参"之称，价格昂贵，养殖泥鳅亩产量高、疾病少、饲料来源广、成本低，我国不少地区专门养殖泥鳅出口到韩国和日本，获取了较高的收益。

2. 利用当地的优越条件

我国地域广阔，自然条件差异很大，适合不同的农产品生产。有些特种农产品只有我国生产的质量最好。

新疆吐鲁番是世界上温差最大的地区之一，生产的水果糖分极高，吐鲁番是世界上最适宜生产葡萄干的地区。

我国与阿拉伯国家距离较近，所有的阿拉伯国家都有喝茶的习惯，但多数阿拉伯国家不产茶叶，而我国的南方多数地区适合茶叶的生长，茶叶成为我国几百年来一直大量出口到这些国家的农产品。

我国北方多数地区适宜种苹果，而俄罗斯虽然地域广阔，但仅有很少的区域适宜种苹果，而且由于气候等原因，种植的苹果质量并不好。我国陕西是世界上最适宜生产苹果的地区之一，利用这一优越的条件，陕西在改革开放后调整了农业生产结构，集中发展出口苹果的生产，近几年来，农民收入有了明显的提高。

越南与我国的云南山水相连，气候近似，但云南由于纬度偏高，部分区域海拔也高，温度和湿度均小于越南，越南人在种植马铃薯时长期解决不了的制种问题在云南的部分区域可以得到很好的解决。

3. 发挥相对优势

我国人均耕地的数量只有世界平均水平的三分之一左右，目前我国农民的收入远远低于发达国家，但我国农业的生产技术，特别是园艺技术、林果生产技术及养殖技术等在改革开放后提高的速度很快，我国农产品的价格，特别是蔬菜、水果以及水产品等的国内市场价格远远低于发达国家。非洲和东南亚国家的土地资源十分丰富，水资源条件也很好，农业是这些国家的主要产业，但大多数发展中国家缺乏富有经验和技术的农业生产人员，在多数发展中国家，畜产品、蔬菜等的价格也高于我国，通过出口农产品，可以将我国农业劳动价格相对较低、生产技术水平较高、农业服务体系完善、生产经验丰富等优势发挥出来。

(二)农业国际合作的效益

近十几年来，引进国外的资金、技术和管理，改善农业生产条件，提高技术和管理水平，对我国农业经济效益的提高起到了明显的作用。

1. 引进资金

改革开放伊始，我国农业就通过外部资金的引进改善了生产条件，取得了很好的效果。国外资金引进途径见图 9-3。

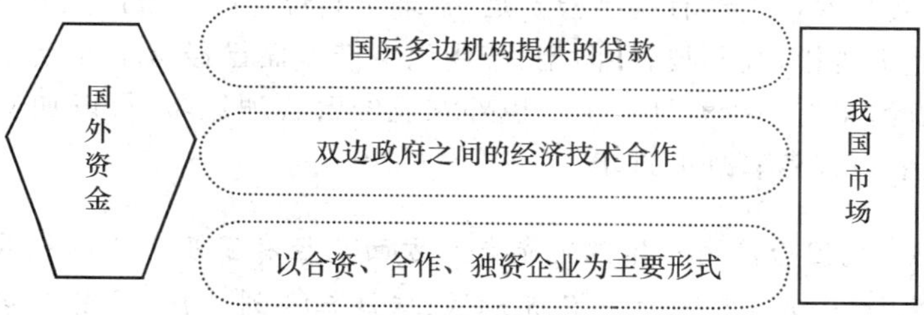

图 9-3 国外资金引进途径

在 1999 年前，国际多边机构提供的贷款或赠款及双边政府间经济技术合作曾是农业利用外资的重要来源。随着中国经济的发展和农业综合生产水平的提高，农业利用外资来源中外商直接投资比重上升，成为目前农业利用外资的主要方向。鉴于我国经济发展的程度和农业技术的水平，联合国等组织已经宣布不再向我国提供无偿的农业援助，日本等国也取消了向我国农业的优惠贷款。由于我国农业生产技术提高，规模扩大，对外联系增强，外商直接投资的规模和水平已经远远超过历史上引进的外来投资。

利用外商投资农业在一定程度上弥补了农业资金的不足，促进了农业开发，加快了农业技术进步，带动了外向型农业的发展，也提高了农业的经营管理水平，增加了农民的收入。多数外商投资于我国农业的目的是利用该国的市场及我国农产品生产的差价，在我国生产农产品出口到当地，也有部分外商是通过注入新技术和管理经验，通过提高合作单位的生产和经营管理水平获取收入。

2. 引进新品种

改革开放以来，我国加快了农业新品种的引进。由于引进新品种可以在不增加或少增加投入的同时明显提高农业的经济效益。在我国，不少地区通过新品种的引进，农民收入提高很快,有的地区通过引进的新品种实现了脱贫致富。

◆**小资料9-2** 进入21世纪后,农业新品种的引进增加了以下渠道:一是外商投资企业带来的新品种,二是我国部分农业企业直接从国外引进的新品种,三是由国外科研单位在我国推广的新品种,四是通过展览、展销会等接受的境外农业新品种,五是国外种子公司在中国市场上销售的农业新品种。如仅山东寿光一地,就有来自以色列、韩国、日本等国家的种子公司推销蔬菜种子。

3. 引进新技术

我国农业的技术水平,特别是农业机械化、高新技术农业等与发达国家有明显的差距。通过引进国外农业新技术,加快了我国农业生产技术的进步。农业新技术引进的渠道有:农业科研单位联系和介绍的国外农业新技术,通过农业科技园区示范的境外农业新技术,外商投资带来的农业新技术,我国留学生带来的农业新技术,我国到各国研修,外出务农学习的国外新技术以及国外农业科研单位向我国介绍的农业新技术,境外农业企业在我国推广的农业新技术,联合国农业组织通过培训介绍的农业新技术等。

4. 引进农业管理的经验

我国农民普遍缺乏大规模、产业化、商品型、高质量、外向型农业生产的经验,当农业生产转向这一轨道时,我国农业生产者的经验不足、管理不到位等问题曾严重制约农业的发展。发达国家和地区农业大规模,高科技、外向型、产业化生产方面已经有了几十年甚至上百年的历史,既有丰富的经验,也有不少教训。引进境外农业经营管理经验,可以加快我国农业管理的现代化,加快我国农业经营管理的进步。

◆**小资料9-3** 我国台湾省在休闲观光农业方面已经有了几十年的经验。目前台湾省休闲农业已经趋于饱和,而我国的长江三角洲地区、珠江三角洲地区,目前人均收入水平接近于台湾休闲农业发展初期的水平,有了休闲农业发展的需求。同时,两地农业生产条件近似,未来休闲农业发展的空间很大。近三年来,大量的台湾休闲农业管理者开始进入我国两个三角洲地区,带来的休闲农业发展经验,在一定程度上促进了两地休闲农业的发展。

三、农业走出国门的效益

我国农产品市场巨大,人均农业资源少,农业技术和生产能力相对较高,走出国门,利用外部农业市场和资源条件,能够取得更为明显的效益。

(一)更好地利用自然资源条件

农业走出国门可以更好地利用气候资源、土地资源和海洋资源等自然资源。

首先,我国绝大部分地区位于亚热带以北,真正位于热带的只有海南岛的一部分区域,部分热带农作物能够在我国栽培的区域很少,满足不了市场的需求,发展外向型农业可以利用其他国家的气候资源优势,解决这一问题。

再者,我国土地资源丰富,在世界居第三位。但由于我国人口基数大,增长速度快,平均每人占有的土地资源数量非常少,并且逐年减少,再加上大部分土地资源质量不高,沙化、退化现象严重,适合耕种的土地就更少了,由于缺乏可以耕种的土地,我国农民至今还在利用不适合耕种的林地、山地、沼泽、草原等，在一定程度上恶化了我国的环境，同时，在部分土地富裕的国家中，有大量无人耕种的土地，发展外向型农业，与这些土地富裕的国际进行合作，解决土地资源匮乏的困难。

第三，我国是世界上海洋资源最丰富的国家之一，但我国的人均海洋资源同样远远低于世界多数沿海国家，为了解决对海产品的需求，我国沿海大量发展水产养殖，而过度发展的水产养殖业又带来了对海洋的污染，进一步破坏了海洋渔业等资源。为了缓解这一问题，我国早在20世纪70年代就开始了远洋捕捞，走出国门利用远洋渔业资源，丰富了我国的海产品市场。当前，由于我国沿海可养殖水面已经基本上得到充分利用，进一步发展的潜力很小，各方面的费用较高，条件也不好。而世界上不少国家的海水养殖业发展较少，走出去搞海产品养殖既有市场又有良好的资源条件。

◆小资料9-4 20世纪70年代我国曾在广东、广西等地试栽培过橡胶，但由于橡胶树不能耐受零度的低温，而特大寒流可以越过南岭进入两广，使当地温度降到零度以下，这一实验宣告失败。我国的海南岛可以种植咖啡，但其区域不大，咖啡的质量与世界知名地区相比有一定的差距，目前我国还需要大量进口咖啡。而邻近我国的东南亚地区山地资源非常丰富，由于缺乏资金和技术，橡胶树的种植量很少，而国际市场上橡胶的行情看好，近几年我国有部分人开始到东南亚的山区农村发展橡胶种植，由于在一定程度上解决了当地的资金和技术问题，为当地农业发展找到了出路，受到了当地政府和农民的欢迎。

(二)更贴近当地的市场

我国最具优势的出口蔬菜、水果都有产品的运输问题，不但费用高而且保鲜难度大，不少蔬菜、水果运输的成本远远高于生产成本，有些蔬菜则不可能通过出口进入境外市场。而世界上不少国家和地区既有肥沃的土地，又有灌溉条件，仅仅是缺乏农业生产的技术和劳动力。在这些地区发展农产品生产，既可以减少农产品运输的成本，又保持了产品的新鲜。

◆小资料9-5 欧洲是当前世界上农业最发达的地区之一，农业生产曾占有重要地位。然而，由于人均收入的增长和生活条件的改善，当前欧洲青年中愿意从事农业的人数大量减少，土地荒废等问题比较严重。土地荒废除了减少农产品生产，增加了欧洲国家进口农产品的数量外，更为严重的是对环境产生了不利的影响。为解决这一问题，德国、比利时等国的农业部门在21世纪初期曾探讨过从我国引进农业生产人员等问题。俄罗斯、罗马尼亚等也因为农业劳动力的缺乏对我国农业生产者进入当地表示过欢迎。欧洲各国农业生产条件良好，市场需求明确，各种农产品价格是我国市场的3～10倍，虽然从事农业的收入低于当地部分行业的水平，但远远高于我国国内农业生产的收入。

非洲是农业比较落后的地区，同时也是世界上城乡差距最大的地区之一，农村人口消费水平普遍偏低，城市有不少高收入的人群。由于农业生产落后，非洲国家缺乏大部分农产品，从粮食、蔬菜到畜产品。由于当地不能组织生产，而城市中又有明确的需求，非洲城市中需要的部分农产品只能从境外进口，由于运输费用高，市场上部分农产品的价格很高。当前，我国在非洲有大量的工程项目，有不少员工，由于当地市场价格过高，有些企业开始组织自己的员工生产。也有些在非洲经商的人看到这种商机，转向从事蔬菜种植等，主要销售对象是城市市场及各国的施工企业，获得的经济效益非常好。有些农民在不到5年的时间里获得的盈利超过

1 000万元。

(三)发挥我国农业技术的优势

主要是发挥我国农业在东南亚的优势、在非洲的优势和在东欧的优势(图 9－4)。

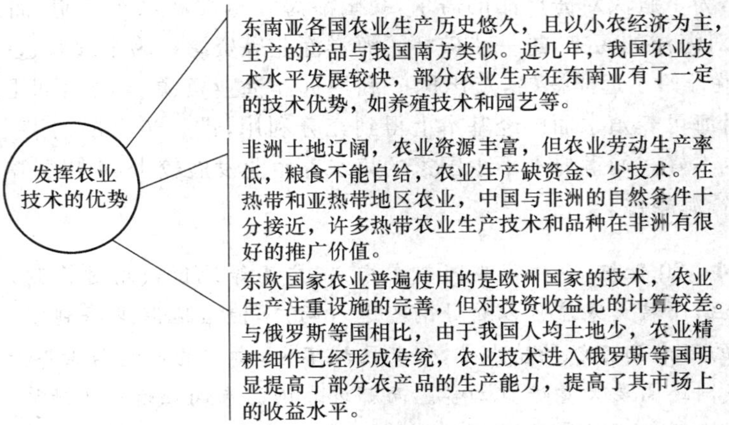

图 9－4　我国农业在东南亚、非洲、东欧的优势

(四)发挥劳动力资源的优势

我国农村中有大量的农业剩余劳动力，而我国周边的日本、韩国、俄罗斯等国由于近几十年来出生率低，老龄化程度高，农业劳动力缺乏。近十几年来已经通过不同的渠道引进我国农业劳动力参与当地的农业生产。放眼世界，全球缺乏有经验、有技术农业劳动力的区域还有不少，而目前我国输出的农业劳动力比率非常低，如果合理组织，加快农业劳动力的输出，不但有利于增加劳动者的收入，而且可以为部分国家和地区提供更丰富的农产品，改善当地的生活条件。

第二节　外向型农业的类型

◆小案例 9－3　玛纳斯外向型农业特色产业亮点频频

玛纳斯县是全疆闻名的“中国优质棉花之乡”、“中国优质加工番茄之乡”，还是“中国优质酿酒葡萄之乡”。玛纳斯县与法国的波尔多、美国的利州等都属北纬 35～45 度间，是国际上最佳葡萄种植区。该县酿酒葡萄种植面积达到 6 万多亩。依托当地的新天酒业，该县生产的 60 余种“新天牌”葡萄酒系列产品畅销国内外，先后荣获“中国名牌”、“新疆名牌”等荣誉称号，在第三、四、五届国际葡萄酒评酒会中喜获多项金奖和银奖，已成为中国红酒市场上一个新锐名牌。

近年来，把发展外向型农业特色产业作为现代农业的主抓手，大力扶持高效经济作物向基地化、规模化、专业化发展，使外向型农业发展突飞猛进。该县生产的番茄加工品品质优良，通过中粮屯河公司每年生产番茄酱 3 万余吨，全部出口到日本、欧洲各国；兰州湾金土豆合作社生产的早熟马铃薯走出国门，远销哈萨克斯坦，2008 年“金土豆”合作社出口马铃薯2 000吨，创汇 500 万元。

启示：玛纳斯县主要通过发展基地化、规模化、专业化的外向型农业，增加农产品的出口，创造了较高的经济效益。

当前我国外向型农业主要有三个类型，即农产品出口、农业合作经营与走出国门的农业生产。这三个类型也反映了外向型农业的三个发展阶段。

一、外贸出口型农业

这一形式又可以根据其内涵分为以下几种。

1. 外来采购型出口

外来采购型主要是指由专业的外贸公司或外商到农业生产单位采购农产品用于出口。外来采购是农产品出口的初级阶段。由于农业生产单位没有直接与境外需求方联系，生产的产品有时会偏离外商的需求，加上不了解境外市场价格，农产品的收购价格有时被压得很低，农业生产单位的盈利微薄。在比较成熟的出口农产品市场上，则引进了世界上新型的产品竞买制度，在市场上既集中了农产品的生产者，也集中了采购商，供求信息透明，对于买卖双方公平合理。这种出口农产品的采购主要是在大规模、专业化的市场上，对农业生产的规模和专业化程度均有较高的要求。

2. 生产者组织的产品出口

20 世纪 90 年代后期以来，我国不少农业生产经营者开始组织向境外市场推销农产品。生产者组织产品出口通常通过以下两种途径（图 9－5）。

▲生产者在境内通过展销会、农产品推介会或者自己的销售部门直接与外商联系出口农产品。

▲农业生产经营者到境外与销售商直接联系，通过签下订单或者参加当地的展览会、博览会等出口农产品。

图 9－5　生产者组织农产品出口的途径

3. 生产基地组织的出口

为了推动我国农产品的出口，改革开放以来，我国陆续建起了一批农产品出口基地。农产品出口基地实行专业化生产，主要销售市场放在境外。由于有优惠政策，有资金支持，同时针对出口的需要，基地往往能够提供农产品的运输、仓储、报关、验货等服务，简化了各项手续，降低了费用。在这些基地中，有良好的生产出口农产品的外部经济条件。我国沿海和沿边境地区农产品出口基地比较密集，随着农产品出口数量的增加，在内陆的不少省市近期也建设了一批农产品出口的生产基地。

当前，我国大部分农产品出口基地以企业自建为主要形式，依托农产品出口龙头企业，按市场化方式运作，采取“企业基地”、“企业基地农户”、“企业协会基地”、“企业农民专业合作社”等形式建设。出口企业可以租赁承包方式创办基地，以订单方式签订生产出口供货合同，实施标准化生产和质量监控。

◆**小资料 9-6** 辽宁省农产品出口基地(企业)条件

1. 农产品出口基地须以有进出口经营权的农产品出口加工企业或以农产品出口企业为依托，以标准化农产品生产基地为基础。其企业须有市工商部门核发的营业执照，有独立的公司法人资格；出口基地(企业)须获得与出口相关的国际质量认证和国内相关质量体系认证；出口基地(企业)须经辽宁省检验检疫局进行备案。

2. 农产品出口基地(企业)自建农产品出口生产基地的面积在1 000亩以上(含1 000亩)，与农户以合同方式签订收购合同的农产品生产基地面积在2 000亩以上，所出口或所加工出口的产品70%以上是基地所生产的产品。

3. 农产品出口基地(企业)年出口农产品数量：以新鲜蔬菜出口为主的，年出口数量在1 000吨以上；以蔬菜(包括食用菌)加工出口为主的，年出口数量在2 000吨以上；以鲜果出口为主的，年出口数量在3 000吨以上；以水果加工出口为主的，年加工原料产品在1万吨以上，且出口数量在5 000吨以上。

4. 企业所出口的农产品必须是企业基地生产的产品和大连地区生产的产品(不包括企业出口的来料和进料农产品，以及采购本市以外的产品)。

5. 企业有稳定的国际市场。农产品出口基地(企业)与国外客户签订供货合同，且所生产、收购、加工的农产品以销往国外为主，且出口数量不得低于规定出口的最低数量。

6. 农产品出口基地(企业)除出口自产的产品外，对收购农户产品的，必须有与农户签订农产品生产和收购合同，并且对农户的农产品生产基地有管理要求和规定。同时对收购农民水果、蔬菜等农产品的，须有收购货单(即收购小票)和结算单。

7. 农产品出口基地(企业)自行出口农产品的，应出具本企业出口产品的报关等相关单据；由其他企业代理出口的，应由代理出口企业出具代理合同、银行往来证明及代理企业出口证明等。

二、中外合资、合作型农业

当前我国农业生产经营中利用外资主要有以下形式。

1. 合资经营

合资经营企业中投资者既要承担一定的风险，又有一定的管理权，能够参与企业管理工作，分配企业的利润，从而有利于调动投资方的积极性，引进境外的先进技术和管理经验。目前我国在农业生产方面的合资形式多样，既有大中型企业之间的合资项目，也有境外农户与国内农户间的小型合资项目。从大型合作项目来看，多数实行的是从种植、养殖到加工出口的一条龙，企业规模大，技术水平高，实行现代化的生产方式。从农户间合资来看，主要是提高我国农户的生产规模和专业化程度，生产的产品经加工后出口，在生产的质量方面也提出了更高的要求。

2. 外商独资

从 20 世纪 90 年代后期开始，外商投资于农业的独资企业占了主要成分，农业的外商独资企业多处在我国的沿边地区，以中小企业居多。投资的原因之一是发达国家或地区产业结构的调整和产业转移。由于运输方便，且我国农业劳动价格远远低于这些国家，加上农产品生产技术有一定的共通性，不少投资者取得了良好的效益。

3. 合作经营

农业合作经营有以下四个特点。

▲合作经营各方既可以是法人企业，也可以不具有法人资格。

▲合作提供的条件可以是现金，也可以是实物、知识产权、相关技术等。

▲合作各方在分配上不采用股份分红的方法，而是在合同中加以约定。

▲合作各方分别拥有自己的财产，有关事物分别由各方进行管理。

由于我国在农业科技方面与发达国家有一定的差距，通过在知识产权、相关技术等方面的合作，也可以更有效地利用我国的农业资源。

◆小案例 9-4 荷兰一家经营花卉的公司在经过长期考察后，曾以其优良品种和在荷兰市场上的销售为条件，与我国山东省的一家农户合作，由该农户负责生产，荷方负责技术和产品销售。由于品种优良，销售顺畅，合作的农户当年收入是合作前的5倍左右。但由于产品的知识产权为荷兰方面所有，我国的农户在未经合作方同意的前提下，不能扩散生产的产品，农户的生产规模受到合作方的严格限制。

4. 补偿贸易

补偿贸易在工业产品生产上用得较多，农业方面主要是畜牧业生产中有这种利用外资的形式。发生补偿贸易的原因多数是国外农业生产项目向我国转移，利用我国的农业生产条件，生产转移国家需要的农产品。

◆小资料 9-7 由于越来越多的德国青年人不愿意从事养殖业，养殖业开始从德国向外转移。20世纪的80年代，我国工厂化养殖还很落后，急需相关的设备、技术和管理经验，而德国需要将国内不用的设备转移出去，同时，德国国内的市场依然有对畜产品的需求。当时，德国部分企业将其工厂化养殖的全部设备转移到我国，并提供相关的技术在我国组织原产品的生产，生产产品可以在国内销售，同时要有一部分出口到德国支付设备等的费用。德国方面并承诺，在出口的产品抵消投资后，还将长期从相关企业进口畜产品。

三、走出国门的农业

走出国门到境外去发展农业，在一定程度上可以改善农业生产条件，有效促进产品的出口，其主要有以下方法。

1. 收购股权

目前我国部分有实力的农业公司通过在国外收购农业企业股权的方式投资境外农业，通过掌握股权，不但掌握了农业生产、加工的核心技术，加快了企业的技术进步，而且可以使产品直接进入国际市场。

◆小案例 9-5 我国新疆盛产番茄并大量出口，欧洲国家进口原料生产番茄酱，有明确的对我国农产品原料的需求。我国番茄的生产量很大，质量也很好，但有关企业既不掌握番茄深加工技术，又难于进一步扩大在欧洲的市场。为了解决这两个问题，我国的农业公司在深入考察后提出收购意大利番茄酱生产企业的意向，而意大利的公司也愿意长期得到来自中国的原料，很快完成了企业购并。通过购并，我国的公司掌握了适合欧洲市场的番茄酱生产技术，在欧洲市场有了基地，并通过深加工实现了产品增值。被收购的企业由于直接进口农业原料，一方面降低了生产成本，另一方面原料得到了保障，效益也得到了提高。

2. 土地租赁

目前世界上有些国家由于人少地多，土地租赁的费用很低。还有些发达国家，由于青年人不愿意从事农业，农用地开始出现闲置，土地的租赁费用也不高。

◆小资料 9-8 俄罗斯是土地资源十分丰富的国家之一，在俄罗斯，既可以租用设施十分完善的温室，也可以开垦荒地。我国农民仅在犹太自治州就租用了几万公顷土地。

东南亚国家人均土地数量不均，也有许多机会，如 2007 年，老挝部分地区的土地每年每公顷租金为 2～9 美元，租期 30 年，允许租用土地的农业生产单位产品自行出口。当地为了方便中国的投资者，简化了中国运输汽车的入境手续，并提供货币兑换等方便。

非洲有着广袤的土地，2005 年莫桑比克一亩地一年的租金只要一美元，当地自然条件适合于农作物的生长。20 世纪末，我国农业生产单位在赞比亚等国家租用了大片的土地种植玉米，已经取得了一定的成绩。进入 21 世纪时，喀麦隆向我国陕西省的农业合作项目提供了 5 000公顷使用期为 90 年的土地，供中方开展水稻种植、木薯加工、鸵鸟养殖等项目。目前，非洲国家也在实行对外开放，对投资农业有一定的优惠，吸引了各地的农业投资者。

3. 购买农业庄园

世界上还有一些国家有荒废或经营不善，或不愿意继续经营的农场、农庄，购买这些庄园也有可能实现在国外的低成本发展。这些农场或农庄有的是欧洲人早期在各地开发的，原有的农场主不愿意继续经营，家中青年人也不愿意接手，而当地人既没有技术，也没有经营管理的能力，故出售的价格较低。这些农场生产当地或欧洲市场所需的产品，且已具备一定的规模，有定向的销售市场，有熟练和稳定的工人。因此，收购这些农场，质高价低，事半功倍。

4. 农业合作

改革开放后我国农业进步的速度较快，已经培养出了一大批经营管理和生产技术方面的专家和技术能手。利用我国在农业生产技术和经营管理方面的经验，走出去发展农业合作也可以取得良好的效益。当前我国已在俄罗斯远东地区建立了大豆、玉米等种植业基地。此外，我国还在菲律宾、柬埔寨、印度尼西亚、马来西亚等国建立了农业技术示范中心或基地，带动了我国农机具、种子及肥料等农用生产资料的出口。

5. 劳务输出

近年来，我国对外劳务合作事业得到较快发展，对转移农村富余劳动力、促进农民增收起到了一定的作用。同时，掌握一定技能的劳务人员回国后利用自身优势，引进优良品种、先进管理技术和现代经营理念，对当地经济发展起到了一定的示范带动作用。例如我国北方部分农民通过政府联系，到日本、韩国“研修”，在当地设施农业中的劳动所得远远高于我国农民的平均收入水平。同时，也带回了日本、韩国经营管理设施农业的经验和技术，对提高我国设施农业的技术和管理水平起到了一定的作用。

除了到发达国家外，我国还向部分缺乏农业劳动力的国家输出农业工人。目前，韩国、日本的渔船，西亚国家的农业生产，俄罗斯、罗马尼亚等国都有我国的农业工人。

第三节　发展外向型农业的方法

◆小案例 9-6　黑龙江省饶河县1996年开始对俄出口蔬菜。经过十余年的发展，目前全县蔬菜种植面积近万亩，其中大棚800栋，高效日光节能温室200栋，已形成以饶河镇的饶河村、振兴村、镇北村和财政局蔬菜基地为中心，辐射周边乡镇的出口蔬菜基地格局，年产绿色无公害蔬菜1万余吨，每年可对俄出口蔬菜300～600吨。饶河县政府发展壮大对俄蔬菜出口产业的做法是：

1. 引进实力雄厚、有从事蔬菜精深加工和销售经验的大公司、大集团到饶河投资，建立强大的龙头企业。健全企业加基地带农户的产业化运行机制，规范合同管理，引导企业建立生产基地，发展订单种植，由公司负责生产环节的管理和质量监控，在生产环节上全面推行标准化，并通过龙头企业实现了生产和市场的对接，实现了公司化、市场化运作。

2. 加强基地及附属配套设施建设，实行区域规模化种植。在发展方向上，以保护地蔬菜为主，建成一批高效益生产示范基地，用效益带动吸引农民发展蔬菜生产，通过与周边的农场进行区域合作，加快蔬菜生产基地建设。通过招商引资加快保鲜库建设，提高反季节销售能力，实现了效益翻番。通过加强配套设施建设，逐步把饶河县建成一个对俄出口蔬菜的供求集散地。健全销售网络，重点扶持一批民营龙头企业从事对俄蔬菜出口，建立饶河自己的对俄蔬菜出口经贸队伍，使之长年在俄从事经营活动。让俄罗斯经销企业与该县的基地、供应商直接见面，共同确定蔬菜的品种、质量、分级、商品化处理和包装标准化，签订长期购销合同，进行产销合作。

3. 通过规范贸易，使饶河县生产的蔬菜进入俄市场正规的流通渠道。

启示：饶河县的蔬菜出口之所以能够成功，与正确地认识俄罗斯市场，捉住契机，加快基地建设，不断地壮大自身实力、实行专业化生产、健全营销网络等有着密不可分的关系。

外向型农业收益高，但需要的投资多，经受的风险大，要求的技术高。虽然近几年我国外向型农业发展速度很快，但其在我国农业中的比例并不高，还有很大的潜力。发展外向型农业主要有以下方法。

一、深化发展外向型农业的认识

1. 树立全面的外向型农业发展观

“引进来”与“走出去”是发展外向型农业相辅相成的两个方面。在外向型农业发展初期，主要是资金的引进、产品的出口，随着外向型农业发展，“引进来”与“走出去”逐步向多元化、多内容、多领域转变。“引进来”既要结合本国本地的实际，发挥优势，发展具有竞争力的产业，开拓国际市场，促进“走出去”，又要适度进口优质特色农产品，调剂国内市场，丰富国民生活。“走出去”既要把优势特色产品打入国际市场，又要积极推动生产要素和科技走出去，开发新产业，实现资本利润的最大化。

◆小资料 9-9　漳州促进外向型农业发展的三条“结合”途径：

1.“洋”种“土”法。即引进当今国际市场上有广阔前景的良种，运用传统农业的精耕细作方法，进行栽培（饲养）。全市出口创汇3 000万美元以上的蘑菇、对虾、芦笋三大基地就是如此。

2.“洋”法“土”种。漳州市有许多优良野生动植物品种资源，过去采用一贯制的传统栽培（饲养）方法，品种退化，产量低下。采用先进的栽培、饲养技术和加工工艺后，实现了传统作物的“脱胎换骨”。南靖县就深山里麻竹老品种，引进台湾“大穴、大肥、大苗、斜插、留笋”的栽培技术，实现了“春种竹、夏种笋、冬留亩、翌年投产”的速生丰产效果，头年投资50万元，次年回收60万元。

3. 良种新法。即对有地方特色的名特优产品、传统工艺，进行提纯、复壮，充分挖掘潜力，提高了产品质量。长泰县采用种、管、护综合措施，改良了芦柑品质，连续三年获农业部金奖。

2. 认识我国农业生产的优势与劣势

在比较了世界上农业生产的情况后，还要充分认识我国农业生产的优势和劣势，在发展外向型农业中，扬长避短，利用我国优势的项目，有可能取得更快的发展。

◆小资料9-10 我国谷物及其制品劣势明显，整体缺乏市场竞争力，但小杂粮中的荞麦等却有较强的市场竞争力；大豆劣势突出，而蚕豆、绿豆、红小豆、芸豆、扁豆、豌豆等则有较高的比较优势。畜牧业中，养殖活猪、活牛优势突出，家禽也具有较高的比较优势；蜂蜜、禽蛋具有高的比较优势，而奶粉、炼乳劣势突出；水产品具有高的比较优势，大闸蟹优势突出。在蔬菜生产上，我国的蘑菇、速冻菜、笋菜类、大蒜、番茄优势突出；蔬菜行业整体优势比较明显。在油料作物方面，菜子油和豆油劣势突出，花生油和芝麻油有较高的比较优势。在农业生产的其他方面，棉花、羊毛劣势明显，丝类、兔毛优势明显，生猪皮劣势突出，羊皮、牛皮有比较优势；中草药、花卉有一定的比较优势等。

二、增强农业生产实力

与在国内发展农业相比，外向型农业由于风险大，投资大，小生产者很难有所作为。生产规模越大，承担风险的能力越强，组织的能力也越大，发展外向型农业的条件就越有利。一定的规模是发展外向型农业的基本条件。

（一）形成规模

1. 自我积累型扩大

自我积累型扩大的要点是积累。增加积累的关键是企业提高盈利水平，而走出去发展，找到价格更高的市场，成本更低的资源，能够有效提高盈利水平，提高积累的速度，扩大生产的规模。在这方面，我国部分省市的农民已经取得了一定的成效。

◆小案例9-7 浙江省农业走出去比较早，在21世纪初，除远洋捕捞挺进三大洋外，已有农民把鸭养到越南，水稻插到马来西亚，香菇种到美国。之所以走出国门发展农业，是因为其效益高。据统计，一个在外从事农业开发的农民，一年净收入至少在2万元以上，3万～4万元比较普遍，高的在5万～6万元甚至更高。盈利普遍比在国内高30%以上。由于盈利水平较高，不少农业单位获得了较快的发展速度，已经形成了一定的规模。

2. 发展农业联合

依靠自我积累虽然也能够发展到较大的规模，但毕竟时间长，而且规模有限。要在短时间内尽快形成规模，利用国外市场和资源，农业联合是一个有效的方法。目前我国部分农业生产单位通过组团出海的方式，解决了中小企业发展外向型农业的问题。当前的方式主要有横向型联合、纵向型联合、混合型联合三种，见图 9-6。

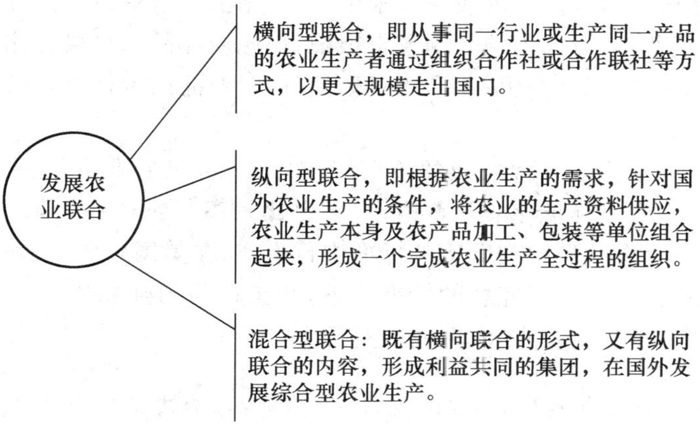

图 9-6 农业联合方式

(二)专业化生产经营

要提高竞争力，除了要有一定的规模外，还要在专业化上下工夫。专注于优势农产品的生产，形成技术上的优势，可以为走出国门打下良好的基础。

◆小资料 9-11 山东省的寿光市是全国闻名的蔬菜生产区。由于专业化程度高，世界先进的蔬菜培育、种植、园艺等前沿技术在这里越来越集中，瑞士先正达、以色列海泽拉、荷兰瑞克斯旺等 10 多个世界知名种子公司纷纷入驻，在这里建立研发基地，使得寿光成为国际农业高新技术角逐的舞台。目前，寿光已与美国、荷兰、俄罗斯等 30 多个国家和地区建立了合作伙伴关系，建起了 36 个高效外向型农业示范区，上百种经过深加工的优质农副产品从这里直接销往 20 多个国家和地区。专业化的发展还加快了农业技术人员的培训。当前，"寿光国际农业科技培训中心"与美国等 5 个国家合作，中国农民经过"中心"培训，就可取得西方国家认可的技术证书，成为国际上认可的农业专家，在世界蔬菜领域占据了优势位置。

三、适应国际市场的需求

1. 研究当地市场

利用境外的市场和资源，首先要适应境外的市场需求。各国、各地、各民族有着文化和生活习俗的不同，经济发展水平和对外开放的程度不同，需求的产品在品种、质量和上市时间，产品包装等方面的要求也不同。

直到 2008 年，我国北方大部分地区还喜欢顶花带刺的黄瓜，但绝大多数欧洲人偏好无刺黄瓜。

在部分国家的市场上，苹果不是按分量，而是按数量销售，针对这些市场生产的苹果需要外形、大小基本一致。同时,我国大多数人喜欢吃红苹果,在生产中往往还有果品增色这一环节。但大部分俄罗斯人偏好于青苹果,生产针对俄罗斯的产品时,增加这一环节并无意义。

世界各地都有自己不同的节日,在节日期间农产品的销售一般会有所增加。农产品生产者在节日前要有所准备。有些区域,在不同的时间食用不同的农产品,如西方在感恩节时有吃火鸡的习俗,穆斯林的开斋节前有白天禁食的习惯,而在节日中食品的消费量明显增加。

一般来说,发达国家对农产品的质量要求很高,种植上要求绿色、有机的产品,养殖的产品对药物残留的要求很苛刻,对肉类的分割要求很细,但相应产品的价格也比较高。而部分东南亚国家、非洲国家等对农产品的质量要求相对较低,同时产品的价格也较低。

2. 落实相关标准

落实标准,实现标准化是现代农业的重要标志之一,也是农业发展到一定阶段的必然产物。在一些发达国家,农业标准化非常普遍,水平也比较高。农产品如果不按标准组织生产,就很难进入国际市场。在欧洲要按欧盟的标准进行生产,在美国则要遵循美国标准,日本有日本的标准。我国农业已经建立了完整的标准体系,并正在与国际先进标准接轨。实行标准化增加了农业的工作量,但在实行中,农民也受益很大。

◆小资料 9-12 安丘市盛产姜,实施标准化前,姜瘟、癞皮病时有发生,引起品质降低、产量下降。实施标准化管理后,姜农选种、育苗、浇水、施肥、除虫全部按照规程操作,不但单产增长三成,基本控制了姜瘟等疫情的发生,同时还增加了加工企业对产品的信心,保证了产品的销售。

3. 树立品牌形象

外向型农业是扩大了市场范围的农业,交易的特点不同于国内市场。多数情况下,购买方是通过样品甚至产品标准签订合同。在外向型农业经营管理中,生产的质量、生产者的信誉对其发展起到了至关重要的作用。

(1)确保产品质量

外向型农业的环节较多,销售的农产品质量出了问题,会给销售商、代理人,最终是给农业生产单位带来严重损失。

◆小案例 9-8 马尾是我国传统的出口产品。历史上出口交货值近亿元、红红火火的马尾出口业,在20世纪80年代,由于市场需求量增长较快而忽略了对产品质量的要求,出口产品中出现偷工减料问题,尾毛灰洗不干净、长毛夹短毛,最终导致出口商一概拒收我国的马尾产品,致使我国最先经营马尾的几家大户先后因无生意而倒闭,低潮时的两年国内曾一根马尾也卖不出去。此后,用了相当长的时间改进质量,增进对出口产品的保障,才逐步让国外经销商接受了我国的马尾。

(2)树立企业信誉

在世界农产品市场上,地区和企业的可信度是产品的通行证。由于在境外推销农产品的成本高,工作量大,可信度在外向型农业的意义更大。

◆小案例 9-9 我国是世界上薄荷油的出口大国之一,由于在世界市场上价格较高,一些农业生产者受利益驱使,开始在出口的薄荷油中掺杂使假,使我国的薄荷油在世界市场上声誉大减，大量的销售商开始转向其他地区，很快，我国薄荷油大量积压，不少优质薄荷油也因此受到牵连，随之而来的是薄荷种植面积大量缩减。经过这一惨痛的教训，我国薄荷生产地一方面加强教育，另一方面加强检测手段，增加了检测的强度，添置了大量的先进检测设备，实行出口产品的强制检测，对检测中出现问题的单位和农户停止收购其产品。生产者又先后引进国内外的新品种，研究新的种植方法，扩大了对外宣传。采取上述措施的几年后，才使薄荷油出口恢复到原来的水平。在这一过程中，部分农业生产和经营单位开始建立了自己的品牌，在外商中建立了信誉，增加了外商对我国薄荷油产品的信任，对帮助恢复薄荷油出口起了一定的作用。

四、增加对外联系的渠道

1. 扩大对外宣传

我国外向型农业的大发展仅有十几年的时间，虽然当前已经进入信息社会，然而，境外特别是欧洲、美洲、西亚、中东以及非洲国家，甚至东南亚各国对我国农业的了解还很少。特别是对于我国近十几年来农业技术的进步和成绩知之甚少。要发展外向型农业，还需要不断扩大对外宣传工作。这种宣传往往一次、两次可能见不到效果，但坚持下去，一定会有成效。

◆小资料 9-13 我国浙江盛产杨梅，当地利用杨梅生产的饮料已经形成规模，希望能够扩大出口。为此，有关企业连续参加了德国科隆国际食品展、纽约夏季特色食品展、澳大利亚食品工业展览等。一家澳大利亚大型食品销售商看到我国农业企业能够在世界级专业展览会上连续展示产品，认为该企业有实力，对产品有信心，遂与该企业签订了每年百万美元以上的销售合同。

2. 走出去考察、洽谈

目前我国不少地区外向型农业发展的速度很快，效益很好，重要的原因之一是这些地区的农业生产者能够抓住一切可能的机会走出去，走出去的最大好处是可以找到在国内想不到的商机。

◆小资料 9-14 我国与孟加拉的贸易额很低，进口的产品不多。但山东的农民深入到孟加拉考察，发现当地渔业资源丰富，价格较低。通过组织海产品向我国出口，很快有了收益。我国农民对新西兰农业了解很少，但山东农民到新西兰后发现，当地与山东省气候相似，又有山东没有的优良果品品种，通过引进这些新品种，也收到了很好的效果。

3. 在外出学习中交往

当前，我国农业生产人员到境外学习的机会不断增加。除了学习国外的先进农业生产技术和管理方法等外，扩大与当地农业生产销售人员的交往，结识一批朋友，可能会成为我国发展外向型农业的机会。

◆小案例 9-10 我国 20 世纪 80 年代曾派出大量人员到日本等国研修农业。其中福建建阳良种场场长谢福鑫在学习葡萄栽培技术时，其勤奋好学的精神给老师中山忠治留下深刻印象。研修结束后，两人一直保持着紧密的联系。到 2007 年，中山忠治先生已先后 25 次来到福建，指导当地农民栽培葡萄，传授果业加工技术，开设农业技术讲座，并前后邀请了20多位日本农业专家来到福建指导葡萄生产，提高了当地的种植水平。

◆**小案例9-11** 我国安徽农民屈海防与韩国大洋株式会社社长金晚年先生在长期的交往中就形成了朋友关系，在外人看来，两人好似亲戚，韩国大公司的董事长，到了当地不住宾馆，而直接住到农民家中，屈海防有了困难，金晚年在力所能及的条件下给予支持。由于双方互相信任，产品外销不签订合同，一个电话，屈海防就将对外所需要的货物送到出口的口岸，近几年，每年通过金晚年出口的农产品超过上亿元。

【本章练习】

1. 举例说明发展外向型农业的条件有哪些？
2. 发展外向型农业能带来哪些效益？
3. 发展外向型农业有哪些方法？
4. 发展外向型农业时，如何适应国外市场的需求？

【技能训练】

1. 北京大兴的西瓜、平谷的大桃全国知名，针对以上两个产品，请完成如下任务：

(1)请调查大兴西瓜和平谷大桃的出口方式、出口国家、出口规模、出口效益等信息，撰写调研报告。

(2)如果这两种产品需要进一步打开美国市场，需要进一步加强哪些方面的工作，请写出具体建议。

2. 如果当地想进一步发展外向型农业，需要收集哪些方面的信息，注意哪些问题，进行哪些工作，请撰写详细报告。

参 考 文 献

[1] 李秉龙,薛兴利.农业经济学.北京:中国农业大学出版社,2003.
[2] 朱道华.农业经济学.北京:中国农业出版社,2002.
[3] 陈娆,田淑敏.农业经济管理.北京:高等教育出版社,2005.
[4] 吴声怡,陈宜安.乡镇经济管理.北京:中国农业出版社,2005.
[5] 农业部软科学委员会办公室.农业经营制度.北京:中国农业出版社,2001.
[6] 芮黎明.农业结构调整研究.北京:中国农业出版社,2003.
[7] 李瑞芬.中国农民专业合作经济组织的实践与发展.北京:中国农业出版社,2004.
[8] 牛若峰,夏英.农业产业化经营的组织方式和运行机制.北京:北京大学出版社,2000.
[9] 马爱国.无公害农产品管理与技术.北京:中国农业出版社,2007.
[10] 罗斌.国内外农产品质量安全标准检测认证体系.北京:中国农业出版社,2007.
[11] 翁鸣,等.中国农业竞争力研究.北京:中国农业出版社,2003.
[12] 蒋立亮.农业企业经营与管理.北京:中国社会出版社,2006.
[13] 侯军岐,负晓哲.项目管理理论与农业项目管理.北京:经济科学出版社,2007.
[14] 冀献民,等.中国农业科技园区持续发展.北京:中国农业科学技术出版社,2006.
[15] 陈彤.新世纪福建的外向型农业.厦门:厦门大学出版社,2005.